普通高等教育土建学科专业"十二五"规划教材
高等学校土木工程学科专业指导委员会规划教材
（按高等学校土木工程本科指导性专业规范编写）

建设工程经济

刘亚臣 主 编
陈 慧 刘 宁 副主编
李忠富 主 审

中国建筑工业出版社

图书在版编目(CIP)数据

建设工程经济/刘亚臣主编. —北京：中国建筑工业出版社，2011.6
普通高等教育土建学科专业"十二五"规划教材. 高等学校土木工程学科专业指导委员会规划教材(按高等学校土木工程本科指导性专业规范编写)
ISBN 978-7-112-13311-6

Ⅰ. ①建… Ⅱ. ①刘… Ⅲ. ①建筑经济学 Ⅳ. ①F407.9

中国版本图书馆 CIP 数据核字(2011)第 114883 号

本书是高等学校土木工程学科专业指导委员会规划教材(按高等学校土木工程本科指导性专业规范编写)，同时被评为普通高等教育土建学科专业"十二五"规划教材，全书依据最新土木工程专业指导性规范中规定的土木工程专业知识体系及其中的知识领域、单元和知识点的相关要求，根据学生掌握土木工程管理和技术经济分析的基本方法的基本需要，把建设工程经济的基础内容和学科涌现的新成果作了有机的结合。全书共分九章，分别是：市场经济要素、资金的时间价值原理、经济评价方法、方案优化与选择、不确定性分析与风险分析、工程投资估算、工程项目可行性研究、设备更新、价值工程。

本书可作为高校土木工程、工程管理等土建类专业的教材，也可供相关工程技术人员参考使用。

为更好地支持相应课程的教学，我们向采用本书作为教材的老师免费提供教学课件，有需要者可与出版社联系，邮箱：jgkejian@163.com。

责任编辑：王　跃　吉万旺　牛　松
责任设计：陈　旭
责任校对：肖　剑　王雪竹

普通高等教育土建学科专业"十二五"规划教材
高等学校土木工程学科专业指导委员会规划教材
(按高等学校土木工程本科指导性专业规范编写)

建 设 工 程 经 济

刘亚臣　主　编
陈　慧　刘　宁　副主编
李忠富　主　审

*

中国建筑工业出版社出版、发行(北京西郊百万庄)
各地新华书店、建筑书店经销
北京天成排版公司制版
廊坊市海涛印刷有限公司印刷

*

开本：787×1092 毫米　1/16　印张：15¾　字数：332 千字
2011 年 11 月第一版　　2016 年 7 月第三次印刷
定价：**30.00**元（赠送课件）
ISBN 978-7-112-13311-6
(20814)

版权所有　翻印必究
如有印装质量问题，可寄本社退换
（邮政编码　100037）

本系列教材编审委员会名单

主　　　任：李国强

常务副主任：何若全

副　主　任：沈元勤　高延伟

委　　　员：（按拼音排序）
白国良　房贞政　高延伟　顾祥林　何若全　黄　勇
李国强　李远富　刘　凡　刘伟庆　祁　皓　沈元勤
王　燕　王　跃　熊海贝　阎　石　张永兴　周新刚
朱彦鹏

组织单位：高等学校土木工程学科专业指导委员会
　　　　　　中国建筑工业出版社

出 版 说 明

从 2007 年开始高校土木工程学科专业教学指导委员会对全国土木工程专业教学现状的调研结果显示，2000 年至今，全国的土木工程教育情况发生了很大变化，主要表现在：一是教学规模不断扩大。据统计，目前我国有超过 300 余所院校开设了土木工程专业，但是约有一半是 2000 年以后才开设此专业的，大众化教育面临许多新的形势和任务；二是学生的就业岗位发生了很大变化，土木工程专业本科毕业生中 90% 以上在施工、监理、管理等部门就业，在高等院校、研究设计单位工作的大学生越来越少；三是由于用人单位性质不同、规模不同、毕业生岗位不同，多样化人才的需求愈加明显。《高等学校土木工程本科指导性专业规范》（以下简称《规范》）就是在这种背景下开展研究制定的。

《规范》按照规范性与多样性相结合的原则、拓宽专业口径的原则、规范内容最小化的原则和核心内容最低标准的原则，对专业基础课提出了明确要求。2009 年 12 月高校土木工程学科专业教学指导委员会和中国建筑工业出版社在厦门召开了《规范》研究及配套教材规划会议，会上成立了以参与《规范》编制的专家为主要成员的系列教材编审委员会。此后，通过在全国范围内开展的主编征集工作，确定了 20 门专业基础课教材的主编，主编均参与了《规范》的研制，他们都是各自学校的学科带头人和教学负责人，都具有丰富的教学经验和教材编写经历。2010 年 4 月又在烟台召开了系列规划教材编写工作会议，进一步明确了本系列规划教材的定位和编写原则：规划教材的内容满足建筑工程、道路桥梁工程、地下工程和铁道工程四个主要方向的需要；满足应用型人才培养要求，注重工程背景和工程案例的引入；编写方式具有时代特征，以学生为主体，注意 90 后学生的思维习惯、学习方式和特点；注意系列教材之间尽量不出现不必要的重复等编写原则。为保证教材质量，系列教材编审委员会还邀请了本领域知名教授对每本教材进行审稿，对教材是否符合《规范》思想，定位是否准确，是否采用新规范、新技术、新材料，以及内容安排、文字叙述等是否合理进行全方位审读。

本系列规划教材是贯彻《规范》精神、延续教学改革成果的最好实践，具有很好的社会效益和影响，住房和城乡建设部已经确定本系列规划教材为《普通高等教育土建学科专业"十二五"规划教材》。在本系列规划教材的编写过程中得到了住房和城乡建设部人事司及主编所在学校和学院的大力支持，在此一并表示感谢。希望使用本系列规划教材的广大读者提出宝贵意见和建议，以便我们在规划和出版专业课教材时得以改进和完善。

高等学校土木工程学科专业指导委员会
中国建筑工业出版社
2011 年 6 月

前　言

随着我国国民经济的快速发展，建筑业已经成为重要的支柱产业，社会和行业的发展对建设行业以及土木工程专业人员的综合素质要求不断提高。本教材依据《高等学校土木工程本科指导性专业规范》进行编写，主要面向土木工程类专业本科生，希望在本科阶段通过对本教材的学习使学生掌握建设工程经济的基础知识并得到建设工程经济专业素质的基本训练，满足以建筑工程施工与管理为主要就业方向的土木工程专业学生的发展和成长需求，为他们毕业后从事各项工作、考取各类执业资格，为他们自身素质结构的完善提供重要的知识保障和结构支撑。

本书依据《高等学校土木工程本科指导性专业规范》中规定的土木工程专业知识体系及其中的知识领域、单元和知识点的相关要求，根据学生掌握土木工程管理和技术经济分析基本方法的基本需要，把建设工程经济的基础内容和学科涌现的新成果作了有机的结合，使基础理论不断丰富、知识重点更加突出、专业内涵进一步拓展。本教材体现如下特点：

1. 定位于土木工程专业的实际情况，反映当前建设工程经济特点和学科前沿。具有整体连续性，考虑到各知识体系部分的衔接和各部分知识的相互连续性；具有很强的实践性，系列教材中引进了很多工程实例，通过工程实例分析，阐述工程经济的基本理论、方法，培养学生的实践能力和创造能力；重点突出已经被多年实践证明了的重点的实用理论和知识点，如资金的时间价值、工程项目的评价方法等；引进不断发展的现代理论，如风险分析、价值工程的综合评价法等内容。

2. 侧重于建设工程需要的实际操作，以建设项目的评价为主线构建有针对性的知识体系。以理论与实践相结合的方式，用简明精炼和深入浅出的文字，系统阐述建设项目决策的基本理论，综合和概括我国建设项目综合评价的方法和技术；从工程管理实践出发，对建设工程经济涉及的内容进行合理取舍整合，既保持知识的系统化，又在整体结构和内容上有别于传统的技术经济学和工程经济学教材。重在使学生掌握应用性知识和技能，突出了基本理论和方法在工程实践中的应用。

3. 着眼于应用型高层次专业人才培养，立足于土木工程人才专业素质和终身学习观的引导。在编写过程中区别于经济管理类《工程经济学》、《技术经济学》教材的知识体系，补充经济学基础的相关内容，了解经济学基本原理，建立工程经济学的思维方式；重点强调财务效益与费用估算的内容，侧重于对建设工程宏观角度的理解与把握，且区别于工程估价，使学生对建设工程投资有一个直观的了解；增加工程融资方面的知识，使学生在毕业后不仅能够从事工程设计和施工工作，还能为从事建造师、项目经理等职位提供知识储备；加入了基于价值工程原理的工程方案优化内容，要求学生在进行工程设计和施工工作时，不仅要关注质量，同时要关注成本，最大限度地提高工程项目的整体效益；引入设备更新内容，特别对于在施工现场从事管理工作的毕业生，设备管理是一项重要的内容，合理对设备进行更新有助于提高施工项目的经济效益。

受高等学校土木工程学科专业指导委员会和中国建筑工业出版社的委托，从 2009 年 12 月厦门会议后，本教材的编写经过了一年的讨论、写作和修改；在 2010 年 4 月的烟台会议上本系列教材编审委员会专家们提出很好的意见和建议，并最终确定了教材的写作思路和全书目录。特别是沈阳建筑大学、烟台大学、西安建筑科技大学和徐州工程学院的相关教师，参与了教材目录及写作内容的讨论与确定，在此表示感谢。

本书由刘亚臣教授任主编，陈慧和刘宁任副主编。主编负责全书总体设计、协调及最终定稿；各章节初稿执笔写作分工为：第 1 章：栾世红（沈阳建筑大学）；第 2 章：陈慧（烟台大学）；第 3、8、9 章：刘亚臣（沈阳建筑大学）；第 4 章：崔淑梅（烟台大学）；第 5、6、7 章：刘宁（沈阳建筑大学）。沈阳建筑大学管理学院的席秋红老师，以及管理科学与工程专业研究生蔚筱偲、徐晓晴、张志超、任醒、金英等同学在资料收集、案例选取、绘图校稿等方面为本书做了大量工作。

本教材可作为高等院校土木工程等相关本专科专业的教材，并可以作为注册建造师、注册造价工程师、注册监理工程师、注册咨询工程师、注册房地产估价师等执业资格考试的参考书，也可供土木工程技术人员参考使用。

本教材在写作过程中参阅了大量专业资料、著作和论文，在此向这些专家学者表示诚挚的谢意。本书的不当之处，恳请读者和同仁给予批评和指正。

目 录

第1章 市场经济要素 …… 1
本章知识点 …… 1
1.1 价格的形成 …… 1
1.1.1 需求理论 …… 1
1.1.2 供给理论 …… 3
1.1.3 均衡价格理论 …… 4
1.1.4 经济模型、静态分析、比较静态分析和动态分析 …… 5
1.1.5 弹性理论 …… 6
1.1.6 价格政策 …… 10
1.2 生产要素投入 …… 11
1.2.1 厂商的组织形式 …… 11
1.2.2 企业的本质 …… 11
1.2.3 生产函数 …… 12
1.3 成本与收益 …… 17
1.3.1 成本的概念 …… 17
1.3.2 短期总产量和短期总成本 …… 18
1.3.3 长期成本曲线 …… 19
1.4 完全竞争的市场 …… 22
1.4.1 厂商和市场的类型 …… 22
1.4.2 完全竞争市场的条件 …… 22
1.4.3 完全竞争市场的需求曲线和完全竞争厂商的需求曲线 …… 23
1.4.4 厂商实现利润最大化的均衡条件 …… 23
1.4.5 完全竞争厂商的长期均衡 …… 23
1.4.6 完全竞争市场的评价 …… 24
1.5 不完全竞争的市场 …… 25
1.5.1 垄断 …… 25
1.5.2 垄断竞争 …… 26
1.5.3 寡头 …… 27
1.5.4 不同市场的比较 …… 27
1.6 分配理论 …… 28
1.6.1 劳动供给曲线和工资率的决定 …… 28
1.6.2 土地的供给曲线和地租的决定 …… 29
1.6.3 资本的供给曲线和利息的决定 …… 29
1.7 市场失灵和微观经济政策 …… 30
1.7.1 垄断 …… 30
1.7.2 外部影响 …… 30
1.7.3 公共物品 …… 31
1.7.4 不完全信息 …… 31
思考题与习题 …… 33

第2章 资金的时间价值原理 …… 34
本章知识点 …… 34
2.1 资金的时间价值 …… 34
2.1.1 资金时间价值概念 …… 34
2.1.2 资金时间价值产生的原因 …… 34
2.1.3 资金时间价值影响因素 …… 35
2.1.4 衡量资金时间价值的尺度 …… 35
2.2 现金流量与现金流量图 …… 37
2.2.1 现金流量与现金流量图 …… 37
2.2.2 项目现金流量分析 …… 38
2.3 单利与复利 …… 39
2.3.1 与资金时间价值有关的概念 …… 39
2.3.2 单利法 …… 40
2.3.3 复利法 …… 40
2.4 资金的等值计算 …… 41
2.5 资金等值计算的基本公式 …… 41
2.5.1 一次支付类型 …… 41
2.5.2 等额支付类型 …… 43
2.5.3 基本公式小结及注意事项 …… 48
2.6 名义利率和实际利率 …… 49
2.6.1 名义利率 …… 49

2.6.2 实际利率 …………………… 49
　　2.6.3 涉及名义利率和实际利率的等值计算 …………………… 51
思考题与习题 …………………………… 53

第3章 经济评价方法 …………… 55
本章知识点 …………………………… 55
3.1 财务分析指标体系 ………………… 55
　　3.1.1 按是否考虑资金的时间价值分类 …………………… 56
　　3.1.2 按建设项目经济评价指标的性质分类 …………………… 57
　　3.1.3 按建设项目经济评价的内容分类 …………………… 57
3.2 时间性指标与评价方法 …………… 58
　　3.2.1 投资回收期 ………………… 58
　　3.2.2 借款偿还期 ………………… 61
3.3 价值性指标与评价方法 …………… 62
　　3.3.1 净现值(NPV—Net Present Value) …………………… 62
　　3.3.2 净年值(NAV—Net Annual Value) …………………… 65
3.4 比率性指标与评价方法 …………… 66
　　3.4.1 内部收益率 ………………… 66
　　3.4.2 净现值率 …………………… 69
　　3.4.3 投资收益率 ………………… 70
　　3.4.4 利息备付率 ………………… 71
　　3.4.5 偿债备付率 ………………… 71
　　3.4.6 财务比率 …………………… 72
3.5 财务分析相关报表 ………………… 73
　　3.5.1 现金流量表 ………………… 73
　　3.5.2 损益表 ……………………… 75
　　3.5.3 资金来源与运用表 ………… 75
　　3.5.4 资产负债表 ………………… 76
思考题与习题 …………………………… 77

第4章 方案优化与选择 …………… 80
本章知识点 …………………………… 80
4.1 投资方案之间的关系 ……………… 80
　　4.1.1 方案之间的可比性 ………… 81
　　4.1.2 方案之间的经济关系类型 … 82

　　4.1.3 方案优化和选择的注意事项 … 84
4.2 互斥型方案的选择 ………………… 85
　　4.2.1 寿命期相同的互斥方案比选 … 85
　　4.2.2 产出不同的互斥方案比选 … 85
　　4.2.3 收益相同或基本相同但难以估计的互斥方案比选 …………… 89
　　4.2.4 寿命期不同的互斥方案比选 … 90
　　4.2.5 寿命无限的互斥方案比选 … 97
4.3 独立方案的选择 …………………… 97
　　4.3.1 无资源限制的情况 ………… 97
　　4.3.2 有资源限制的情况 ………… 98
4.4 混合方案的比选 …………………… 99
　　4.4.1 先独立后互斥混合方案的比选 …………………… 99
　　4.4.2 先互斥后独立混合方案的比选 …………………… 100
4.5 方案选择的其他方法 ……………… 101
　　4.5.1 现金流量相关型方案的选择 …………………… 101
　　4.5.2 其他静态比选方法 ………… 102
思考题与习题 …………………………… 104

第5章 不确定性分析与风险分析 … 107
本章知识点 …………………………… 107
5.1 建设工程风险识别 ………………… 107
　　5.1.1 风险识别的特点和原则 …… 107
5.2 盈亏平衡分析 ……………………… 110
　　5.2.1 总成本与固定成本、可变成本 …………………… 110
　　5.2.2 盈亏平衡分析的定义 ……… 111
　　5.2.3 线性盈亏平衡分析 ………… 111
　　5.2.4 多方案优劣平衡点分析 …… 113
5.3 敏感性分析 ………………………… 115
　　5.3.1 敏感性分析的含义 ………… 116
　　5.3.2 敏感性分析的步骤 ………… 116
　　5.3.3 敏感性分析的应用 ………… 118
　　5.3.4 敏感性分析的局限性 ……… 121
5.4 概率分析 …………………………… 121
　　5.4.1 概率分析的含义及分析方法 …………………… 121

5.4.2　概率分析的步骤 …………… 121
　　5.4.3　概率分析的方法 …………… 123
　　5.4.4　概率分析的应用 …………… 125
　思考题与习题 ………………………… 129

第6章　工程投资估算 ……………… 132
　本章知识点 …………………………… 132
　6.1　建设项目投资估算 ……………… 132
　　6.1.1　项目投资估算的含义和作用 …… 132
　　6.1.2　投资估算的阶段划分与精度
　　　　　要求 ……………………………… 133
　　6.1.3　投资估算的内容 ……………… 135
　　6.1.4　投资估算的依据、要求及
　　　　　步骤 ……………………………… 135
　6.2　工程投资估算方法 ……………… 136
　　6.2.1　固定资产投资静态投资部分的
　　　　　估算 ……………………………… 136
　　6.2.2　建设投资动态部分的估算 …… 142
　　6.2.3　流动资金估算方法 …………… 143
　6.3　建设项目生产经营期成本费
　　　　用估算 ……………………………… 145
　　6.3.1　总成本费用的估算 …………… 145
　　6.3.2　经营成本估算 ………………… 147
　　6.3.3　固定成本与可变成本估算 …… 147
　　6.3.4　投资借款还本付息估算 ……… 147
　6.4　销售收入、销售税金及附加
　　　　的估算和利润估算 ……………… 151
　　6.4.1　销售收入的估算 ……………… 151
　　6.4.2　销售税金及附加的估算 ……… 151
　　6.4.3　销售利润的形成与分配 ……… 152
　思考题与习题 ………………………… 152

第7章　工程项目可行性研究 ……… 154
　本章知识点 …………………………… 154
　7.1　工程项目可行性研究概述 ……… 154
　　7.1.1　工程项目可行性研究的含义和
　　　　　目的 ……………………………… 154
　　7.1.2　工程项目可行性研究的
　　　　　作用 ……………………………… 155
　　7.1.3　可行性研究的依据 …………… 156
　　7.1.4　可行性研究的工作阶段 ……… 156

　　7.1.5　可行性研究的工作程序 ……… 157
　7.2　工程项目可行性研究的内容 …… 158
　　7.2.1　项目背景和历史 ……………… 158
　　7.2.2　市场研究与建设规模的
　　　　　确定 ……………………………… 158
　　7.2.3　场区及场址的选择 …………… 159
　　7.2.4　建设方案、设备方案和工程
　　　　　方案 ……………………………… 159
　　7.2.5　原材料供应 …………………… 160
　　7.2.6　投资估算 ……………………… 160
　　7.2.7　融资方案 ……………………… 160
　　7.2.8　项目的财务评价 ……………… 161
　　7.2.9　项目的国民经济评价 ………… 162
　7.3　案例 ……………………………… 163
　　7.3.1　概论 …………………………… 163
　　7.3.2　项目选址及建设条件 ………… 165
　　7.3.3　市场分析 ……………………… 166
　　7.3.4　项目建设方案 ………………… 169
　　7.3.5　专篇设计 ……………………… 173
　　7.3.6　项目组织机构与进度计划 …… 173
　　7.3.7　投资估算与资金筹措 ………… 174
　　7.3.8　经济效益分析 ………………… 176
　　7.3.9　风险分析 ……………………… 180
　　7.3.10　综合评价及结论建议 ……… 181
　思考题与习题 ………………………… 181

第8章　设备更新 …………………… 183
　本章知识点 …………………………… 183
　8.1　设备的磨损及其补偿 …………… 183
　　8.1.1　设备磨损的类型 ……………… 183
　　8.1.2　设备磨损的补偿方式 ………… 184
　　8.1.3　设备维修 ……………………… 185
　　8.1.4　设备现代化改装及其技术经济
　　　　　分析 ……………………………… 186
　8.2　设备更新的方案比选原则 ……… 188
　　8.2.1　设备更新的概念 ……………… 188
　　8.2.2　设备更新的客观必然性 ……… 188
　　8.2.3　设备寿命期的类型 …………… 188
　　8.2.4　设备经济寿命的估算 ………… 190
　　8.2.5　设备更新方案的比选 ………… 193

8.2.6 设备费用要素的确定 …… 193
8.2.7 设备投资的确定 …… 194
8.2.8 设备折旧费的计算 …… 194
8.3 设备租赁 …… 197
8.3.1 设备租赁的概念 …… 197
8.3.2 影响设备租赁与购买的主要因素 …… 198
8.3.3 掌握设备租赁与购买力方案的分析方法 …… 199
8.4 案例分析 …… 202
8.4.1 原型设备更新分析 …… 202
8.4.2 新设备与现有设备的比较 …… 204
思考题与习题 …… 205

第9章 价值工程 …… 207
本章知识点 …… 207
9.1 价值工程的基本原理 …… 207
9.1.1 价值工程的产生和发展 …… 207
9.1.2 价值工程的基本概念 …… 208
9.1.3 提高产品价值的途径 …… 209
9.1.4 价值工程的特点和作用 …… 210
9.2 价值工程的组织与对象选择 …… 211
9.2.1 价值工程的组织 …… 211
9.2.2 价值工程对象选择的原则和方法 …… 212
9.2.3 情报收集的方法 …… 216
9.3 功能分析与评价 …… 216
9.3.1 功能定义 …… 216
9.3.2 功能整理 …… 217
9.3.3 功能评价 …… 218
9.4 方案创造 …… 226
9.4.1 头脑风暴法（Brain storming，简称：BS法） …… 226
9.4.2 抽象提前法（哥顿法） …… 227
9.4.3 专家意见法（德尔菲法） …… 227
9.4.4 检查提问法 …… 227
9.4.5 特性列举法 …… 227
9.4.6 缺点列举法 …… 228
9.5 方案评价与实施效果 …… 228
9.5.1 方案的评价 …… 228
9.5.2 方案的实施效果 …… 232
9.6 案例分析 …… 232
9.6.1 对象选择 …… 232
9.6.2 功能分析 …… 233
9.6.3 功能评价和方案创造 …… 233
9.6.4 施工方案评价 …… 233
9.6.5 效果总评 …… 235
思考题与习题 …… 235

参考文献 …… 241

第1章 市场经济要素

本章知识点

【知识点】

市场经济的基本假定、基本原理、基本术语和西方经济学的一些基本分析方法,需求规律、供给规律和需求弹性,市场经济的市场主体、市场客体、市场构成以及宏观调控、市场法规等市场经济的构成要素,市场机制的作用以及资源的优化配置和有效利用。

【重点与难点】

价格机制的运用,不同市场类型的特点及均衡,市场经济条件下的收入分配问题,市场失灵,政府宏观调控及其效果分析。

1.1 价格的形成

我国在构建市场经济体制的过程中,没有现成的经验,唯一可以参照的是西方现代经济学的市场经济理论。市场经济是以微观经济为基础的。市场经济通过对个体经济单位经济行为的研究,说明现代经济社会市场机制的运行和作用,以及改善这种运行的途径。价格分析是市场经济分析的核心,在市场经济中,任何商品的价格都是由商品的需求和供给这两个因素共同决定的。市场经济的研究对象是个体经济单位。个体经济单位指单个消费者、单个生产者和单个市场等。市场经济的基本假设条件——"合乎理性的人"。在经济学里,"合乎理性的人"也被简称为"理性人"或者"经济人"。所谓的"理性人"的假设是对在经济社会中从事经济活动的所有人的基本特征的一个一般性的抽象。这个被抽象出来的基本特征是:每一个从事经济活动的人都是利己的。详细地说就是每一个从事经济活动的人所采取的经济行为都是力图以自己的最小经济代价去获得自己的最大经济利益。否则,就是非理性的人。市场经济要素是建设工程经济的重要基础。

市场经济的实质是价格调控,市场价格主要取决于需求和供给。

1.1.1 需求理论

1. 需求的含义

一种商品的需求是指消费者在一定时期内对各种可能的价格水平愿意而

且能够购买的该商品的数量。需求是指消费者既有购买欲望又有购买能力的有效需求。

2. 商品的需求数量的影响因素

对商品的需求数量有影响的因素有商品价格、消费者的收入水平、相关商品的价格、消费者的偏好和消费者对该商品的价格预期等。商品价格与数量成反比；消费者的收入水平与数量成正比；相关商品的价格与数量成反比；偏好增强则数量增长，成正相关；价格预期会提高，则需求量增大。

3. 需求函数是表示一种商品的需求数量和影响该需求数量的各种因素之间的相互关系

影响需求量的各个因素是自变量，需求量是因变量。一种商品的需求数量是所有影响这种商品需求数量的因素的函数。但是，如果我们对影响一种商品需求量的所有因素同时进行分析，这会使问题变得复杂。在处理这种复杂的多变量问题的时候，通常可以将问题简化，即一次把注意力集中在一个影响因素上，同时假定其他影响因素保持不变。在这里，由于一种商品的价格是决定其需求量的最基本的因素，所以，我们假定其他因素不变，仅仅分析一种商品的价格对该商品需求量的影响，需求函数可以表示为：

$$Q_d = f(P) \tag{1-1}$$

式中　P——商品价格；

　　　Q_d——商品的需求量。

4. 需求表和需求曲线

需求函数 $Q_d = f(P)$ 表示一种商品的需求量和该商品的价格之间存在着一一对应的关系。

商品的需求表是表示某种商品的各种价格水平和与价格水平相对应的该商品的需求数量之间关系的数字序列表（表1-1，图1-1）。

某商品的需求表　　表 1-1

价格-数量组合	A	B	C	D	E	F	G
价格（元）	1	2	3	4	5	6	7
需求量（单位数）	700	600	500	400	300	200	100

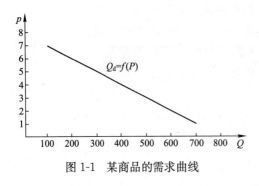

图 1-1　某商品的需求曲线

对应的需求曲线是：

微观经济学在论述需求函数时，一般都假定商品的价格和相应的需求量的变化具有无限分割性，即具有连续性。

需求曲线具有一个明显的特征，它是向右下方倾斜的，即斜率为负值，它们都表示商品的价格和需求量之间呈反方向变动的关系。

线性需求函数通常形式为：

$$Q_d = \alpha - \beta \cdot P \tag{1-2}$$

5. 需求曲线的移动

需求量的变动是指在其他条件不变时，由某商品的价格变动所引起的该商品的需求数量的变动。

需求的变动是指在某商品价格不变的条件下，由于其他因素变动所引起的该商品的需求数量的变动。这里的其他因素变动指的是消费者收入水平的变动、相关商品的价格变动、消费者偏好的变化和消费者对商品的价格预期的变动等（图1-2）。

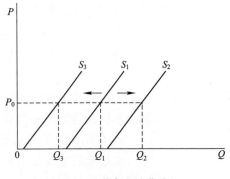

图1-2 需求变动曲线

1.1.2 供给理论

1. 供给的含义

一种商品的供给指生产者在一定时期内在各种可能的价格下愿意而且能够提供出售的该种商品的数量。如果生产者对某种商品只有提供出售的愿望，而没有提供商品的能力，则不能形成有效供给。

2. 供给量的影响因素

商品自身价格：商品自身价格越高，则供给量越大。

生产的成本：在商品自身价格不变的条件下，成本上升则减少利润，从而使商品的供给量减少。

生产的技术水平：一般情况下，生产技术水平的提高可以降低成本，从而提高供给量。

相关商品的价格：一种商品价格不变时，其他相关产品价格变化会导致商品的供给量变化。如相关商品价格上升，该种商品供给量会增加。

生产者对未来的预期：预期好，则预期商品的价格会上涨，生产者往往会扩大生产，增加供给量。

3. 供给函数

一种商品的供给量是所有影响这种商品供给量的因素的函数。如果假定其他因素均不发生变化，仅考虑一种商品的价格变化对其供给量的影响，即把一种商品的供给量只看成是这种商品价格的函数，则供给函数为

$$Q_s = f(P) \qquad (1\text{-}3)$$

4. 供给表和供给曲线

（1）商品的供给表

表示某种商品的各种价格和与各种价格相对应的该商品的供给数量之间关系的数字序列表（表1-2）。

某商品的供给表　　　　　　　　　　　表1-2

价格-数量组合	A	B	C	D	E
价格（元）	2	3	4	5	6
供给量（单位数）	0	200	400	600	800

1.1 价格的形成

(2) 供给曲线(图1-3)

图中的横轴 OQ 表示商品数量,纵轴 OP 表示商品价格。

线性供给函数的通常形式为:

$$Q_s = -\delta + \gamma \cdot P \tag{1-4}$$

供给曲线表现出向右上方倾斜的特征,即供给曲线的斜率为正值。它们都表示商品的价格和供给量呈同方向变动的规律。

5. 供给曲线的移动

供给量的变动是指在其他条件不变时,由某商品的价格变动所引起的该商品供给数量的变动。

供给的变动指某商品价格不变的条件下,由于其他因素变动所引起的该商品的供给数量的变动。其他因素的变动指生产成本的变动、生产技术水平的变动、相关商品价格的变动和生产者对未来的预期的变化等(图1-4)。

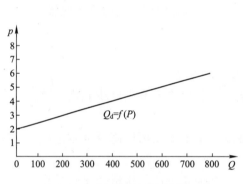
图1-3 某商品的供给曲线

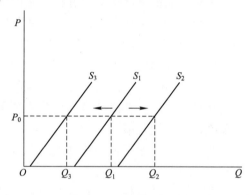
图1-4 变动供给曲线

1.1.3 均衡价格理论

1. 均衡含义

均衡的最一般含义是指经济事物中有关的变量在一定条件的相互作用下所达到的一种相对静止的状态。西方经济学家认为,经济学的研究往往在于寻找在一定条件下经济事物的变化最终趋于相对静止之点的均衡状态。

2. 均衡分类

市场均衡分为局部均衡和一般均衡。局部均衡是就单个市场或部分市场的供求与价格之间的关系和均衡状态进行分析。一般均衡是就一个经济社会中的所有市场的供求与价格之间的关系和均衡状态进行分析。一般均衡假定各种商品的供求和价格都是相互影响的,一个市场的均衡只有在其他所有市场都达到均衡的情况下才能实现。

3. 均衡价格的决定

(1) 均衡价格

一种商品的均衡价格是指该种商品的市场需求量和市场供给量相等时的价格。在均衡价格水平下相等的供求数量被称为均衡数量。从几何意义上说,一种商品市场的均衡出现在该市场的需求曲线和供给曲线相交的交点上,该交点被称为均衡点。

（2）均衡价格的变动

在其他条件不变的情况下,需求变动分别引起均衡价格和均衡数量的同方向的变动;供给变动引起均衡价格的反方向的变动,引起均衡数量的同方向的变动。

最后,需要指出的是,如果需求和供给同时发生变动,则商品的均衡价格和均衡数量的变化是难以肯定的,这要结合需求和供给变化的具体情况来决定(图1-5)。

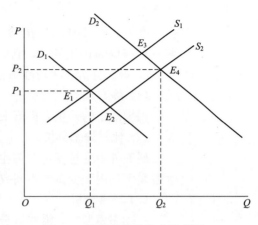

图1-5 均衡价格的变动示意图

1.1.4 经济模型、静态分析、比较静态分析和动态分析

1. 经济理论和经济模型的定义

经济理论是在对现实的经济事物的主要特征和内在联系进行概括和抽象的基础上,对现实的经济事物进行的系统描述。

经济模型是指用来描述所研究的经济事物的有关经济变量之间相互关系的理论结构。可以用文字评议或数学的形式(包括几何图形和方程式等)来表示。

2. 案例——均衡价格的决定

（1）均衡价格决定模型

文字版:决定一种商品的市场价格的因素是极其复杂的。如气候、消费者的爱好、生产者的效率,甚至社会事件都是决定的因素。经济学家在研究这一问题时,在众多的因素中精简得只剩下商品的需求、供给和价格三个基本因素。在这个基础上,建立起商品的均衡价格是由商品的市场需求量和市场供给量相等时的价格水平决定的这样一个经济模型。

图形版:图1-5是以数学的几何图形来表示的均衡价格决定模型。

公式版:

$$Q_d = \alpha - \beta \cdot P \quad (1-5)$$

$$Q_s = -\delta + \gamma \cdot P \quad (1-6)$$

$$Q_d = Q_s \quad (1-7)$$

式中 α、β、δ、γ——常数,且均大于0。

前两个公式是表示参与者的经济行为所导致的后果,也被称为行为方程式。后一个公式也被称为均衡方程式。

（2）内生变量、外生变量和参数

在经济模型中,内生变量指该模型所要决定的变量。外生变量指由模型以外的因素所决定的已知变量。参数指数值通常不变的变量,也可以理解为可变的常数。参数通常是由模式以外的因素决定的,参数也往往被看成是外

1.1 价格的形成

生变量。

在上述模式中，α、β、δ、γ 为外生变量，它们取决于模型以外的其他因素；P 和 Q 是内生变量，它们是该模型所得出的解。

3. 静态分析、比较静态分析和动态分析

(1) 静态分析

根据既定的外生变量值来求得内生变量值的分析方法，被称为静态分析。

(2) 比较静态分析

研究外生变量变化对内生变量的影响方式，以及分析比较不同数值的外生变量下的内生变量的不同数值，被称为比较静态分析。

(3) 动态分析

在动态模型中，需要区分变量在时间上的先后差别，研究不同时点上的变量之间的相互关系。根据这种动态模型作出的分析是动态分析。

(4) 从均衡的角度

静态分析是考察在既定条件下某一经济事物在经济变量的相互作用下所实现的均衡状态。比较静态分析是考察当原有的条件或外生变量发生变化时，原有的均衡状态会发生什么样的变化，并分析比较新旧均衡的状态。动态分析，是指在引进时间变化序列的基础上，研究不同时间点上的变量的相互作用在均衡状态下形成和变化过程里所起的作用，考察在时间变化过程里的均衡状态的实际变化过程。

1.1.5 弹性理论

1. 弹性的一般含义

在经济学中，弹性的一般公式为：

$$\text{弹性系数} = \frac{\text{因变量的变动比例}}{\text{自变量的变动比例}} \tag{1-8}$$

设两个经济变量之间的函数关系为 $Y=f(X)$，则弹性的一般公式还可以表示为：

$$e = \frac{\frac{\Delta Y}{Y}}{\frac{\Delta X}{X}} = \frac{\Delta Y}{\Delta X} \cdot \frac{X}{Y} \tag{1-9}$$

式中　e——弹性系数；

ΔX、ΔY——分别为变量 X、Y 的变动量。

该式表示：当自变量变化百分之一时，因变量 Y 变化百分之几。

若经济变量的变化量趋于无穷小，即当式中的 $\Delta X \rightarrow 0$、$\Delta Y \rightarrow 0$ 时，则弹性公式为：

$$e = \lim_{\Delta x \rightarrow 0} \frac{\frac{\Delta Y}{Y}}{\frac{\Delta X}{X}} = \frac{\frac{dY}{Y}}{\frac{dX}{X}} = \frac{dY}{dX} \cdot \frac{X}{Y} \tag{1-10}$$

弹性是一个具体的数字，它和自变量和因变量的度量单位无关。

2. 需求的价格弹性的含义及类型

(1) 需求的价格弹性的含义

需求的价格弹性表示在一定时期内一种商品的需求量变动对于该商品的价格变动的反应程度。或者说，表示在一定时期内当一种商品的价格变化百分之一时所引起的该商品的需求量变化的百分比。需求的价格弹性可以分为点弹性和弧弹性。

(2) 需求的价格弧弹性的五种类型

$e_d > 1$，富有弹性；

$e_d < 1$，缺乏弹性；

$e_d = 1$，单一弹性或单位弹性；

$e_d = \infty$，完全弹性；

$e_d = 0$，完全无弹性。

(3) 需求的价格弹性和厂商的销售收入

$$厂商的销售收入 = 商品的价格 \times 商品的需求量（即销售量） \quad (1\text{-}11)$$

1) 对于富有弹性的商品

降低价格会增加厂商的销售收入，相反，提高价格则会减少厂商的销售收入，即商品的价格与厂商的销售收入成反方向的变动。

2) 对于缺乏弹性的商品

降低价格会使厂商的销售收入减少，相反，提高价格会使厂商的销售收入增加，即商品的价格与销售收入成同方向的变动。

3) 对于单位弹性的商品，降低价格和提高价格对销售收入都没有影响。

(4) 影响需求的价格弹性的因素

1) 商品的可替代性

一种商品的可替代品越多，相近程度越高，则该商品的需求的价格弹性往往就越大；相反，则弹性越小。如苹果种类较多，一种苹果价格上涨，则其他品种会增加需求量；但对食盐来说，没有很好的替代品，则弹性极小。

2) 商品用途的广泛性

一般地说，一种商品的用途越广泛，它的需求价格的弹性越大；相反，则弹性越小。因为如果一种商品具有多种用途，当它的价格较高时，消费者可能只购买少量用在最关键的用途上。当它的价格下降时，消费者会增加购买量，用在更多的用途上。

3) 商品对消费者生活的重要程度

生活必需品的需求价格弹性较小，非必需品的需求价格弹性较大。如馒头和电影票的弹性有很大的区别。

4) 商品的消费支出在消费者预算总支出中所占的比重

比重大，则该商品的需求价格弹性可能越大；反之，则越小，如火柴、盐、铅笔、肥皂。

(5) 所考察的消费者调节需求量的时间

一般说来，所考察的调节时间越长，则需求的价格弹性就可能越大。如当石油价格上升时,消费者在短期内不会较大幅度地减少需求量。但在长期内,消费者则可以找到替代品。

3. 需求的交叉价格弹性

(1) 需求的交叉价格弹性定义

表示在一定时期内一种商品的需求量的变动对于它的相关商品的价格的变动的反应程度。或者说,表示在一定时期内当一种商品的价格变化百分之一时所引起的另一种商品的需求量变化的百分比。它是该商品的需求量的变动率和它的相关商品的价格的变动率的比值。

(2) 公式

需求的交叉价格弧弹性公式为:

$$e_{XY} = \frac{\frac{\Delta Qx}{Qx}}{\frac{\Delta Py}{Py}} = \frac{\Delta Qx}{\Delta Py} \cdot \frac{Py}{Qx} \tag{1-12}$$

需求的交叉价格点弹性公式为:

$$e_{xy} = \lim_{\Delta PY \to 0} \frac{\frac{\Delta Qx}{Qx}}{\frac{\Delta Py}{Py}} = \frac{\frac{dQx}{Qx}}{\frac{dPy}{Py}} = \frac{dQx}{dPy} \cdot \frac{Py}{Qx} \tag{1-13}$$

(3) 商品的关系

如果两种商品之间可以互相代替以满足消费者的某一种欲望,则称这两种商品之间存在着替代关系,这两种商品互为替代品。如果两种商品必须同时使用才能满足消费者的某一种欲望,则称这两种商品之间存在着互补关系,这两种商品互为互补品。

如果两种商品之间存在着替代关系,则一种商品的价格与它的替代品的需求量之间成同方向的变动,相应的需求的交叉价格弹性系数为正值。若两种商品之间存在互补关系,则一种商品的价格与它的互补品的需求量之间呈反方向变动,相应的需求的交叉价格弹性系数为负值。若两种商品不存在相关关系,则意味着其中任何一种商品的需求量都不会对另一种商品的价格变动作出反应,相应的需求的交叉价格弹性系数为 0。

4. 需求的收入弹性

(1) 需求的收入弹性含义

表示在一定时期内消费者对某种商品的需求量的变动对于消费者收入量变动的反应程度。或者说,表示在一定时期内当消费者的收入变化百分之一时所引起的商品需求量变化的百分比。它是商品的需求量的变动率和消费者的收入量的变动率的比值。

需求的收入弧弹性公式:

$$e_m = \frac{\frac{\Delta Q}{Q}}{\frac{\Delta M}{M}} = \frac{\Delta Q}{\Delta M} \cdot \frac{M}{Q} \tag{1-14}$$

需求的收入点弹性公式：

$$e_M = \lim_{\Delta M \to 0} \frac{\Delta Q}{\Delta M} \cdot \frac{M}{Q} = \frac{dQ}{dM} \cdot \frac{M}{Q} \tag{1-15}$$

（2）按商品需求的收入弹性系数值给商品分类

首先，可以分为正常品和劣等品。其中，正常品指需求量与收入成同方向变化的商品，$e_M>0$；劣等品指需求量与收入成反方向变化的商品，$e_M<0$。

然后，正常品进一步分为必需品和奢侈品。$e_M<1$ 的商品是必需品，$e_M>1$ 的商品是奢侈品。

（3）恩格尔定律

如果具体研究消费者购买食物的支出量对于消费者收入量变动的反应程度，就可以得到食物支出的收入弹性。

恩格尔定律即一个家庭或一个国家中，食物支出在收入中所占的比例，随着收入的增加而减少。

用弹性概念来表述恩格尔定律：对于一个家庭或一个国家而言，富裕程度越高，则食物支出的收入弹性就越小；反之，则越大。

【例题 1-1】 免费公共交通

需求的价格弹性、收入弹性和交叉价格弹性有很多实际用途。比如，让我们考察一下在城市中免费提供公共交通服务的建议。免费公共交通的倡导者指出，城市中交通拥挤的状况已引起公众的极大关注。他们认为，如果公共交通是免费的，许多通勤者就会改乘公交车而不使用自己的汽车，交通堵塞可以因此而得到缓解，空气污染会减轻，对停车设施的需求也会下降。

公共交通应不应该免费是一个重要而复杂的公共政策问题。为了对这种建议作出评价，决策者需要考虑一系列问题，其中包括在不收费情况下怎样向公交部门提供资金。但最根本的两个问题是：免费能在多大程度上提高公共交通的使用量？在多大程度上减少城市中汽车的使用量？显然，如果要预测免费公共交通所产生的后果，就必须回答这些问题。

面对这些问题，美国运输部要求查尔斯河协会的一组经济学家进行研究。关于免费对公共交通使用量的影响问题，经济学家们指出，答案取决于公共交通服务的需求价格弹性。如果价格弹性很高，那么价格从现在的水平降至0会导致公共交通使用量的大幅度增加。另一方面，如果价格弹性很低，此种价格削减几乎不能使公共交通使用量增加。事实上，根据经济学家们的估计，价格弹性约为 0.17，这意味着免费将使公共交通使用量增加 40%。

关于免费公共交通对城市中汽车使用量的影响，经济学家们指出，答案依赖于汽车的使用量与城市中公共交通收费间的需求交叉弹性。因为汽车的使用与公共交通是替代品，所以交叉弹性值为正。如果交叉弹性很高，将公共交通的收费减为 0 将引起城市小汽车使用量的大幅度下降；相反，如果交叉弹性很低，这种收费的减少几乎不会对城市中的汽车使用量产生影响。事实上，根据经济学家们的估计，交叉弹性的值很低，免费公共交通仅能使城市中的汽车使用量下降 7%。

在联邦政府官员、地方政府官员及其他官员和团体处理这个问题时，上述研究结果是很有价值的。根据这些研究结果，免费公共交通似乎不能使公共交通使用量大幅度增加，"降低公共交通收费很难使汽车的使用者转变为公共交通的使用者……"。尽管仅根据上述研究是不能解决问题的，但这些研究显然具有重要的意义。毫无疑问，需求的价格弹性和交叉弹性在说明这一重大的政策问题中起着重要的作用。

5. 供给的价格弹性

供给价格弹性表示在一定时期内一种商品的供给量的变动对于该商品价格变动的反应程度。或者说，表示在一定时期内当一种商品的价格变化百分之一时所引起的该商品的供给量变化的百分比。

(1) 供给的价格弧弹性

表示某商品供给曲线上两点之间的弹性。

(2) 供给的价格点弹性

表示某商品供给曲线上某一点的弹性

$$e = \frac{\dfrac{dQ}{Q}}{\dfrac{dP}{P}} = \frac{dQ}{dP} \cdot \frac{P}{Q} \tag{1-16}$$

(3) 供给的价格弹性类型

$e_s > 1$ 表示富有弹性；$e_s = 1$ 表示单一弹性或单位弹性；$e_s < 1$ 表示缺乏弹性；$e_s = \infty$ 表示完全弹性；$e_s = 0$ 表示完全无弹性。

(4) 供给的价格弧弹性的中点公式

$$e_s = \frac{\Delta Q}{\Delta P} \cdot \frac{\dfrac{P_1 + P_2}{2}}{\dfrac{Q_1 + Q_2}{2}} \tag{1-17}$$

(5) 供给的价格弹性的影响因素

时间因素是一个很重要的因素。当商品的价格发生变化时，厂商对产量的调整需要一定时间，调整起来有一定困难。相应地，供给弹性是比较小的。但在长期内，生产规模的扩大与缩小，甚至转产，都是可以实现的，供给的弹性也相应比较大。

在其他条件不变时，生产成本随产量变化而变化的情况和产品生产周期的长短，也是影响供给的价格弹性的两个重要因素。

1.1.6 价格政策

1. 最高限价

最高限价也被称为限制价格，它是政府规定的某种产品的最高价格，最高价格总是低于市场的均衡价格。目的是为了抑制某些产品的价格上涨。但不良影响在于供不应求导致市场消费者排队抢购和黑市交易盛行；生产者也可能粗制滥造，降低产品质量，形成变相涨价(图 1-6)。

2. 最低限价

最低限价也称为支持价格。它是政府所规定的某种产品的最低价格。它总是高于市场的均衡价格。政府的目的是为了扶植某些行业的发展,如农产品。在实行这一政策时,政府往往收购市场过剩的农产品。

3. 关于农产品的支持价格

"谷贱伤农"现象的解释:农产品需求的价格弹性往往小于1,即当农产品的价格发生变化时,农产品的需求往往是缺乏弹性的。由于农产品均衡价格的下降幅度大于农产品的均衡数量的增加幅度,最后致使农民的总收入减少。反之,在欠收年份,农民收入将增加。

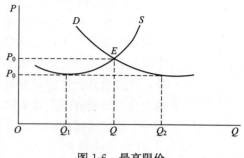

图 1-6 最高限价

一般的解决方法是:通过减少农产品的种植面积,来减少农产品的供给,从而将农产品的价格维持在一定的水平,保证农场主和农民的收入。

1.2 生产要素投入

生产者亦称厂商,指能够作出统一生产决策的单个经济单位。

1.2.1 厂商的组织形式

个人企业:指个人独资经营的厂商组织。

合伙制企业:指两个人以上合资经营的厂商组织。

公司制企业:指按公司法建立和经营的具有法人资格的厂商组织。它是一种重要的现代企业组织形式。公司由股东所有,公司的控制权在董事监督下的总经理手中。在资本市场上,公司制企业是一种非常有效的融资组织形式,它主要利用发行债券和股票来筹集资金。

1.2.2 企业的本质

1. 交易成本

任何交易均可以看成是交易双方所达成的一项契约。交易成本可以看成是围绕交易契约所产生的成本。

一类交易成本产生于签约时交易双方面临的偶然因素所带来的损失;另一类交易成本是签订契约,以及监督和执行契约所花费的成本。

2. 企业的本质

企业作为生产的一种组织形式,在一定程度上是对市场的一种替代。同一笔交易,既可以通过市场的组织形式来进行,也可以通过企业的组织形式来进行。企业之所以存在,或者说,企业和市场之所以同时存在,是因为有的交易在企业内部进行成本更小,而有的交易在市场进行成本更小。

3. 市场优势与企业优势

(1) 市场优势

在市场上购买中间产品，由于大量的厂商一般都从少数几个供应商那里买货，这就有利于这几个供应商实现生产上的规模经济和降低成本。而且，中间产品供应者之间的市场竞争压力，也迫使供应商努力降低生产成本。此外，当少数几个供应商面对众多的中间产品的需求者时，这几个供应商可以避免由于销路有限而造成的需求不稳定所可能带来的损失，从而在总体上保持一个稳定的销售额。

(2) 企业优势

首先，厂商在市场上购买中间产品是需要花费交易成本的，它包括企业在寻找合适的供应商、签订合同及监督合同执行等方面的费用。如果厂商能在企业内部自己生产一部分，则可以降低成本甚至消除交易成本，还可以更好地保证产品的质量。其次，如果某厂商所需要的是某一特殊类型的专门化设备，而供应商一般不会愿意在只有一个买主的产品上进行专门化的投资和生产，因为风险较大。因此，需要这种专门化设备的厂商要在企业内部解决问题。最后，厂商雇用一些具有专门技能的职员，如专门的产品设计、成本管理和质量控制等人员，并与他们建立长期的契约关系。这种方法要比从其他厂商那里购买相应的服务更为有利，从而也消除或降低了相应的交易成本。

4. 交易成本在市场和企业中不相同的原因——信息不完全对称

(1) 在信息不对称的条件下，企业可以使一部分市场交易内部化，从而消除或降低一部分市场交易所产生的高交易成本。

(2) 信息不完全性导致企业特有的交易成本。

首先，企业在签订契约，以及在监督和激励方面存在着交易成本；其次，不同方向的信息传递会因为企业规模扩大带来的隶属层次的增多而被扭曲，导致企业效率损失；最后，企业下级往往出于利己的动机隐瞒或传递错误的信息，以使上级作出有利于下级的决策，或下级对上级的决策仅传递或执行对自己有利的部分，这都将导致企业效率的损失。

5. 厂商的目标

追求最大的利润——理性经济人的假定在生产理论中的具体化。

销售收入最大化或市场销售份额最大化——信息不完全导致的现实目标。

利润最大化是企业竞争生存的基本原则——在长期，一个不以利润最大化为目标的企业终将被市场竞争淘汰。

1.2.3 生产函数

1. 生产要素

(1) 劳动

人类在生产过程中提供的体力和智力的总和。

(2) 土地

包括土地本身以及地上、地下的一切自然资源。

(3) 资本

有实物形态(又称资本品或投资品,如厂房、设备、原材料等)和货币形态(通常称为货币资本)。

(4) 企业家才能

指企业家组织建立和经营管理企业的才能。

2. 生产函数

(1) 定义

在一定时期内,在技术水平不变的情况下,生产中所使用的各种生产要素的数量与所能生产的最大产量之间的关系。

(2) 公式

在经济学中,通常假定生产中只使用劳动和资本这两种生产要素。L 表示劳动投入数量,K 表示资本投入数量,则生产函数为:

$$Q=f(L,K) \tag{1-18}$$

3. 生产函数的常见类型

(1) 固定投入比例生产函数(里昂惕夫生产函数)

定义:表示在每一个产量水平上任何一对要素投入量之间的比例都是固定的。

公式:

$$Q=Minimum\left(\frac{L}{u},\frac{K}{v}\right) \tag{1-19}$$

式中 Q——产量;

u 和 v——是常数,分别为固定的劳动和资本的生产技术系数,它们分别表示生产一单位产品所需要的固定的劳动投入量和资本投入量。

该公式表示:产量取决于两个比值中较小的一个。因为生产必须按照 L 和 K 之间的固定比例进行,当一种生产要素的数量不能变动时,另一种生产要素的数量再多,也不能增加产量。

(2) 柯布—道格拉斯生产函数

$$Q=AL^{\alpha}K^{\beta} \tag{1-20}$$

式中 A、α 和 β——参数;

$0<\alpha$、$\beta<1$。

α 和 β 的经济含义是:当 $\alpha+\beta=1$ 时,α 和 β 分别表示劳动和资本在生产过程中的相对重要性,α 为劳动所得在总产量中所占的份额,β 为资本所得在总产量中所占的份额。

此外,根据 α 和 β 的和,还可以判断规模报酬的情况,若 $\alpha+\beta>1$,则规模报酬递增;$\alpha+\beta=1$,则规模报酬不变;$\alpha+\beta<1$,则规模报酬递减。

4. 一种可变生产要素的生产函数

(1) 短期

指生产者来不及调整全部生产要素的数量,至少有一种生产要素的数量是固定不变的时间周期。

(2) 长期

指生产者可以调整全部生产要素的数量的时间周期。

(3) 一种可变生产要素的生产函数

由生产函数 $Q=f(L, k)$ 出发，假定资本投入量是固定的，用 $\bar{K}$ 表示，劳动投入量是可变的，用 L 表示，则生产函数可以写成

$$Q=f(L, \bar{K}) \tag{1-21}$$

这是短期生产函数。

(4) 边际报酬递减规律

在生产中普遍存在这么一种现象：技术水平不变的条件下，在连续等量地把某一种可变的生产要素增加到其他一种或几种数量不变的生产要素上的过程中，当这种可变生产要素的投入量小于某一特定值时，增加该要素投入所带来的边际产量是递增的；当这种可变要素的投入量连续增加并超过这个特定值时，增加该要素投入所带来的边际产量是递减的。

5. 两种可变生产要素的生产函数——长期生产理论

(1) 两种可变生产要素的生产函数

在生产理论中，通常以两种可变生产要素的生产函数来考察长期生产问题。假定生产者使用劳动和资本两种可变生产要素来生产一种产品成本，则

$$Q=f(L, K) \tag{1-22}$$

(2) 等产量曲线

在技术水平不变的条件下生产同一产量的两种生产要素投入量的所有不同组合的轨迹。

$$Q=f(L, K)=Q_0 \tag{1-23}$$

等产量曲线与坐标原点的距离的大小表示产量水平的高低：离原点越近的等产量曲线代表的产量水平越低；越远，则越高。同一平面坐标上的任意两条等产量线不会相交。等产量线凸向原点。

在等产量曲线图的坐标原点引出的一条射线代表两种可变要素投入数量的比例固定不变情况下的所有组合方式，射线的斜率就等于这一固定的两种要素的投入比例。

射线与等产量曲线的差别：一条这样的射线表示要素投入数量的不变比例的组合和可变的产量之间的关系；一条等产量曲线表示不变的产量水平和要素投入数量的可变比例的组合之间的关系。

(3) 边际技术替代率

1) 定义

在维持产量水平不变的条件下，增加一单位某种生产要素投入量时所减少的另一种要素的投入数量，被称为边际技术替代率。

公式：

$$MRTS_{LK}=-\frac{\Delta K}{\Delta L} \quad 或 \quad MRTS_{LK}=\lim_{\Delta L \to 0}-\frac{\Delta K}{\Delta L}=-\frac{dK}{dL} \tag{1-24}$$

等产量曲线上某一点的边际技术替代率就是等产量曲线在该点斜率的绝对值。

边际技术替代率还可以表示为两要素的边际产量之比：

$$MRTS_{LK} = -\frac{\Delta K}{\Delta L} = \frac{MP_L}{MP_K} \quad \text{或} \quad MRTS_{LK} = -\frac{dK}{dL} = \frac{MP_L}{MP_K} \quad (1-25)$$

2）边际技术替代率递减规律

在维持产量不变的前提下，当一种生产要素的投入量不断增加时，每一单位的这种生产要素所能替代的另一种生产要素的数量是递减的。任何一种产品的生产技术都是要求各要素投入之间有适当的比例，这意味着要素之间的替代是有限制的。在劳动投入增加到相当多的数量和资本投入量减少到相当少的数量的情况下，再用劳动去替代资本将是很困难的。

6. 等成本线

（1）定义

指在既定的成本和既定生产要素价格条件下，生产者可以购买到的两种生产要素的各种不同数量组合的轨迹。

（2）公式与曲线

假定要素市场上既定的劳动的价格即工资率为ω，既定的资本的价格即利息率为γ，厂商既定的成本支出为C，则成本方程为：

$$C = \omega L + \gamma K \quad \text{或} \quad K = -\frac{\omega}{\gamma}L + \frac{C}{\gamma} \quad (1-26)$$

等成本线以内区域的任何一点，如A，表示既定的全部成本都用来购买该点的劳动和资本的组合以后还有剩余；以外区域的任何一点，如B，表示既定的全部成本都用来购买该点的劳动和资本的组合是不够的（图1-7）。

7. 最优的生产要素组合

生产者的最优生产要素组合，要么是实现既定成本条件下的最大产量，要么是实现既定产量条件下的最小成本。

（1）既定成本条件下的产量最大化（图1-8）

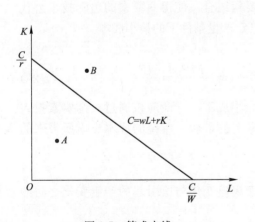

图1-7 等成本线

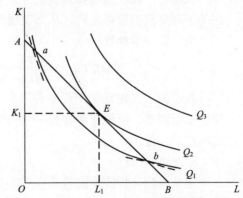

图1-8 既定成本条件下产量最大的要素组合

1）产量最大的要素组合点

E点表示：在既定成本条件下，厂商应该按照E点的生产要素组合进行生产，即劳动投入量和资本投入量分别为OL_1和OK_1，这样，厂商就会获得最大的产量。

等产量线 Q_3 的产量高于 Q_2，但等成本线 AB 与 Q_3 无交通点。这表明 Q_3 代表的产量是企业在既定成本下无法实现的产量。Q_1 则产量较低，此时厂商在不增加成本的情况下，只需由 a、b 点出发沿着 AB 改变要素组合，就可以增加产量。因此，E 才是实现既定成本条件下的最大产量的要素组合。

2) 两种生产要素的最优组合的原则

在生产均衡点 E，$MRTS_{LR}=\dfrac{\omega}{\gamma}$ \hfill (1-27)

表示：为了实现既定成本条件下的最大产量，厂商必须选择最优的生产要素组合，使两要素的边际技术替代率等于两要素的价格比例。

公式可以进一步表示为

$MRTS_{LR}=\dfrac{MP_L}{MP_K}=\dfrac{\omega}{\gamma}$；$\dfrac{MP_L}{\omega}=\dfrac{MP_K}{\gamma}$ 表示：厂商可以通过对两要素投入量的不断调整，使得最后一单位的成本支出无论用来购买哪一种生产要素所获得的边际产量都相等，从而实现既定成本条件下的最大产量。

(2) 既定产量条件下的成本最小化（图1-9）

1) 在既定的产量条件下，生产者应该选择 E 点的要素组合(OK_1，OL_1)，才能实现最小的成本。

2) 既定产量条件下的最小成本的两要素的最优组合原则

均衡点 E 的公式：

$MRTS_{LR}=\dfrac{\omega}{\gamma}$ \hfill (1-28)

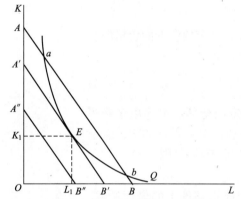

图1-9 既定产量条件下成本最小的要素组合

表示：厂商应该选择最优的生产要素组合，使得两要素的边际技术替代率等于两要素的价格之比，从而实现既定产量条件下的最小成本。

也可进一步推导：

$MRTS_{LR}=\dfrac{MP_L}{MP_K}=\dfrac{\omega}{\gamma}$ 或 $\dfrac{MP_L}{\omega}=\dfrac{MP_K}{\gamma}$ \hfill (1-29)

表示为了实现既定产量条件下的最小成本，厂商应该通过对两要素投入量的不断调整，使得花费在每一种要素上的最后一单位的成本支出所带来的边际产量相等。

8. 规模报酬

规模报酬分析涉及的是企业的生产规模变化与所引起的产量变化之间的关系。

(1) 规模报酬的变化

递增：指产量增加的比例大于各种生产要素增加的比例。

不变：指产量增加的比例等于各种生产要素增加的比例。

递减：指产量增加的比例小于各种生产要素增加的比例。

(2) 曲线与数学分析

1) 曲线(图 1-10)

a. 图(a)表示规模报酬递增，$OA>AB>BC$；
b. 图(b)表示规模报酬不变，$OD=DE=EF$；
c. 图(c)表示规模报酬递减，$OG<GH<HI$。

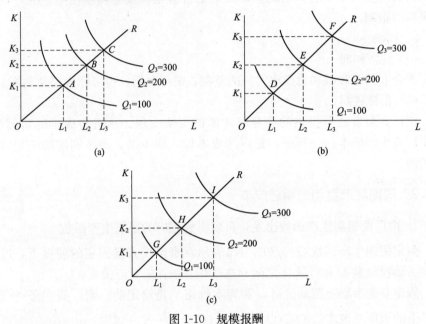

图 1-10 规模报酬

2) 数学公式

$f(\lambda L, \lambda K)>\lambda f(L, K)$，其中常数 $\lambda>0$，则生产函数 $Q=f(L, K)$ 具有规模报酬递增的性质。

$f(\lambda L, \lambda K)=\lambda f(L, K)$，其中常数 $\lambda>0$，则生产函数 $Q=f(L, K)$ 具有规模报酬不变的性质。

$f(\lambda L, \lambda K)<\lambda f(L, K)$，其中常数 $\lambda>0$，则生产函数 $Q=f(L, K)$ 具有规模报酬递减的性质。

1.3 成本与收益

1.3.1 成本的概念

1. 机会成本

生产一单位的某种商品的机会成本是指生产者所放弃的使用相同的生产要素在其他生产用途中所能得到的最高收入。

2. 显成本和隐成本

(1) 显成本

指厂商在生产要素市场上购买或租用所需要的生产要素的实际支出。

(2) 隐成本

指厂商本身自己所拥有的且被用于该企业生产过程的那些生产要素的总价格。

隐成本必须从机会成本的角度按照企业自有生产要素在其他用途中所能得到的最高收入来支付，否则，厂商会把自有生产要素转移出本企业，以获得更高的报酬。

3. 利润

(1) 经济利润

指企业的总收益和总成本之间的差额，简称利润，也可称为超额利润。

(2) 正常利润

指厂商对自己所提供的企业家才能的报酬支付。从机会成本的角度看，它是厂商生产成本的一部分，是以隐成本计入成本的。经济利润中不包含正常利润。

1.3.2 短期总产量和短期总成本

1. 由厂商短期生产函数出发，可以得到相应的短期生产函数

假定短期生产函数 $Q=f(L,\overline{K})$ 表示在资本投入量固定的前提下，可变要素劳动投放量 L 和产量 Q 之间存在着相互依存的对应关系。

假定要素市场上劳动价格 ω 和资本价格 γ 是给定的。则厂商在每一产量水平上的短期总成本：$STC(Q)=\omega \cdot L(Q)+\gamma \cdot \overline{K}$ 式中，$\omega \cdot L(Q)$ 为可变成本部分；$\gamma \cdot \overline{K}$ 为固定成本。也可简写成 $STC(Q)=\Phi(Q)+b$，则证明了短期总成本是产量的函数。

2. 短期成本的分类

(1) 总不变成本(TFC)

指厂商在短期内为生产一定数量的产品对不变生产要素所支付的总成本。

(2) 总可变成本(TVC)

指厂商在短期内生产一定数量的产品对可变生产要素支付的总成本。

$$TVC=TVC(Q) \qquad (1-30)$$

(3) 总成本(TC)

指厂商在短期内为生产一定数量的产品对全部生产要素所支出的总成本。

$$TC(Q)=TFC+TVC(Q) \qquad (1-31)$$

(4) 平均不变成本(AFC)

指厂商在短期内平均每生产一单位产品所消耗的不变成本。

$$AFC(Q)=\frac{TFC}{Q} \qquad (1-32)$$

(5) 平均可变成本(AVC)

指厂商在短期内平均每生产一单位产品所消耗的可变成本。

$$AVC(Q)=\frac{TVC(Q)}{Q} \qquad (1-33)$$

(6) 平均总成本（AC）

指厂商在短期内平均每生产一单位产品所消耗的全部成本。

$$AC(Q) = \frac{TC(Q)}{Q} = AFC(Q) + AVC(Q) \quad (1-34)$$

(7) 边际成本（MC）

指厂商在短期内平均每生产一单位产品所增加的总成本。

$$MC(Q) = \frac{\Delta TC(Q)}{\Delta Q} \quad \text{或} \quad MC(Q) = \lim_{\Delta Q \to 0} \frac{\Delta TC(Q)}{\Delta Q} = \frac{\mathrm{d}TC}{\mathrm{d}Q} \quad (1-35)$$

3. 短期成本变动的决定因素：边际报酬递减规律

指在短期生产过程中，在其他条件不变的前提下，随着一种可变要素投入量的连续增加，它所带来的边际产量先是递增的，达到最大值以后再递减的。

4. 导致的短期边际产量和短期边际成本之间存在着的对应关系

边际产量的递增阶段对应的是边际成本的递减阶段。

边际产量的递减阶段对应的是边际成本的递增阶段。

与边际产量的最大值对应的是边际成本的最小值。

在边际报酬递减规律作用下的边际成本 MC 曲线表现出先降后升的 U 形特征。

1.3.3 长期成本曲线

1. 长期总成本（LTC）

指厂商在长期中在一定产量水平上通过选择最优的生产规模所能达到的最低总成本。

$$LTC = LTC(Q) \quad (1-36)$$

2. 长期总成本曲线（LTC）

原理：厂商在任何一个产量水平上，都可以找到相应的一个最优的生产规模，把总成本降到最低水平。

长期总成本曲线是无数条短期总成本曲线的包络线。它表示长期内厂商在每一产量水平上由最优生产规模所带来的最小生产总成本。

特征：从原点出发向右上方倾斜，表示当产量为0时，长期总成本为0，随着产量增加，长期总成本增加。曲线的斜率先递减，经拐点后，又变为递增。

3. 长期平均成本函数

(1) 概念公式与曲线推导

指厂商在长期内按产量平均计算的最低总成本：

$$LAC(Q) = \frac{LTC(Q)}{Q} \quad (1-37)$$

原理：厂商在长期实现每一产量水平的最小总成本的同时，必然也实现了相应的最小平均成本，长期平均成本曲线可以根据：$LAC(Q) = \frac{LTC(Q)}{Q}$ 由长期总成本曲线画出。也可以根据短期平均成本曲线求得。

三条短期平均成本曲线 SAC_1、SAC_2 和 SAC_3，代表了不同的生产规模。在长期，厂商可以根据产量要求，选择最优的生产规模进行生产(图 1-11)。

对于产量 Q_1、Q_2、Q_3 而言，SAC_1、SAC_2 和 SAC_3 曲线是最优选择。而对于产量 Q_1'、Q_2' 而言，厂商可以选择较小的成本规模，也可以选择较大的成本规模，如对 Q_1' 的产量，厂商可以选择 SAC_1 曲线所代表的生产规模，因为该生产规模较小，厂商的投资可以少一些；如果考虑今后扩大产量，则选择 SAC_2 曲线代表的生产规模。

(2) 长期平均成本曲线

1) 推导

从图 1-11 可以得出：在长期生产中，厂商总是可以在每一产量水平上找到相应的最优的生产规模。沿着图中 SAC 曲线的实线部分，厂商总是可以找到长期内生产某一产量的最低平均成本的。

2) 含义

长期平均成本曲线是无数条短期平均成本曲线的包络线。LAC 曲线表示厂商在长期内在每一产量水平上，通过选择最优生产规模实现的最小的平均成本。在每一个产量水平上，LAC 曲线都和一条 SAC 曲线有切点(图 1-12)。

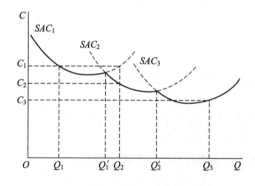

图 1-11　最优生产规模的选择

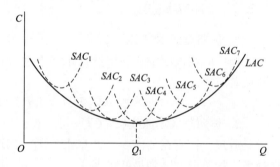

图 1-12　长期平均成本曲线

LAC 曲线呈现 U 形特征。在 LAC 曲线下降段，LAC 曲线相切于所有相应的 SAC 曲线最低点的左边；在 LAC 曲线上升段，LAC 曲线相切于所有相应的 SAC 曲线最低点的右边。在 LAC 曲线最低点，LAC 曲线才相切于相应的 SAC 曲线的最低点。

3) 长期平均成本曲线的形状

规模经济：指企业生产扩张的开始阶段，厂商由于扩大生产规模而使经济效益得到提高。或厂商产量增加的倍数大于成本增加的倍数。也称内部经济。

规模不经济：指当生产扩张到一定的规模后，厂商继续扩大生产规模，就会使经济效益下降。或厂商产量增加的倍数小于成本增加的倍数。也称内部不经济。

4. 长期边际成本函数和长期边际成本曲线

(1) 长期边际成本（LMC）

定义：表示厂商在长期内增加一单位产量所引起的最低总成本的增量。

公式：
$$LMC(Q) = \frac{\Delta LTC(Q)}{\Delta Q} \quad 或 \quad LMC(Q) = \lim_{\Delta Q \to 0} \frac{\Delta LTC(Q)}{\Delta Q} = \frac{dLTC(Q)}{dQ}$$
(1-38)

(2) 长期边际成本曲线的推导

1) 由 LTC 曲线到 LMC 曲线

$LMC = \frac{dLTC}{dQ}$，根据这个公式，把每一个产量水平上的 LTC 曲线的斜率值描绘在产量和成本的平面坐标图中，就可得到长期边际成本 LMC 曲线。

2) 由短期边际成本 SMC 曲线到长期边际成本 LMC 曲线

在每一个产量水平，代表最优生产规模的 SAC 曲线都有一条相应的 SMC 曲线，每一条 SMC 曲线都过相应的 SAC 曲线最低点（图1-13）。

在 Q_1 的产量上生产该产量的最优生产规模是 SAC_1 曲线和 SMC_1 曲线所代表，相应的短期边际成本由 P 点给出，PQ_1 既是最优的短期边际成本，又是长期边际成本，即 $LMC = SMC_1 = PQ_1$。

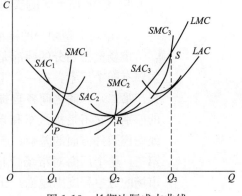

图1-13　长期边际成本曲线

在生产规模可以无限细分的条件下，可以得到无数个类似于 P 的点，将这些点连接起来便得到一条光滑的长期边际成本 LMC 曲线。

(3) 长期边际成本曲线的形状

呈 U 形，它与长期平均曲线相交于长期平均成本曲线的最低点。

根据 LMC 曲线的形状特征可以解释 LTC 曲线的形状特征，因为 LMC 曲线呈先降后升的 U 形，且 LMC 值又是 LTC 曲线上相应的点的斜率，所以 LTC 曲线的斜率必定要随着产量的增加表现出先递减达到拐点以后再递增的特征。

【例题1-2】　劝业场平时为什么不延长营业时间？

春节期间劝业场和许多大型商场都延长营业时间，为什么平时不延长？现在我们用边际分析理论来解释这个问题。

从理论上说延长时间1小时，就要支付1小时所耗费的成本，这种成本既包括直接的物耗，如水、电等，也包括由于延时而需要的售货员的加班费，这种增加的成本就是边际成本。假如延长1小时增加的成本是1万元（注意这里讲的成本是西方经济学成本概念，包括成本和正常利润），如果在延时的1小时里他们由于卖出商品而增加收益大于1万，作为一个精明的企业家他还应该将营业时间在此基础上再延长，因为这时他还有一部分该赚的钱还没赚到手。相反,如果他在延长1小时里增加的成本是1万,增加的收益是不足1万,在不考虑其他因素情况下他就应该取消延时的经营决定,因为他延长1小时成本大于收益。

春节期间,人们有更多的时间去旅游购物,使商场的收益增加,而平时紧张的工作、繁忙的家务使人们没有更多的时间和精力去购物,就是延时服务也不会有更多的人光顾,增加的销售额不足以抵偿延时所增加的成本。这就能够解释在春节期间延长营业时间而在平时不延长营业时间的原因。

1.4 完全竞争的市场

1.4.1 厂商和市场的类型

1. 市场类型划分的标准

市场类型划分的标准是由市场竞争程度的强弱而决定的。市场竞争程度强弱有四个因素:第一,市场上厂商的数目。厂商数目越多,竞争程度则越强。第二,厂商之间各自提供的产品的差别程度。这里的差别是指同种产品的差别,它不是指汽车和自行车的差别,而是指自行车在质量、包装、牌号或销售条件方面的差别。产品的差别会形成垄断,因此差别越小,竞争越强。第三,单个厂商对市场价格的控制程度。单个厂商对市场的控制程度越小,市场的竞争程度则越强,比如每户农民作为农产品的供给者,他只是市场的被动接受者,而不能控制市场。第四,厂商进入或退出一个行业的难易程度。厂商进入一个行业越难,越易形成垄断,比如邮电行业、通信行业、铁路运输行业等就容易形成垄断,因为它的成本非常大,一般人无法介入。根据竞争程度的强弱,微观经济学把市场划分为四个类型:完全竞争市场、垄断竞争市场、寡头市场和垄断市场,这几个市场的竞争程度由强到弱。

2. 市场

市场就是一组为买卖某种商品而相互发生联系的厂商和个人。

3. 厂商

厂商是指以利润最大化为目标向市场提供商品和劳务的独立经营单位。

4. 行业

行业是指为同一市场提供商品的所有厂商的总和。

1.4.2 完全竞争市场的条件

第一,市场上有很多的买者和卖者,供给者和需求者都非常多,他们中的任何一个人买或不买,卖或不卖都不会对整个产品市场的价格产生影响,也就是说厂商和消费者都是价格的被动接受者。

第二,同一行业的每一个厂商生产的产品是完全无差别。

第三,厂商进入或退出一个行业是完全自由的,厂商进入一个行业不存在障碍,所有的资源都可以在各行业之间自由流动。在此过程中,优胜劣汰,缺乏效率的企业会被淘汰。

第四，市场中的每一个买者和卖者都掌握与自己的经济决策有关的商品和市场的全部信息，也就是厂商和消费者都能掌握完全的信息。

1.4.3 完全竞争市场的需求曲线和完全竞争厂商的需求曲线

完全竞争市场的需求曲线：即整个行业所面临的需求曲线，因为市场总是与行业联系在一起的，市场的需求曲线也就是行业的需求曲线，是一条向右下方倾斜的曲线。

完全竞争厂商的需求曲线：是一条由既定的市场均衡价格水平出发的水平线。

厂商的收益可以分为总收益、平均收益、边际收益。它们的英文简写分别为 TR、AR、MR。

a. 总收益：按一定价格出售一定量产品时所获得的全部收入，P 表示产品的市场价格，Q 表示销售的总量，总收益的公式是 $TR(Q)=P\cdot Q$。

b. 平均收益：厂商在平均每一单位产品销售上所获得的收入为 $AR=TR(Q)/Q$。

c. 边际收益：厂商增加一单位产品销售所获得的收入增量，即 $MR=\Delta TR(Q)/\Delta Q$，当 ΔQ 趋近于 0 时，MR 就是对应的总收益曲线的斜率。

完全竞争厂商的总收益曲线是一条通过原点的直线，它的斜率等于 P，完全竞争厂商的需求曲线、平均收益曲线、边际收益曲线重合。

1.4.4 厂商实现利润最大化的均衡条件

厂商实现最大利润的均衡条件：边际收益等于边际成本，这里的均衡是指达到最大利润时，厂商既不想增加产量，也不想减少产量的这样一种相对平衡的状态。

假定厂商的总收益函数为 $TR=TR(Q)$，总成本函数为 $TC=TC(Q)$，那么利润以 π 表示，则利润 $\pi(Q)=TR(Q)-TC(Q)$ 当利润达到最大值时，也就是利润的一阶导数为 0 时，即 $\pi'(Q)=TR'(Q)-TC'(Q)=0$，总收益的一阶导数是 MR，总成本的一阶导数是 MC，所以上式又可以写为 $MR=MC$。厂商可以根据 $MR=MC$ 来确定最优的产量，以实现最大利润。

$MR=MC$ 这一利润最大化的条件，对于完全竞争市场和不完全竞争市场的长期生产和短期生产都是适用的。

1.4.5 完全竞争厂商的长期均衡

在长期内所有的生产要素都可以改变，厂商通过对全部生产要素的投入量的调整，来实现利润最大化的均衡条件 $MR=LMC$。完全竞争厂商在长期内对生产要素的调整可以通过两个方面，第一，厂商进入或退出一个行业，第二，厂商对生产规模的调整。

1. 厂商进入或退出一个行业

如果一个行业可以长期获得利润，则会吸引其他新的厂商加入到该行业的生产中来，随着新厂商的加入，整个行业的供给增加，市场的价格就会下降，直到下降到使单个厂商的利润消失为止。相反，如果行业内单个厂商是亏损的，则一部分厂商就会退出，整个行业的供给减少，市场的价格就会上升，直到上升到使单个厂商的亏损消失为止。最后，平均收益等于最低的长期平均成本，既无利润又无亏损，利润为零，行业内厂商的进入和退出也就停止了。这时，完全竞争厂商处于一种长期均衡的状态。

2. 厂商对最优生产规模的选择

长期内的市场价格会随着行业内厂商数目的变化而变化，而在每一个变化了的价格水平下，单个厂商都会将生产规模调整到与均衡条件下的产量水平相对应的最优生产规模。

厂商通过对生产规模的不断调整，直到行业内单个厂商的利润和亏损都消失为止。如图 1-12 所示，厂商最后必然在长期平均成本 LAC 的最低点实现长期均衡，对应规模为最优的生产规模，商品的市场价格等于最低的长期平均成本，经济利润为 0。

通过以上的分析，我们得出完全竞争厂商的长期均衡点出现在 LAC 曲线的最低点，同时也得出完全竞争厂商长期均衡的条件为：

$MR=LMC=SMC=LAC=SAC$，其中，$MR=AR=P$，此时，单个厂商的利润为 0。

1.4.6 完全竞争市场的评价

1. 完全竞争市场的效率

第一，竞争的长期均衡点上，消费者的效用达到最大化，生产者的利润达到最大化，消费者和生产者之间交易的收益实现了最大化，这种交易收益是消费者剩余加生产者剩余的总和。第二，竞争的长期均衡点上，厂商的生产成本降到了最低水平，等于最低的长期平均成本。第三，市场的长期均衡价格也降到了这一最低水平。第四，市场刚好出清，既不存在供不应求，又不存在产品过剩，所以完全竞争市场的效率是最高的。

2. 消费者统治

消费者统治是指消费者在商品的生产中起决定作用。消费者需要什么东西，生产者就会生产什么东西，消费者通过它的货币选票引导生产者的生产。它的引导机制是这样的：消费者用货币购买商品是向商品投"货币选票"，货币选票的投向和数量，取决于消费者对不同商品的偏好，而生产者为了获得最大的利润，依据货币选票的情况安排生产，决定生产什么，生产多少、如何生产。完全竞争市场供求相等的长期均衡表明，完全竞争的市场机制的运行是能够以最有效率的方式配置经济资源，从而使消费者得到最大满足，所以它被认为是消费决定生产，这就是消费者统治的说法。

【例题 1-3】 大型养鸡场为什么赔钱？

为了实现市长保证"菜篮子"的承诺，许多大城市都由政府投资修建了大型的养鸡场，结果这些鸡场在市场上反而竞争不过农民，往往赔钱者多。这里的奥妙何在呢？

从经济学的角度看，这首先在于鸡蛋市场的市场结构。我们知道，鸡蛋市场有三个显著特点：第一，市场上买者与卖者很多，即使是一个大型养鸡场在市场上所占的份额也是微不足道的，难以通过产量控制价格。用经济学的术语说，每家企业都是价格接受者。第二，鸡蛋很大程度上是无差别产品，企业也不能用产品差别形成垄断力量。第三，自由进入与退出。这三个特点决定了鸡蛋市场是一个完全竞争市场。

在鸡蛋这样的完全竞争市场上，短期如果供大于求，整个市场价格低，养鸡可能亏本；如果供小于求，整个市场价格高，养鸡可以赚钱。但长期看来，养鸡企业（包括农民和大型养鸡场）则要对供求作出反应，决定产量多少或进入还是退出。假如由于人们受胆固醇不利于健康的宣传而减少了鸡蛋的消费，价格下降，这时养鸡企业就应作出减少产量或退出该行业的决策。假如由于鸡蛋出口增加，价格上升，这时养鸡企业就应作出增加产量的决策或其他企业进入该行业。长期来看，通过供求的这种调节，鸡蛋市场实现均衡，社会得到满足，生产者也感到满意。这说明，完全竞争市场上长期均衡的关键是生产者对市场供求变动作出反应。

大型养鸡场的不利之处正在于这种调节能力不如农民。我们知道，短期之内，养鸡的成本分为固定成本（鸡舍等支出）和可变成本（鸡饲料、劳动等）。在短期中，如果价格低于平均总成本，企业要亏本，但只要高于平均可变成本就可以维持生产。大型养鸡场的固定成本远远高于农民。当价格低时，农民由于固定成本低，甚至可以不计劳动成本，只要能弥补饲料成本就可以维持生产，而此时大型养鸡场要支付高额的固定成本，必然难以经营，或大量亏损由政府补贴。当价格高时，许多农民会迅速进入养鸡行业，大型养鸡场则难以迅速扩大。农民的迅速进入使得短暂的赢利机会消失，大型养鸡场难以利用这个机会。船小好调头，在养鸡市场上农民就是如此。在长期中，鸡蛋市场均衡价格等于农民的生产成本加正常利润。而这一价格低于大型养鸡场的总成本。大型养鸡场当然亏损了。

1.5 不完全竞争的市场

不完全竞争的市场是相对于完全竞争的市场而言的，也就是说，除了完全竞争的市场以外，所有其他的市场或多或少都有一些垄断，所以我们称完全竞争市场以外的几种市场为不完全竞争市场。不完全竞争市场分为三个类型：垄断市场、寡头市场、垄断竞争市场。

1.5.1 垄断

1. 垄断市场的条件

垄断市场是指整个行业只有唯一的一个厂商的市场组织。垄断市场的条件主要有这样三点：第一，市场上只有唯一的一个厂商生产和销售商品；第二，该厂商生产和销售的商品没有任何相近的替代品；第三，其他任何厂商进入该行业都非常困难或者不可能，一个厂商控制了整个行业的生产和销售，所以它控制了市场的价格。

2. 垄断形成的原因

第一，独家厂商控制了生产某种商品的全部资源或基本资源的供给，排除了其他厂商生产同种商品的可能性；第二，独家厂商拥有生产某种商品的专利权，使它在一个时期，垄断该产品的生产；第三，政府的特许，政府通过政策特许某个部门生产某种商品，不允许其他部门介入；第四，自然垄断。

3. 价格歧视

为了增加垄断厂商的利润，垄断厂商会对同一种产品收取不同的价格，以不同价格销售同一种产品，被称为价格歧视垄断。厂商实行价格歧视的基本条件：第一，市场的消费者具有不同的偏好，且这些不同的偏好可以被区分开。这样，厂商才有可能对不同的消费者或消费群体收取不同的价格。第二，不同的消费者群体或不同的销售市场是相互隔离的，这样就排除了中间商从低价处买进商品，转手又在高价处出售商品从中获利的情况。

价格歧视分为：一级、二级和三级价格歧视。

一级价格歧视：厂商对每一单位产品都按消费者所愿意支付的最高价格出售，又被称为完全价格歧视。一级价格歧视下的资源配置是有效率的，尽管此时垄断厂商剥夺了全部的消费者剩余。

二级价格歧视：二级价格歧视对不同的消费数量段制定不同的价格。实行二级价格歧视，垄断厂商利润增加，部分消费者剩余被垄断者占有。此外，垄断者有可能达到 $P=MC$ 的有效率的资源配置的产量。

三级价格歧视：垄断厂商对同一种产品在不同的市场上（或对不同的消费群）收取不同的价格，这就是三级价格歧视。

4. 自然垄断和政府管制

自然垄断的一个主要特征是厂商的平均成本在很高的产量水平上仍然随着产量的增加而递减，也就是说存在着规模经济。因为这些行业的生产技术需要大量的固定设备，使得固定成本很大，而可变成本很小，所以，平均成本曲线在很高的产量水平上仍然是下降的。一般地说，供电行业、供水行业、通信行业都具有这样的特征。

由于规模经济，所以，自然垄断的经济效果肯定比几家厂商同时经营时高。但是，自然垄断由于缺乏竞争所造成垄断厂商的高价格、高利润以及低产出水平等经济效率的损失，所以，在大多数西方国家，一些公用事业、通信业和运输业都处在政府的管制之下。

1.5.2 垄断竞争

1. 垄断竞争的含义

既有垄断、又有竞争的市场。

2. 垄断竞争的条件

垄断竞争是这样一种市场组织，一个市场中有许多厂商生产和销售有差别的同种产品。垄断竞争市场的条件具体有三点：第一，在生产集团中有大量的企业生产有差别的同种产品，这些产品彼此之间都是非常接近的替代品；第二，一个生产集团的企业数量非常多，以至于每个厂商都认为自己的行为影响很小，不会引起竞争对手的注意和反应，也不会受到竞争对手的报复；第三，厂商的生产规模比较小，因此进入和退出一个生产集团比较容易。

1.5.3 寡头

1. 寡头市场的特征

寡头市场又称为寡头垄断市场，它是指少数几家厂商控制整个市场的产品的生产和销售，这样一种市场组织它被认为是一种较为普遍的市场组织。例如，美国的汽车业、电气设备业、罐头行业等，都被少数几家企业所控制。

2. 寡头市场形成的原因

寡头市场的成因有：某些产品的生产必须在相当大的生产规模上进行才能达到最好的经济效益；行业中几家企业对生产所需的基本生产资源的供给的控制；政策的扶植和支持等。寡头市场的成因与垄断市场的很相似，只是程度有所差别而已。寡头市场是比较接近垄断市场的一种市场组织。

3. 寡头行业的分类

根据产品的特征，可以分为纯粹寡头行业和差别寡头行业两类。纯粹寡头行业中，厂商之间生产的产品没有差别。例如，钢铁、水泥行业。差别寡头行业是指厂商之间生产的产品是有差别的，例如，汽车、冰箱。行业按厂商的行动方式，分为有勾结行为的（即合作的）和独立行动的（不合作的）两种类型。

4. 寡头厂商的价格和产量的决定

这是一个很复杂的问题。其主要原因在于：在寡头市场上，每个厂商的产量都在全行业的总产量中占据一个较大的份额，每个厂商的价格和产量的变动都会对其他竞争对手，以至整个行业的产量和价格产生举足轻重的影响。所以，每个寡头厂商在采取某项行动之前，必须首先要推测或掌握自己这一行动对其他厂商的影响以及其他厂商可能作出的反应，根据所推测的反应采取最有利的行动。寡头厂商们的行为之间的相互影响的复杂关系，使得寡头理论复杂化。一般来说，不知道竞争对手的反应方式，就无法建立寡头厂商的模型，或者说，有多少关于竞争对手的反应方式的假定，就有多少寡头厂商的模型，那么就有多少种不同的结果。因此，在西方经济学中，还没有一个寡头市场模型，可以对寡头市场的价格和产量的决定作出一般的理论总结。

1.5.4 不同市场的比较

1. 经济效率

经济效率是指利用经济资源的有效性。

2. 配置效率(效率)

在资源和技术既定的条件下，如果该经济组织能够为消费者提供最大可能的各种物品和劳务的组合，那么，这个经济就是有效率的市场组织的类型，直接影响经济效率的高低，不仅要求所生产商品的正确组合，它还需要在这些商品分配给消费者时，使消费者的满足程度最大化。我们根据这个标准通过比较不同市场组织条件下长期均衡点来分析哪一种市场组织的效率最大。

3. 经济效率的比较

在完全竞争条件下，均衡点在长期平均成本的最低点，而且水平的需求曲线相切于 LAC 的最低点，在长期均衡点 $P=LAC$，利润为 0，在完全竞争市场条件下，产品的均衡价格最低，它等于最低的生产平均成本；产品的均衡产量最高。

在不完全竞争条件下，竞争程度越高，长期均衡时的均衡价格越低，均衡产量越高，它的经济效率越高；垄断程度越高，长期均衡时的均衡价格越高，均衡产量越低，经济效率越低。

另外，西方经济学家认为，一个行业在长期均衡时是否实现了 $P=LMC$，也是判断该行业是否实现了有效的资源配置的一个条件。如果 $P>LMC$，那么说明商品的供给不足，应该有更多的资源转移到该商品的生产中来，以使这种商品的供给增加，价格下降，以使消费者的效用达到最大化，社会境况变得更好一些。在完全竞争市场，$P=LMC$，它表明资源得到了有效的配置。在不完全竞争的市场，有 $P>LMC$，它表明资源在该行业的配置是不足的。尤其是在垄断市场，独家厂商维持了高价低产，资源配置不足的现象更为突出。

由此得出，市场的竞争程度越高，则经济效率越高；反之，垄断程度越高，则经济效率越低。所以，完全竞争市场的经济效率是最高的，垄断竞争市场较高，寡头市场较低，垄断市场最低。

1.6 分配理论

1.6.1 劳动供给曲线和工资率的决定

（1）劳动供给曲线，劳动供给问题是消费者如何决定其全部资源在闲暇和劳动供给两种用途上的分配问题。劳动供给曲线反映的是劳动要素供给量与其价格(工资)之间的关系，与一般供给曲线不同，单个消费者的劳动供给曲线有一段"向后弯曲"的部分：当工资较低时，随着工资的上升，消费者被较高的工资吸引将增加劳动供给量，这时，劳动供给曲线同一般供给曲线一样向右上方倾斜；当工资增加到一定程度后，再增加工资，劳动供给量会减少，这时，劳动供给曲线开始向后弯曲。将所有单个消费者的劳动供给曲线水平相加，可以得到市场的劳动供给曲线，它同一般的供给曲线一样，是向右上方倾斜的。

(2) 劳动供给曲线向后弯曲的原因：经济学上用闲暇的需求曲线来说明劳动供给曲线的形状。由于替代效应，闲暇需求量与闲暇价格成反方向变化；由于收入效应，闲暇需求量与闲暇价格成同方向变化，且收入效应大于替代效应，因此导致闲暇需求量与闲暇价格的变化方向相同，需求曲线向前上斜，于是劳动供给曲线在较高的工资水平上开始向后弯曲。

(3) 均衡工资的决定：向右下方倾斜的劳动的市场需求曲线和向右上方倾斜的劳动的市场供给曲线的交点即是劳动市场的均衡点，该均衡点决定了劳动的均衡工资和均衡数量。因此，均衡工资水平由劳动市场的供求曲线决定。

1.6.2 土地的供给曲线和地租的决定

(1) 土地供给曲线：土地供给问题是土地所有者如何将既定数量的土地资源在保留自用和供给市场两种用途上进行分配，以获得最大效用的问题。假定土地只有供给市场的一种用途，而没有自用用途，则土地供给曲线是垂直的。这个结论不仅适用于土地，同时也适用于任何其他要素。

(2) 地租的决定。向右下方倾斜的土地的市场需求曲线和土地供给曲线结合起来，即可决定土地的均衡价格，当土地的市场供给曲线是垂直线时，它与土地需求曲线的交点所决定的土地服务价格为地租。

(3) 租金、准租金和经济租金。租金是一般化的地租，指供给数量不变的一般资源的服务价格。准租金是对供给量暂时固定的生产要素的支付，即固定生产要素的收益，它是固定总成本与经济利润之和。如果从要素收入中减去一部分收入后，并不影响要素供给，则这部分要素收入就是经济租金，它的几何解释类似于生产者剩余，是要素价格以下、要素供给曲线以上的区域。

1.6.3 资本的供给曲线和利息的决定

(1) 资本供给曲线。资本供给问题同土地和劳动的供给问题一样，涉及的是既定资本资源如何在资本供给和自用两种用途之间的分配问题。如果假定资本的自用价值等于零，则既定资本资源的供给也是固定的，其供给曲线为一条垂直线。

(2) 最优资本拥有量（长期消费决策）。由于资本数量是可变的，所以资本供给问题不单是最优资本量的供给问题，还有如何确定最优的资本拥有量的问题。最优资本拥有量问题实际上就是确定最优储蓄量的问题，可以归结为既定收入在消费和储蓄之间进行分配的问题，也可以看成是在现在消费和未来消费之间进行选择的问题，这就是消费者的长期消费决策问题。由消费者的长期消费决策可以推导出其储蓄或贷款供给曲线，也就是最优资本拥有曲线，它反映的是利率与最优资本拥有量之间的关系，其形状与劳动供给曲线相同：随着利率的上升，人们的储蓄会增加，曲线向右上方倾斜；当利率很高时，曲线又出现向后弯曲的现象。

(3) 利息的决定。资本的市场需求曲线同商品的需求曲线一样，也是向右下方倾斜的；资本要素的供给曲线则是垂直的。把资本的市场需求曲线与市场供给曲线综合起来,二者的交点处所决定的即为资本的服务价格利息。

1.7 市场失灵和微观经济政策

市场失灵是指私营市场不能完全提供某些商品或不能提供最合意或最适度的产量,从而不能导致资源的有效配置。造成市场失灵的表现有垄断、外部影响、公共物品和不完全信息。

1.7.1 垄断

1. 垄断与低效率

垄断厂商利润最大化原则是边际成本等于边际收益,垄断厂商获得超额经济利润,此时确定的价格大于边际成本,资源配置偏离帕累托最优状态,整个经济均衡于低效率之中。

2. 寻租理论

垄断还可造成更大的经济损失,为了获得和维持垄断地位从而获取超额经济利润,厂商常常付出一定代价。这种行为是一种纯粹的浪费,它不是用于生产,没有创造出任何有益的产出,完全是一种非生产性的寻利活动,一般称其为"寻租"。

3. 公共管制

公共管制一般是指政府对垄断的干预,即并非由垄断企业自行确定产品的价格和产量,而是由政府管制,包括有边际成本定价法、平均成本定价法、双重定价法以及资本回报率管制。

4. 反托拉斯法

政府反对垄断的法律规定。反托拉斯法规定,限制贸易的协议或共谋、垄断或企图垄断市场、兼并、排他性规定、价格歧视、不正当的竞争或欺诈行为等,都是违法的,对违法者可以由法院提出警告、罚款、改组公司直至判刑。

1.7.2 外部影响

1. 外部影响

外部影响是指某种经济行为所产生的私人成本和私人利益与该行为所产生的社会成本和社会利益不相等。

2. 外部影响分类

经济行为所产生的私人利益小于社会利益,称为外部经济。经济行为所产生的私人成本小于社会成本,称为外部不经济。具体又可分类为生产的外部经济、消费的外部经济、生产的外部不经济和消费的外部不经济。

3. 外部影响与资源配置失当

外部影响的存在造成完全竞争条件下的资源配置偏离帕累托最优状态。外部经济的情况下,私人利益小于社会利益,私人活动水平低于社会所要求的最优水。平外部不经济的情况下,私人成本小于社会成本,私人活动水平高于社会所要求的最优水平。

4. 解决外部性问题的途径

使用税收和津贴对外部不经济的行为进行征税或罚款,对外部经济的行为予以津贴或奖励。

使用企业合并的方法。不同的企业合并,可使外部影响内部消化。

使用规定财产权的办法。

5. 科斯定理

只要财产权是明确的,并且其交易成本为零或者很小,则无论在开始时将财产权赋予谁,市场均衡的最终结果都是有效率的。

1.7.3 公共物品

1. 排他性和竞用性

私人物品与公共物品的不同在于后者的排他性和竞用性。通常将不具备消费的排他性和竞用性的商品叫做公共物品,而把海鱼这一类不具有排他性但却具有竞用型的物品叫做公共资源。

2. 公共物品与市场失灵

公共物品具有非竞争性,增加一名消费者的消费,其边际成本为零,公共物品具有非排他性,很容易产生免费搭车问题。公共物品在竞争市场上如果由私人进行生产,其结果只能是低于社会所要求的最优数量的产出,甚至是零产出。

3. 公共物品解决办法

公共物品由政府或公共部门安排生产,并根据社会福利原则来分配公共物品。

4. 公共资源

公地悲剧的发生与寓意。公地作为一项资源或财产有许多拥有者,他们中的每一个都有使用权,但没有权力阻止其他人使用,从而造成资源过度使用和枯竭,即为公地悲剧,如过度砍伐的森林、过度捕捞的渔业资源及污染严重的河流和空气。

5. 公共物品生产的调节机制

成本—收益分析是对某公共投资带来的现值给予的估计,然后同它预期所需支出的成本相比较,以求出该项计划可能产生的全部收益与全部成本的比率,根据评估结果看该项目是否值得生产。

公共选择理论用经济学的方法来分析、研究政府对于供给品的决策,特别注重研究那些与政府行为有关的集体选择问题。

1.7.4 不完全信息

1. 不完全信息

完全竞争模型的一个重要假定是完全信息,即市场的供求双方对于所交换的商品具有充分的信息。在现实经济中，信息常常是很不完全的，信息不完全不仅是指那种绝对意义上的不完全，即由于认识能力的限制，人们不可能知道在任何时候、任何地方发生的或将要发生的任何情况，而且是相对意义上的不完全，即市场经济本身不能生产出足够的信息并有效地配置它们。

2. 信息不完全与商品市场

在商品市场上，信息少的一方与信息多的一方做交易时，信息少的一方面对交易对手作逆向选择，逆向选择可导致效率损失。

3. 信息不完全与保险市场

保险市场上表现为保险公司的信息不完全，常发生道德风险，即交易的一方无法观察到另一方所采取的行动，由此发生的具有私人信息或信息优势的一方故意不采取谨慎行动的情况。

4. 信息不完全与劳动市场

劳动市场上的典型特点是招聘者因信息不完全而导致经济的低效率。

5. 信息不完全和激励机制

委托—代理问题：委托人必须设计合理有效的激励，以使代理人的行为与委托人的利益相一致。

6. 信誉和信息调控

通过建立"信誉"以及政府在信息方面进行调控，可以有效解决信息不充分的问题。

【例题 1-4】 从电池回收看外部性

"忽如一夜春风来"，在北大的各个宿舍楼及教学楼内，出现了一个个朴素的纸箱，这是环境发展协会的同学为回收废电池、减少环境污染特意设立的。这一举措不仅有利于保护环境，而且也为环境的可持续发展出了力。可谓一箭双雕。

废弃的电池污染环境，具有负外部性。于是，生产单位电池的私人成本加上受到污染影响的旁观者的成本，社会成本加大。此时，由私人成本确定的电池最适当数量大于由社会成本确定的电池最适当数量，这时市场无效率。

面对这种负外部性，我们并非束手无策，既可私人解决，也可设立针对外部性的公共政策。

环境发展协会同学的电池回收箱就是私人解决此问题的一个很好的例子，为回收提供了外部条件。但他们的宣传力度还是不够，很多人对回收箱眼至心不到，视若无物。这时，还应通过发传单、搞演讲等活动来扩大它的影响，用道德规范和社会约束来解决。

对于生产电池的厂家，政府应进行管制或征收庇古税。如国家环保局可以告诉每家工厂每年的排污量减少为 50 吨，或指定某些厂商生产环保型电池。当然，政府也可以用以市场为基础的政策向私人提供符合社会效率的激励，如可以对每个厂家每排出一吨废物征收一万元的税收。

思考题与习题

1-1 均衡价格是如何形成的？市场价格机制的主要内容是什么？

1-2 如何理解弹性原理在价格机制理论中的作用？

1-3 运用供求原理解释"丰收悖论"（即丰收通常会降低农民的收入）。

1-4 什么是供求定理？结合现实经济生活的实例给予说明。

1-5 经济学上关于成本、利润的概念为什么与会计学上的有关概念不同？

1-6 市场划分的标准有哪些？完全竞争市场有哪些特征？

1-7 市场经济条件下的收入分配具体包括哪些内容？

1-8 市场失灵的含义是什么？市场失灵的原因有哪些？

1-9 举例说明外部经济和外部不经济，并比较补救外部性的措施。

1-10 举例说明公共产品的存在会导致市场失灵。

1-11 假设各种价格水平上对照相机的需求量和供给量如下表：

一架照相机的价格(元)	80	100	120
每年需求量(万架)	200	180	160
每年供给量(万架)	160	180	190

（a）画出照相机的供给曲线和需求曲线。

（b）计算价格在 80～100 元之间和在 100～120 元价格之间的需求价格弹性。

（c）计算价格在 80～100 元之间的供给价格弹性。

1-12 某公司的短期总成本函数为：$C=190+53Q$，式中，C 为总成本，Q 为总产量；二者均以万计。

（a）该公司的固定成本是多少？

（b）如果该公司生产了 100000 单位产品，它的平均可变成本是多少？

（c）其所生产的单位产品的边际成本是多少？

（d）其平均固定成本是多少？

第2章 资金的时间价值原理

本章知识点

【知识点】
利息、利率与复利,资金的时间价值,现金流量及其构成要素,资金等值计算及计算公式,项目现金流和资金的时间价值的特殊性。

【重点与难点】
名义利率与实际利率,现金流量图的画法,资金的等值计算,以及复利表的应用。

2.1 资金的时间价值

2.1.1 资金时间价值概念

资金时间价值是指资金随着时间的推移而发生的增值,是资金周转使用后的增值额,也被称为货币时间价值,其表现就是资金的利息或纯收益。资金的时间价值就是指当前所持有的一定量货币比未来获得的等量货币具有更高的价值。

对于资金的时间价值,可以从两个方面理解:

一方面,资金随着时间的推移,其价值会增加,这种现象叫做资金增值。增值的原因是由于资金的投资和再投资。1元钱今年到手和明年到手是不一样的,先到手的资金可以用来投资进而产生新的价值,因此,今年的1元钱比明年的1元钱更值钱。从投资者的角度来看,资金的增值特性使资金具有时间价值。

另一方面,从经济学的角度而言,现在的一单位货币与未来的一单位货币的购买力之所以不同,是因为要节省现在的一单位货币不消费而改在未来消费,则在未来消费时必须有大于一单位的货币可供消费,作为弥补延迟消费的补偿。

2.1.2 资金时间价值产生的原因

1. 资金增值

将资金投入到生产或流通领域,经过一段时间之后可以获得一定的收益或利润,从而使资金随着时间的推移而产生增值。

2. 机会成本

机会成本(其他投资机会的相对吸引力)是指在互斥的选择中,选择其中一个而非另一个时所放弃的收益。一种放弃的收益就如同一种成本一样。或者说,稀缺的资源被用于某一种用途意味着它不能被用于其他用途。因此,当我们考虑使用某一资源时,应当考虑它的第二种最好的用途。从这第二种最好的用途中可以获得的益处,是机会成本的度量。资金是一种稀缺的资源,根据机会成本的概念,资金被占用之后便失去了获得其他收益的机会。因此,占用资金时要考虑资金获得其他收益的可能,显而易见的一种可能是将资金存入银行获取利息。

3. 承担风险

收到资金的不确定性通常随着收款日期的推远而增加,即未来得到钱不如现在就立即得到钱保险,俗话说"多得不如现得"就是其反映。

2.1.3 资金时间价值影响因素

影响资金时间价值的因素很多,主要有以下几点。

1. 资金的使用时间

在单位时间的资金增值率一定的条件下,资金使用时间越长,则资金的时间价值越大;使用时间越短,则资金的时间价值越小。

2. 资金数量的大小

在其他条件不变的情况下,资金数量越大,资金的时间价值就越大;反之,资金的时间价值则越小。

3. 资金投入和回收的特点

在总资金一定的情况下,前期投入的资金越多,资金的负效益越大;反之,后期投入的资金越多,资金的负效益越小。在资金回收额一定的情况下,离现在越近的时间回收的资金越多,资金的时间价值就越大;反之,离现在越远的时间回收的资金越多,资金的时间价值就越小。

4. 资金周转的速度

资金周转越快,在一定的时间内等量资金的时间价值越大;反之,资金的时间价值越小。

在工程经济活动中,时间就是经济效益。因为经济效益是在一定的时间内创造的,不讲时间,也就谈不上效益。例如,100万的利润,是一个月创造的,还是一年创造的,其效果是大不一样的。因此,重视时间因素的研究,对工程经济分析有着重要意义。

资金的时间价值原理在生产实践过程中有广泛的作用。其最大的作用在于使资金的流向更加合理和易于控制,从而使有限的资金发挥更大的作用。在基本建设投资过程中,必须充分考虑资金的时间价值,千方百计缩短建设周期,加速资金周转,提高建设资金的使用效益。

2.1.4 衡量资金时间价值的尺度

资金时间价值是社会劳动创造能力的一种表现形式。资金时间价值的尺度有两种：其一为绝对尺度，即利息、盈利或收益；其二为相对尺度，即利率、盈利率或收益率。

1. 利息

利息是货币资金借贷关系中借方支付给贷方的报酬。即：

$$I=F-P \tag{2-1}$$

式中　I——利息；

　　　F——目前债务人应付（或债权人应收）总金额，即还本付息总额；

　　　P——原借贷金额，常称为本金。

利息是劳动者为全社会创造的剩余价值（即社会纯收入）的再分配部分。借贷双方的关系是国家通过银行，在国家、企业、个人之间调节资金余缺的相互协作关系，所以贷款要计算利息，固定资金和流动资金的使用也采取有偿和付息的办法，其目的都是为了鼓励企业改善经营管理，鼓励节约资金，提高投资的经济效果。在工程经济分析中，利息常常是指占用资金所付的代价或者是放弃使用资金所得到的补偿。

2. 利率

利率是指在一定时间所得利息额与投入资金的比例，也称为使用资金的报酬率，它反映了资金随时间变化的增值率，是衡量资金时间价值的相对尺度，通常用百分数表示。即：

$$i=\frac{I_t}{P}\times 100\% \tag{2-2}$$

式中　i——利率；

　　　I_t——第 t 个计息周期的利息额。

用于表示计算利息的时间单位，称为计息周期，有年、季、月或日等不同的计息长度。

因为计息周期不同，表示利率时应该注明时间单位，单说利息为多少是没有意义的。年息通常以"%"表示，月息以"‰"表示。

例如，现借一笔资金 10000 元，一年以后利息为 800 元，则年利率为

$$800/10000=8\%$$

利率是各国发展国民经济的重要杠杆之一，利率的高低由以下因素决定：

（1）利率的高低首先取决于社会平均利润率的高低，并随之变动。在通常情况下，平均利润率是利率的最高界限。因为如果利率高于利润率，无利可图就不会去借款。

（2）在平均利润率不变的情况下，利率的高低取决于金融市场上借贷资本的供求情况。借贷资本供过于求，利率便下降；反之，求过于供，利率便上升。

（3）借出资本要承担一定的风险，风险越大，利率也就越高。

（4）通货膨胀对利息额的波动有着直接的影响，资金贬值往往会使利息无形中成为负值。

（5）借出资本的期限长短。贷款期限长，不可预见因素多，风险大，利率就高；反之，利率就低。

2.2 现金流量与现金流量图

2.2.1 现金流量与现金流量图

1. 现金流量的概念

在进行工程经济分析时，可把所考察的对象视为一个系统，这个系统可以是一个建设项目、一个企业，也可以是一个地区、一个国家。而投入的资金、花费的成本、获取的收益，均可看成是以资金形式发生的资金流入或资金流出，这种在考察对象在整个期间各时点 t 上实际发生的资金流出或资金流入称为现金流量(CF, Cash flow)。其中流出系统的资金称为现金流出(Cash Outflow)，用符号 $(CO)_t$ 表示；流入系统的资金称为现金流入(Cash Inflow)，用符号 $(CI)_t$ 表示；现金流入与现金流出之差称之为净现金流量，用符号 $(CI-CO)_t$ 表示。

现金流量一般以计息期(年、季、月等)为时间计量的单位。

2. 现金流量图

为了能清楚地描述一个项目或经济系统的现金流量情况，可以通过一个二维坐标矢量图来表示，这就是现金流量图。现金流量图是描述现金流量作为时间函数的图形，它能表示资金在不同时点上实际所发生的现金流入与流出的情况，如图 2-1 所示。运用现金流量图，可以全面、形象、直观地表达经济系统的资金运动状态。

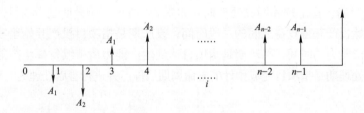

图 2-1 现金流量图

现金流量图是由一个带有时间刻度的横轴和一系列垂直于横轴的长短不一的箭头组成，现金流量图能够反映出现金流量的三大要素：大小、流向、时间点。其中现金流量的数额大小通过箭头的长短表示；现金流量的方向通过箭头的方向表示，向上表示现金流入，向下表示现金流出；时间点是指现金流入或现金流出所发生的时刻(图 2-1)。

现如图 2-1 所示，说明现金流量图的作图方法和规则：

(1) 横轴表示时间标度，时间自左向右推移，每一刻度代表一个时间单位(年、季度、月等)。零表示时间序列的起点，标度上的数字表示该期的期末数。如 1 表示第 1 年末。第 n 期的终点是第 $n+1$ 期的始点，如 2 表示第 2 年年末第 3 年年初。

各个时间点称为节点，第一个计息期的起点为零点，表示投资起始点或评价时刻点。

(2) 箭头表示现金流动的方向，向上的箭头表示现金流入，流入为正现金流量；向下的箭头表示现金流出，流出为负现金流量。箭线的长度与流入或流出的金额成正比，金额越大，其相应的箭线长度就越长。

(3) 现金流量图与立脚点有关。

例如：借入一笔资金 1000 元，规定年利率为 6%，借期为 4 年，从借款人和贷款人的角度，其现金流量图是不同的，分别如图 2-2、图 2-3 所示。

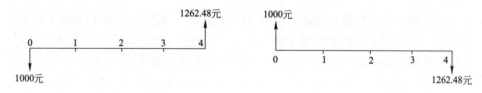

图 2-2　借款人的现金流量图　　　　图 2-3　贷款人的现金流量图

2.2.2　项目现金流量分析

1. 概述

现金流量的分析过程就是合理估算现金流量构成要素的过程，一般而言，对于一个建设项目，其现金流出主要包括建设投资、流动资金投资、成本费用开支和各种税金；现金流入主要包括销售收入或营业收入，以及项目寿命结束时回收的固定资产余值和回收的流动资金。

根据建设项目各阶段现金流动的特点，可以把一个项目分为四个期间：建设期、投产期、稳定期和回收处理期，如图 2-4 所示。建设期是指项目开始投资至项目开始投产获得收益之间的一段时间；投产期是指项目投产开始至项目达到预定的生产能力的时间；稳定期是指项目达到生产能力后持续发挥生产能力的阶段；回收处理期是指项目完成预计的寿命周期后停产并进行善后处理的时期。

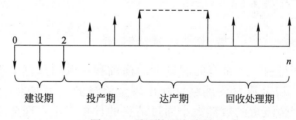

图 2-4　项目的现金流量

如前所述，在不同阶段，建设项目的现金流量有不同的特点：建设期主要是指投资过程，因此在现金流量图上所反映出来只有现金流出居于主要地位；在投产期和稳定期，通过项目的经营生产产品或提供劳务，从而获得销售收入或营业收入，因此在这一阶段即存在现金流入，又存在形成产品或劳务成本费用的现金流出；在项目的回收处理期还要考虑固定资产净残值和流动资金的回收。

2. 项目现金流量时间点的确定

由于在项目评价中，一般以一年为一个时间单位来考察项目的现金流量情况，而实际上项目的现金流量不会只发生在一个时间点上，而可能会发生在投资期间的任何时点，例如一个项目建设投资 2000 万元，分两年投资，第一年投资 1300 万元，第二年投资 700 万元，第一年的 1300 万元和第二年的 700 万元都不会是在年初或年末的某一个时刻发生的，而是分散在全年的 365 天中。因此，大多数情况下，为了方便地计算和汇集现金流量，按各年归集现金流量时，常假定现金流量发生在年初或年末。一般情况下，经营成本、投资放在期初，销售收入放在期末。

【例题 2-1】 某工厂计划在 2 年之后投资建一车间，需投资金额 P；从第 3 年末期及之后的 5 年中，每年可获利 A，年利率为 10%，试绘制现金流量图(图 2-5)。

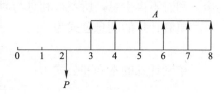

图 2-5 现金流量图

2.3 单利与复利

利息和利率、净收益和收益率是衡量资金时间价值的尺度，计算利息是计算资金的时间价值的基本方法。计算利息的方法有两种，单利法和复利法。

2.3.1 与资金时间价值有关的概念

为了计算资金的时间价值，利用现金流量图对现金流量进行分析和计算，需掌握资金时间价值的相关概念。

1. 时值(Time value)与时点

资金的数值由于计算利息和随着时间的延长而增值，在每个计息期期末的数值是不同的。在某个资金时间节点上的数值称为时值。现金流量图上，时间轴上的某一点称为时点。

2. 现值(P：Present value)

现值，又称期初值，是指发生在时间序列起点处的资金值。时间序列的起点通常是评价时刻的点，即现金流量图的零点处。

3. 折现

将时点处资金的时值折算为现值的过程称为折现。实际上，折现是求资金等值的一种方法。

4. 年金(A：Annuity)

年金是指一定时期内每期有相等金额的收付款项，如折旧、租金、利息、保险金养老金等通常都采取年金形式。年金有普通年金、预付年金和延期年金之分。

年金的收款、付款方式有多种：

(1) 每期期末收款、付款的年金称为后付年金，即普通年金。

(2) 每期期初收款、付款的年金称为预付年金，或先付年金。

(3) 距今若干期以后发生的每期期末收款、付款的年金称为延期年金。

5. 终值(F：Future value)

即资金发生在(或折算为)某一特定时间序列终点的价值。

2.3.2 单利法

单利法是以本金为基数计算资金的时间价值(即利息)，不将利息计入本金，利息不再生息，所获得利息与时间成正比。

单利计息的利息公式为

$$I_n = i \times F_{n-1} \tag{2-3}$$

单利计息的本利和公式为：

$$F = P(1 + n \times i) \tag{2-4}$$

式中　i——利率；

　　　n——计息期数；

　　　P——本金；

　　　I——利息；

　　　F——本利和，即本金和利息之和。

注：后续章节中，I，n，P，i，F 符号的意义同此处。

【例题 2-2】 有一笔 50000 元的借款，借期 3 年，按每年 8% 的单利率计息，试求到期应归还的本利和。

【解】 用单利法计算，根据式(2-4)有：

$$F = P(1 + n \times i) = 50000 \times (1 + 3 \times 8\%) = 62000 \text{ 元}$$

即到期应归还的本利和为 62000 元。

单利法在一定程度上考虑了资金的时间价值，但不彻底，因为以前已经产生的利息，没有累计计息，所以单利法是个不够完善的方法。目前，工程经济分析中一般不采用单利计息的计算方法。

2.3.3 复利法

复利法是在单利法的基础上发展起来的，它克服了单利法存在的缺点。其基本思想是：将前一期的本金与利息之和(本利和)作为下一期的本金来计算下一期的利息，也就是利上加利的方法。其利息计算公式为：

$$I_n = i \times F_{n-1} \tag{2-5}$$

式中　F_{n-1}——第 $n-1$ 期期末的本利和。

其本利和的计算公式为：

$$F = P(1+i)^n \tag{2-6}$$

式(2-6)的推导过程见表 2-1 所列。

采用复利法计算本利和的推导过程　　　表 2-1

计息期数	期初本金	期末利息	期末本利和
1	P	$P \cdot i$	$F_1 = P + P \cdot i = P(1+i)$
2	$P(1+i)$	$P(1+i) \cdot i$	$F_2 = P(1+i) + P(1+i) \cdot i = P(1+i)^2$

续表

计息期数	期初本金	期末利息	期末本利和
3	$P(1+i)^2$	$P(1+i)^2 \cdot i$	$F_3 = P(1+i)^2 + P(1+i)^2 \cdot i = P(1+i)^3$
…	…	…	…
$n-1$	$P(1+i)^{n-2}$	$P(1+i)^{n-2} \cdot i$	$F_{n-1} = P(1+i)^{n-2} + P(1+i)^{n-2} \cdot i = P(1+i)^{n-1}$
n	$P(1+i)^{n-1}$	$P(1+i)^{n-1} \cdot i$	$F_n = P(1+i)^{n-1} + P(1+i)^{n-1} \cdot i = P(1+i)^n$

【例题 2-3】 在【例题 2-2】中，若年利率仍为 8%，按复利计息，则到期应归还的本利和是多少？

【解】 用复利法计算，根据公式(2-6)有：

$$F = P(1+i)^n = 50000 \times (1+8\%)^3 = 62985.60 \text{ 元}$$

与采用单利法计算的结果相比增加了 985.60 元，这个差额所反映的就是利息的资金时间价值。

复利法的思想符合社会再生产过程中资金运动的实际情况，完全体现了资金的时间价值，因此，在工程经济分析中，一般都是采用复利法进行计算的。

2.4 资金的等值计算

"等值"是指在时间因素的作用下，不同的时间点绝对值不等的资金具有相同的价值。例如，现在的 100 元与一年以后的 106 元，虽然绝对数量不等，但如果在年利率为 6% 的情况下，则这两个时间点上的两笔绝对值不等的资金是"等值"的。

在方案对比中，由于资金的时间价值作用，使得各方案在不同时间点上发生的现金流量无法直接比较，必须把在不同时间点上的现金按照某一利率折算至某一相同的时间点上，使之等值以后方可比较。这种计算过程被称为资金的等值计算。

影响资金等值的因素有三个：1)金额；2)金额发生的时间；3)利率。

2.5 资金等值计算的基本公式

根据支付方式和等值换算点的不同，资金等值计算公式可分为一次支付类型、等额支付类型和变额支付类型。本节主要介绍一次支付类型和等额支付类型，对于变额支付类型主要介绍一下均匀梯度类型。

2.5.1 一次支付类型

1. 一次支付终值公式(已知 P，求 F)

假设在某一时间点上，有一笔资金 P，计息期利率为 i，复利计息，则到 n 期末的本利和为多少？其现金流量图如图 2-6 所示。

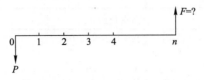

图 2-6 一次支付终值现金流量图

根据式(2-6)，应为：
$$F_n = P(1+i)^n$$

因此，该公式又称作一次支付终值公式，可以表示为 $F_n = P(F/P, i, n)$，其中，$(1+i)^n$ 或 $(F/P, i, n)$ 称作一次支付终值系数。

式中的系数 $(F/P, i, n)$ 可以从复利系数表中查出。

【**例题 2-4**】 现在把 1000 元存入银行，银行年利率为 10%，计算 5 年后该笔资金的实际价值。

【**解**】 已知 $P=1000$，$i=10\%$，$n=5$，求 F。

由式(2-6)得：
$$F_n = P(1+i)^5 = 1000 \times (1+10)^5 = 1610.51 \text{ 元}$$

即 1000 元资金在年利率为 10% 时，经过 5 年以后变为 1610.51 元，增值 610.51 元。

【**例题 2-5**】 甲公司向乙公司借款 100 万元，借期 2 年，年利 20%，到期一次还清，计复利，问到期甲公司向乙公司偿还本利和多少？

【**解**】 已知 $P=100$，$i=20\%$，$n=2$，求 F。

由式(2-6)得：
$$F_n = P(1+i)^n = 100(1+20\%)^2 = 144 \text{ 万元}$$

【**例题 2-6**】 某建筑公司进行技术改造，2008 年初贷款 100 万元，2009 年初贷款 200 万元，年利率 8%，2011 年末一次偿还，问共还款多少元？

【**解**】 先画现金流量图，如图 2-7 所示。

则
$$F_n = P(1+i)^n = P(F/P, i, n)$$
$$= 100(F/P, 8\%, 4) + 200(F/P, 8\%, 3)$$
$$= 100 \times 1.3605 + 200 \times 1.2597$$
$$= 387.99 \text{ 万元}$$

所以，4 年后应还款 387.99 万元。

2. 一次支付现值公式(已知 F，求 P)

如果计划 n 年后积累一笔资金 F，利率为 i，问现在一次投资 P 应为多少？这个问题相当于已知终值 F，利率为 i 和计算期数 n，求现值 P。即将某一时点(非零点)的资金价值换算成资金的现值(零点处的值)。其现金流量图如图 2-8 所示。

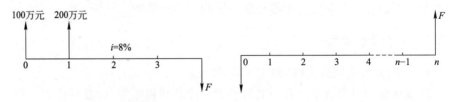

图 2-7 现金流量图   图 2-8 一次支付现值现金流量图

由式(2-6)可求出：
$$P=F(1+i)^{-n} \tag{2-7}$$

式(2-7)可以表示为 $P=F(P/F, i, n)$，其中$(1+i)^{-n}$和$(P/F, i, n)$称作一次支付现值系数。

式中的系数$(P/F, i, n)$也可在复利系数表中查出。

【例题 2-7】 假使你希望第 4 年年末得到 800 元的存款本息，银行每年按 5% 利率付息，现在你应当存入多少本金？

【解】 $P=F(1+i)^{-n}=800(1+0.05)^{-4}=800\times 0.8227=658.16$

【例题 2-8】 某青年 2 年后需要资金 5 万元(2 年后一次支付)，银行的年利率为 10%，现应存入多少钱。

【解】 $P=F(1+i)^{-n}=5(1+10\%)^{-2}=4.13$ 万元

【例题 2-9】 某公司对收益率为 15% 的项目进行投资，希望 8 年后能得到 1000 万元，计算现在需要投资多少？

【解】 先画现金流量图，如图 2-9 所示
$P=F(1+i)^{-n}=1000(1+15\%)^{-8}=327$ 万元

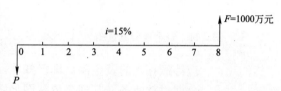

图 2-9 现金流量图

2.5.2 等额支付类型

等额支付是指所分析的系统中现金流入与现金流出可在多个时间点上发生，而不是集中在某一个时间点，即形成一个序列现金流量，并且这个序列现金流量数额的大小是相等的。它包括以下四个基本公式。

1. 等额支付序列年金终值公式(已知 A，求 F)

等额支付序列年金终值涉及的问题是：在一个时间序列中，在利率为 i 的情况下连续在每个计息期的期末支付一笔等额的资金 A，求 n 年后由各年的本利和累积而成的总值 F，也即已知 A，i，n，求 F。类似于我们平常储蓄中的零存整取。其现金流量图如图 2-10 所示。

由图根据一次支付终值公式可得：
$$F=A+A(1+i)^1+A(1+i)^2+\cdots+A(1+i)^{n-1}$$

根据等比数列求和公式，可得：
$$F=A\cdot\left[\frac{(1+i)^n-1}{i}\right] \tag{2-8}$$

图 2-10 等额支付序列年金终值现金流量图

式(2-8)即为年金终值(未来值)公式，也可表示为 $F=A(F/A, i, n)$，其中 $\frac{(1+i)^n-1}{i}$ 或 $(F/A, i, n)$ 称作年金终值系数。

【例题 2-10】 某夫妇每月存入银行 20 元，月利率为 8‰，求一年期本利和多少。

【解】 已知 $A=20$ 元，$i=8‰$，$n=12$

$$F = A \cdot \left[\frac{(1+i)^n - 1}{i}\right] = 20 \times 12.542 = 251 \text{ 元}$$

【例题 2-11】 某公路工程总投资 10 亿元，5 年建成，每年末投资 2 亿元，年利率为 7%，求 5 年末的实际累计总投资额。

【解】 已知 $A=2$，$i=7\%$，$n=5$，求 F

此项目资金现金流量图如图 2-11。第 5 年虚线表示需要收入多少才能与总投资持平。

$$F = A(F/A, i, n) = F = 2 \times (F/A, 7\%, 5)$$
$$= 2 \times 5.7507 = 11.5 \text{ 亿元}$$

此题表示若全部资金是贷款得来，需要支付 1.5 亿元的利息。

2. 偿债基金公式(已知 F，求 A)

其含义是为了筹集未来 n 年后所需要的一笔资金，在利率为 i 的情况下，求每个计息期末应等额存入的资金额，即已知 F，i，n，求 A，类似于我们日常商业活动中的分期付款业务，其现金流量图如图 2-12 所示。

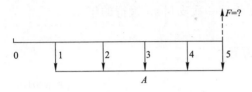

图 2-11 资金现金流量图

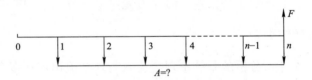

图 2-12 偿债基金公式现金流量图

由式(2-8)可得

$$A = F \cdot \frac{i}{(1+i)^n - 1} \tag{2-9}$$

式(2-9)即为偿债基金公式，也可表示为 $A = F \cdot (A/F, i, n)$，公式中，系数 $\frac{i}{(1+i)^n - 1}$ 或 $(A/F, i, n)$ 称为偿债基金系数，它与年金终值系数互为倒数。

【例题 2-12】 若要在 8 年以后得到包括利息在内的 300 万元的资金，利率为 8% 的情况下，每年应投入(或存储)的基金为多少？

【解】 已知 $F=300$，$i=8\%$，$n=8$，求 $A=?$

则 $A = F \cdot \dfrac{i}{(1+i)^n - 1} = 300 \times \dfrac{8\%}{(1+8\%)^8 - 1} = 28.20 \text{ 万元}$

【例题 2-13】 某企业打算五年后兴建一幢 5000m² 的住宅楼以改善职工居住条件，按测算每平方米造价为 800 元。若银行利率为 8%，问现在起每年末应存入多少金额，才能满足需要？

【解】 已知 $F = 5000 \times 800 = 400$ 万元，$i=8\%$，$n=5$，求 $A=?$

$A = F \cdot (A/F, i, n) = 400 \times (A/F, 8\%, 5) = 400 \times 0.17046 = 68.184$ 万元

所以，该企业每年末应等额存入 68.184 万元。

(1) 年金现值公式(已知 A,求 P)

其含义是在 n 年内每年等额收支一笔资金 A,在利率为 i 的情况下,求此等额年金收支的现值总额,即已知 A, i, n, 求 P,类似于实际商务活动中的整存零取。其现金流量图如图 2-13 所示。

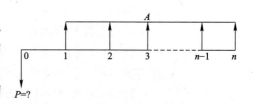

图 2-13 年金现值公式现金流量图

类似于年金终值公式的计算推导,年金现值的计算可以利用数列求和得出,也可以利用年金终值公式与折现的概念,直接由年金终值公式推导得出。

由式(2-7)以及式(2-8)可得:

$$P = A \times \frac{(1+i)^n - 1}{i} \cdot \frac{1}{(1+i)^n} = A \cdot \frac{(1+i)^n - 1}{i(1+i)^n} \quad (2-10)$$

式(2-10)为年金现值公式,也可表示为 $P = A \cdot (P/A, i, n)$,其中,系数 $(P/A, i, n)$ 或 $\frac{(1+i)^n - 1}{i(1+i)^n}$ 称作年金现值系数。

【例题 2-14】 在未来的 15 年中,每年年末取回 8 万元,现需以 8% 的利率向银行存入现金多少呢?

【解】 已知 $A = 8$ 万元,$i = 8\%$,$n = 15$,求 $P = ?$

则 $$P = A \times \frac{(1+i)^n - 1}{i(1+i)^n} = 8 \times \frac{(1+8\%)^{15} - 1}{8\%(1+8\%)^{15}} = 68.48 \text{ 万元}$$

【例题 2-15】 某建筑公司打算贷款购买一部 10 万元的建筑机械,利率为 10%。据预测此机械使用年限 10 年,每年平均可获净利润 2 万元。问所得净利润是否足以偿还银行贷款?

【解】 已知 $A = 2$ 万元,$i = 10\%$,$n = 10$,求 P 是否大于或等于 10 万元?

$$P = A \cdot (P/A, i, n) = 2 \cdot (P/A, 10\%, 10)$$
$$= 2 \times 6.1445$$
$$= 12.289 \text{ 万元} > 10 \text{ 万元}$$

(2) 资金回收公式(已知 P,求 A)

其含义是指在期初一次投入资金数额为 P,欲在 n 年内全部回收,则在年利率为 i 的情况下,求每年年末应该等额回收的资金,即已知 P, i, n,求 A。其现金流量图如图 2-14 所示。

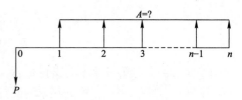

图 2-14 资金回收公式现金流量图

资金回收公式可由偿债基金公式与一次支付终值公式推导得出:

$$A = F \cdot \frac{i}{(1+i)^n - 1} = P(1+i)^n \frac{i}{(1+i)^n - 1} = P \cdot \frac{i(1+i)^n}{(1+i)^n - 1} \quad (2-11)$$

公式(2-11)称作资金回收公式,可表示为 $A = P(A/P, i, n)$,式中,系数 $\frac{i(1+i)^n}{(1+i)^n - 1}$ 或 $(A/P, i, n)$ 称作资金回收系数。

资金回收系数是年金现值系数的倒数。资金回收系数是一个重要的系数。其含义是对应于工程方案的初始投资,在方案寿命期内每年至少要回收的金额。在工程方案经济分析中,如果对应于单位投资,每年实际回收金额小于相应的预计资金回收金额,就表示在给定利率 i 的情况下,在方案的寿命期内不可能将全部投资回收。

【例题 2-16】 某华侨为支持家乡办厂,一次投资 100 万美元,预计分 5 年等额回收,利率定为年利 10%,求每年回收多少美元。

【解】 已知 $P=100$ 万美元,$i=10\%$,$n=5$,求 $A=?$。

$$A=P \cdot \frac{i(1+i)^n}{(1+i)^n-1}=100\times 0.2638=26.38 \text{ 万美元}$$

【例题 2-17】 某人要购买一处新居,一家银行提供 20 年期年利率为 6% 的贷款 30 万元,该人每年要支付多少?

【解】 已知 $P=30$ 万元,$i=6\%$,$n=20$,求 $A=?$

$$A=P(A/P, i, n)=30(A/P, 6\%, 20)=30\times 0.0872=2.46 \text{ 万元}$$

【例题 2-18】 某建设项目的投资打算用国外贷款,贷款方式为商业信贷,年利率 20%,据测算投资额为 1000 万元,项目服务年限 20 年,期末无残值。问该项目年平均收益为多少时不至于亏本?

【解】 已知 $P=1000$ 万元,$i=20\%$,$n=20$,求 $A=?$

$$A=P(A/P, i, n)=1000\times(A/P, 20\%, 20)$$
$$=1000\times 0.2054=205.4 \text{ 万元}$$

所以,该项目年平均收益至少应为 205.4 万元。

3. 均匀梯度支付类型

均匀梯度支付系列的问题是属于这样一种情况,即每年以一固定的数值(等差)递增(或递减)的现金支付情况。如机械设备由于老化而每年的维修费以固定的增量支付等。这种情况的现金流量图如图 2-15 所示。

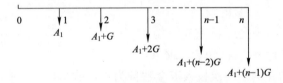

图 2-15 均匀梯度支付系列现金流量图

第一年末的支付是 A_1,第二年末的支付是 A_1+G,第三年末的支付是 A_1+2G,……,第 n 年末的支付是 $A_1+(n-1)G$。如果我们把如图 2-15 所示的均匀梯度支付系列现金流量图分解成由两个系列组成的现金流量图,一个是等额支付系列,年金为 A_1(图 2-16),另一个是 $0,G,2G,……,(n-1)G$ 组成的梯度系列(图 2-17)。

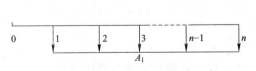

图 2-16 等额支付系列

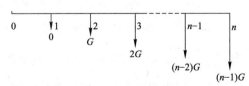

图 2-17 梯度系列

上述第一种情况是我们所熟悉的,于是,剩下的就是寻求如图 2-17 梯度系列的解决途径了。

设等额支付系列的终值为 F_1,梯度系列的终值为 F_2,根据图 2-17,梯度系列的终值 F_2 为

$$\begin{aligned}
F_2 &= G(F/A, i, n-1) + G(F/A, i, n-2) + G(F/A, i, n-3) + \cdots \\
&\quad + G(F/A, i, 2) + G(F/A, i, 1) \\
&= G \cdot \left[\frac{(1+i)^{n-1}-1}{i}\right] + G \cdot \left[\frac{(1+i)^{n-2}-1}{i}\right] + G \cdot \left[\frac{(1+i)^{n-3}-1}{i}\right] \\
&\quad + \cdots + G \cdot \left[\frac{(1+i)^2-1}{i}\right] + G \cdot \left[\frac{(1+i)-1}{i}\right] \\
&= \frac{G}{i} \cdot \left[(1+i)^{n-1} + (1+i)^{n-2} + (1+i)^{n-3} + \cdots + (1+i)^2 + (1+i) - (n-1) \times 1\right] \\
&= \frac{G}{i}\left[\frac{(1+i)^n-1}{i}\right] - \frac{nG}{i}
\end{aligned}$$

从而,$F = F_1 + F_2$

$$\begin{aligned}
&= A_1 \cdot \left[\frac{(1+i)^n-1}{i}\right] + \frac{G}{i}\left[\frac{(1+i)^n-1}{i}\right] - \frac{nG}{i} \\
&= \left(A_1 + \frac{G}{i}\right) \cdot \frac{(1+i)^n-1}{i} - \frac{nG}{i} \tag{2-12}
\end{aligned}$$

用符号表示,上式可以写成

$$\begin{aligned}
F &= \left(A_1 + \frac{G}{i}\right)(F/A_1, i, n) - \frac{nG}{i} \\
&= A_1(F/A_1, i, n) + G(F/G, i, n)
\end{aligned}$$

式中 $\frac{1}{i}\left[\frac{(1+i)^n-1}{i} - n\right]$ 或 $(F/G, i, n)$——定差终值系数。

均匀梯度支付系列的现值和等值年金的计算,可以在式(2-12)的基础上,再按一次支付和等额支付系列的公式进一步求解。

比如,均匀梯度支付现值的计算公式为

$$\begin{aligned}
P &= F(P/F, i, n) \\
&= \left(A_1 + \frac{G}{i}\right) \cdot \frac{(1+i)^n-1}{i} \cdot \frac{1}{(1+i)^n} - \frac{nG}{i} \cdot \frac{1}{(1+i)^n} \\
&= A_1(P/A, i, n) + G(P/G, i, n) \tag{2-13}
\end{aligned}$$

式中 $\frac{1}{i}\left[\frac{(1+i)^n-1}{i(1+i)^n} - \frac{n}{(1+i)^n}\right]$ 或 $(P/G, i, n)$——定差现值系数。

均匀梯度支付等值的年金公式为

$$\begin{aligned}
A &= (A_1 + F_2(A/F, i, n) \\
&= A_1 + \left[\frac{G}{i} \cdot \frac{(1+i)^n-1}{i} - \frac{nG}{i}\right](A/F, i, n) \\
&= A_1 + \frac{G}{i} - \frac{nG}{i}(A/F, i, n) \\
&= A_1 + G(A/G, i, n) \tag{2-14}
\end{aligned}$$

式中 $\left[\frac{1}{i} - \frac{1}{(1+i)^n-1}\right]$ 或 $(A/G, i, n)$——定差年金系数

对于递减支付系列(即第一年末支付为 A_1,第二年末支付为 $A_1 - G$,等

等)的情况,只须改变相应项的计算符号,即将其每年增加一个负的数额,仍可应用式(2-12)~式(2-14)进行计算。

【例题 2-19】 某类建筑机械的维修费用,第一年为 200 元,以后每年递增 50 元,服务年限为十年。问服务期内全部维修费用的现值为多少?($i=10\%$)

【解】 已知 $A_1=200$ 元,$G=50$ 元,$i=10\%$,$n=10$ 年,求均匀梯度支付现值 $P=?$

由公式(2-13)

$$P=\left(A_1+\frac{G}{i}\right)(P/A, i, n)-\frac{nG}{i}(P/F, i, n)$$

$$=\left(200+\frac{50}{0.1}\right)(P/A, 10\%, 10)-\frac{10\times 50}{0.1}(P/F, 0.1, 10)$$

$$=700\times 6.1445-5000\times 0.3855$$

$$=2373.65(元)$$

【例题 2-20】 设某技术方案服务年限 8 年,第一年净利润为 10 万元,以后每年递减 0.5 万元。若年利率为 10%,问相当于每年等额盈利多少元?

【解】 已知 $A_1=10$ 万元,递减梯度量 0.5 万元,$i=10\%$,$n=8$ 年,求均匀梯度支付(递减支付系列)的等值年金 A?

$$A=A_1-\frac{G}{i}+\frac{nG}{i}(A/F, i, n)$$

$$=10-5+40\times 0.0874$$

$$=8.5(万元)$$

2.5.3 基本公式小结及注意事项

上面介绍了复利计算的一次支付、等额支付和均匀梯度支付系列基本公式,现汇总见表 2-2 所列。

普通复利公式汇总表　　　　表 2-2

收付类别	公式名称	已知	求	普通复利公式
一次支付	终值公式	P	F	$F=P(1+i)^n$ $F=P(F/P, i, n)$
	现值公式	F	P	$P=F(1+i)^{-n}$ $P=F(P/F, i, n)$
等额支付	年金终值公式	A	F	$F=A\cdot\left[\frac{(1+i)^n-1}{i}\right]$ $F=A(F/A, i, n)$
	偿债基金公式	F	a	$A=F\cdot\frac{i}{(1+i)^n-1}$ $A=F(A/F, i, n)$
	年金现值公式	A	P	$P=A\cdot\left[\frac{(1+i)^n-1}{i(1+i)^n}\right]$ $P=A\cdot(P/A, i, n)$
	资金回收公式	P	A	$A=P\cdot\left[\frac{i(1+i)^n}{(1+i)^n-1}\right]$ $A=P(A/P, i, n)$

续表

收付类别	公式名称	已知	求	普通复利公式
均匀梯度支付	终值公式	G	F	$F = \left(A_1 + \dfrac{G}{i}\right) \cdot \dfrac{(1+i)^n - 1}{i} - \dfrac{nG}{i}$ $= A_1(F/A, i, n) + G(F/G, i, n)$
	现值公式	G	P	$P = \left(A_1 + \dfrac{G}{i}\right)(P/A, i, n) - \dfrac{nG}{i}(P/F, i, n)$ $= A_1(P/A, i, n) + G(P/G, i, n)$
	等值年金公式	G	A	$A = A_1 + \dfrac{G}{i} - \dfrac{nG}{i}(A/F, i, n)$ $= A_1 + G(A/G, i, n)$

运用上述公式要注意的问题如下：

(1) 方案的初始投资，假设发生在寿命期初
(2) 寿命期内各项收入或支出，均假设发生在各期的期末
(3) 本期的期末即是下一期的期初
(4) P 是在计算期的期初发生
(5) 寿命期末发生的本利和 F，记在第 n 期期末
(6) 等额支付系列 A，发生在每一期的期末
(7) 当问题包括 P，A 时，P 在第一期的期初，A 在第一期期末
(8) 当问题包括 F，A 时，F 和 A 同时在最后一期期末发生
(9) 均匀梯度系列中，第一个 G 发生在第二期期末

2.6 名义利率和实际利率

在实际应用中，计息周期并不一定以一年为周期，可以按半年计息一次，每季度计息一次，每月计息一次，甚至可能每日计息一次。因此，同样的年利率，由于计息期数的不同，本金所产生的利息也不同。因而有名义利率和有效利率之分。

2.6.1 名义利率

所谓名义利率 r 是指计息周期利率 i 乘以一年内的计息期数 m 所得的年利率。即：

$$r = i \times m \tag{2-15}$$

若每月存款月利率为 5‰，则名义年利率为 5‰×12 个月＝6%。很显然，计算名义利率是采用单利计算的方法，忽略了前面各期利息再生的因素。通常所说的年利率都是名义利率。

2.6.2 实际利率

实际利率又称有效利率，是指资金在计息中所发生的实际利率，是实际利息与本金的比值，包括计息周期实际利率和年实际利率两种情况。

(1) 计息周期实际利率,即计息周期利率,由式(2-15)可得

$$i=\frac{r}{m} \tag{2-16}$$

(2) 年实际利率,即年有效利率。

若用计息周期利率来计算年实际利率,并将年内利息的再生因素考虑进去,这时所得的年利率称为年实际利率(又称年有效利率)。

设名义利率为 r,每年计息期数为 m,则每一个计息期的利率为 $\frac{r}{m}$,其一年后本利和的计算公式为:$F=P\left(1+\frac{r}{m}\right)^m$

其利息 I 为:$I=F-P=P\left(1+\frac{r}{m}\right)^m-P$

则根据国际"借贷真实性法"的规定:实际年利率是一年利息额与本金之比,因此实际年利率为:

$$i_{实际}=\frac{I}{P}=\left(1+\frac{r}{m}\right)^m-1 \tag{2-17}$$

公式(2-17)为从名义利率求实际年利率的公式。此公式还可进一步推广为求任意计息周期的实际利率,只要知道计息周期内的计息次数。

假设每年的计息次数仍为 m,所求计息周期内的计息次数为 n,则该计息周期的实际利率为:

$$i_{实际}=\frac{I}{P}=\left(1+\frac{r}{m}\right)^n-1 \tag{2-18}$$

【例题 2-21】 如果年名义利率为 10%,则年、半年、季、月、日的年实际利率见表 2-3 所列。

名义利率与实际利率比较表　　　　表 2-3

年名义利率(r)	计息期	年计息次数(m)	计息期利率(r/m)	年有效利率
10%	年	1	10%	10%
	半年	2	5%	10.25%
	季	4	2.5%	10.38%
	月	12	0.833%	10.47%
	日	365	0.0274%	10.51%

从以上分析可以看出,名义利率与实际利率存在着如下关系:

1) 名义利率指年利率,而实际利率并不一定是年利率,在没有特别说明的情况下,年利率一般指名义利率。

2) 当 $m=1$(即一年计息一次)时,名义利率 r 等于实际年利率 i。实际计息周期短于一年时,实际年利率 i 要高于名义利率 r。

3) 名义利率不能完全反映资金的时间价值,实际利率才真实地反映了资金的时间价值。

4) 名义利率越大,实际计息周期越短,实际年利率与名义利率的差值就

越大。

【例题 2-22】 如果年利率为 12%，则在按月计息的情况下，半年的实际利率为多少？实际年利率又是多少？

【解】 计息周期为一个月，则实际月利率为 12%/12＝1%。

半年的计息次数为 6 次，则半年的实际利率为：$i_{实际}=\left(1+\dfrac{r}{m}\right)^n-1$

$$=(1+0.12/12)^6-1=0.0615=6.15\%$$

实际年利率为：$i_{实际}=\left(1+\dfrac{r}{m}\right)^m-1$

$$=(1+0.12/12)^{12}-1=12.683\%。$$

【例题 2-23】 某公司向国外银行贷款 200 万元，借款期五年，年利率为 15%，但每周复利计算一次。在进行资金运用效果评价时，该公司把年利率（名义利率）误认为实际利率。问该公司少算多少利息？

【解】 该公司原计算的本利和为

$$F'=P(1+i)^n=200(1+0.15)^5=402.27(万元)$$

而实际利率为 $i_{实际}=\left(1+\dfrac{r}{m}\right)^m-1$

$$=(1+15\%/52)^{52}-1=16.16\%$$

这样，实际的本利和应为：

$$F=P(1+i)^n=200(1+0.1616)^5=422.97(万元)$$

少算的利息为：

$$F-F'=422.97-402.27=20.70(万元)$$

2.6.3 涉及名义利率和实际利率的等值计算

资金的时间价值是工程经济分析的基本原理，资金的等值计算是这个原理的具体应用。进行资金等值计算需要用到前面介绍的基本计算公式，在应用公式时要注意"死套活用"。所谓"死套"是指严格按照公式中 F、P、A、i、n 的含义、相互关系、基本公式应用的条件进行套用；所谓"活用"是指灵活应用公式，不能直接采用公式时，可以作适当变换，使其符合基本公式。在变换过程中，名义利率与实际利率的关系是经常被用到的方法。

1. 计息期与支付期一致的计算

【例题 2-24】 年利率为 8%，每季度计息一次，每季度末借款 1400 元，连续借 16 年，求与其等值的第 16 年末的将来值为多少？

【解】 已知 $A=1400$ 元，$i=8\%/4=2\%$，$n=16\times4=64$

$$F=A(F/A, i, n)=1400\times(F/A, 2\%, 64)=178604.53 \text{元}$$

2. 计息期短于支付期的计算

【例题 2-25】 年利率为 10%，每半年计息一次，从现在起连续 3 年每年末等额支付 500 元，求与其等值的第 3 年末的现值为多少？

【解】 方法一：先求支付期的实际利率，支付期为 1 年，则年实际利率

为 $i_{实际}=\left(1+\dfrac{10\%}{2}\right)^2-1=10.25\%$

$p=A\dfrac{(1+i)^n-1}{i(1+i)^n}=500\times\dfrac{(1+10.25\%)^3-1}{10.25\%(1+10.25\%)^3}=1237.97(元)$

方法二：可把等额支付的每次支付看作一次支付，利用一次支付终值公式计算，如图 2-18 所示。

方法三：取一个循环周期，使这个周期的年末支付变成等值的计息期末的等额支付系列，从而使计息期和支付期完全相同，则可将实际利率直接代入公式计算，如图 2-19 所示。

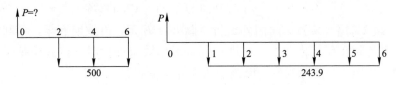

图 2-18　现金流量图　　　　图 2-19　现金流量图

在年末存款 500 元的等效方式是在每半年末存入

$$A=500\times(A/F,\ I,\ n)$$
$$=500\times(A/F,\ 10\%/2,\ 2)$$
$$=500\times 0.4878=243.9\ 元$$

则

$$P=A\times(P/A,\ i,\ n)$$
$$=243.9\times(P/A,\ 5\%,\ 6)$$
$$=243.9\times 5.0757$$
$$=1237.97\ 元$$

3. 计息期长于支付期的计算

当计息期长于支付期时，由于计息期内有不同时刻的支付，通常规定存款必须存满一个计息期时才计利息，即在计息周期间存入的款项在该期不计算利息，要在下一期才计算利息。因此，原财务活动的现金流量图应该按以下原则进行整理：相对于投资方来说，计息期的存款放在期末，计息期的提款放在期初，计息期分界点处的支付保持不变。

【例题 2-26】 现金流量图如图 2-20 所示，年利率为 12%，每季度计息 1 次，求年末终值 F 为多少？

【解】 按上述原则进行整理，得到等值的现金流量图如图 2-21 所示。

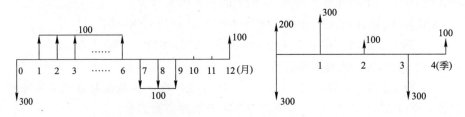

图 2-20　现金流量图　　　　图 2-21　现金流量图

根据整理过的现金流量图求得终值

$$F = (-300+200) \times \left(1+\frac{12\%}{3}\right)^4 + 300 \times \left(1+\frac{12\%}{3}\right)^3 + 100$$
$$\times \left(1+\frac{12\%}{3}\right)^2 - 300 \times \left(1+\frac{12\%}{3}\right) + 100$$
$$= 112.36(元)$$

思考题与习题

2-1 何谓资金的时间价值？如何理解资金的时间价值？

2-2 什么是终值、现值、等值？

2-3 什么是名义利率、实际利率？

2-4 常见的还款方式有哪些？

2-5 什么是现金流量？怎样绘制现金流量图？现金流量图的作用是什么？

2-6 假如以单利方式借入 1000 万元，年利率 7%，分 5 年偿还，试求到期应归还的本利和是多少？若以复利方式计算则到期应还的本利和是多少？

2-7 某建设项目进行贷款，2006 年末贷款 100 万元，2007 年末贷款 200 万元，2008 年末贷款 150 万元，年利率 8%，2012 年末一次性偿还，问需要还款多少万元？

2-8 某投资项目预计 6 年后可获得收益 110 万元，按投资报酬率 10% 计算，则现在应投资多少？

2-9 假设某公司在 4 年内每年年末在银行存款 200 万元作为以后的发展基金，存款年利率为 10%，则 4 年后应从银行取出的本利和为多少？

2-10 建设某企业现有一笔 5 年后到期的借款，到期值为 1000 万元，若存款复利率为 10%，则为偿还该项借款应建立的偿还基金应为多少？

2-11 某公司租一仓库，租期为 4 年，每年年初支付租金 2 万元，贴现率为 10%，问该公司现应筹集资金为多少？

2-12 某公司发行的股票目前市场价值每股 110 元，每股股息 12 元，预计年股息每年增加 2.3 元，若希望达到 15% 的投资报酬率，目前投资购进该公司股票是否核算。（股票可看做是寿命期 $n=\infty$ 的永久性资产）

2-13 某人借款 10000 元，偿还期为 3 年，年利率为 10%。试就下面四种还款方式，分别计算 3 年还款总额和利息各是多少？

1) 每年末等额偿还本息
2) 每年末支付当年利息，偿还 2000 元本金
3) 每年末支付当年利息，第三年末一次性偿还本金
4) 第三年末一次偿还本息

2-14 某设备除每年发生 5 万元运行费用外，每隔 3 年需要大修一次，每次费用为 3 万元，若设备的寿命为 15 年，资金利率为 10%，求其在整个寿命期内设备费用现值为多少？

2-15 现有一项目,其现金流量为:第一年末支付800万元,第二年末支付1600万元,第三年收益300万元,第四年收益400万元,第五年收益500万元,第六年到第十年每年收益550万元,第十一年收益500万元,第十二年收益400万元,第十三年收益350万元,第十四年收益450万元。设年利率为12%,求:1)现值;2)终值;3)第二年末项目的等值。

第3章 经济评价方法

本章知识点

> 【知识点】
> 项目的财务评价与财务分析,财务效益与费用,项目的财务盈利能力、偿债能力和财务生存能力,是否考虑资金的时间价值、建设项目经济评价指标的性质和建设项目经济评价内容对不同的经济指标进行的三种分类,项目的投资回收期、借款偿还期、净年值、净现值、等经济指标,项目经济评价中的现金流量表、损益表、资金来源与运用表、资产负债表等相关财务分析报表。
>
> 【重点与难点】
> 现金流量表、损益表、资金来源与运用表、资产负债表等项目财务报表的编制规则,投资回收期和借款偿还期,净年值和净现值,内部收益率、净现值率、投资收益率、利息备付率、偿债备付率、财务比率等相关指标的内容和计算。

3.1 财务分析指标体系

建设项目经济评价是指对拟建项目方案计算期内的各种有关技术经济因素和方案投入与产出的有关财务、经济资料数据进行调查、分析、预测,对方案的经济效果进行计算、评价,通过多方案比较,对拟建项目的财务可行性和经济可行性进行分析论证,作出全面的经济评价,为拟建项目的科学决策提供依据。建设项目经济效果的评价,根据评价的角度、范围、作用等分为财务评价和国民经济评价两个层次。

财务评价是建设项目经济评价的第一步,是从企业或项目的角度,根据国家现行财税制度和现行市场价格,计算项目的投资费用、产品成本与产品销售收入、税金等,进而计算和分析项目的盈利能力、清偿能力以及外汇平衡能力等财务状况,据以判断项目的财务可行性,并得出财务评价的结论。投资者可根据项目财务评价的结论、项目投资的财务经济效果和投资所承担的风险程度来决定项目是否应该投资建设。项目的财务评价是项目可行性研究和评价的核心内容,其目的在于根据国民经济、社会发展战略和行业地区发展规划的要求,在做好产品的市场需求预测及场址选择等工程技术的基础上,对项目进行评价,从微观和宏观两个方面对其建设的财务可行性和经济合理性进行分析论证,最大限度地提高投资效益,为项目的科学决策提供可靠的依据。财务评价必须保证评价的客观性、科学性、公正性,坚持定量分析与定性分析相结合、以定量分析为主,以及动态分析与静态分析相结合、以动态分析为主的原则。

财务评价和国民经济评价共同组成了建设项目经济评价,财务评价属于微观经济效果分析,它是从企业的利益出发,分析项目建成后,在财务上的获利状况及借款的偿还能力。而国民经济评价则属于宏观经济评价,是从国民经济的整体利益出发,计算分析项目给国民经济带来的净效益,评价项目经济上的合理性(图 3-1)。

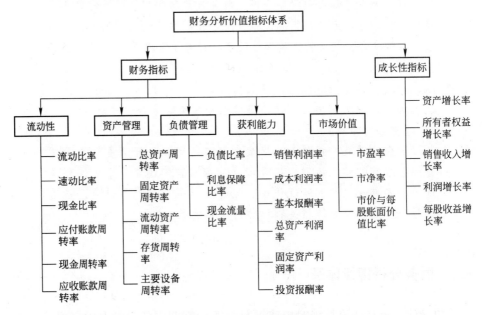

图 3-1 财务分析评价指标

建设项目方案经济评价效果的好坏,一方面取决于基础数据的完整性和可靠性,另一方面则取决于选取的评价指标体系的合理性。只有选取正确的评价指标体系,经济评价的结果才能与客观实际情况相吻合,才具有实际意义。一般来讲,建设项目的经济评价指标不是唯一的,根据不同的评价深度要求、可获得资料的多少及项目本身所处的条件不同,可选用不同的指标,这些指标有主次之分,可以从不同的侧面反映建设项目的经济效果。根据不同的划分标准,建设项目经济评价指标体系分为如下几类:

3.1.1 按是否考虑资金的时间价值分类

以是否考虑资金时间价值为标准进行划分,将经济评价指标分为静态评价指标和动态评价指标,见表 3-1 所列。

按是否考虑资金的时间价值分类　　　　　表 3-1

建设项目经济评价指标	静态评价指标	投资利润(税)率	财务评价指标
		静态投资回收期	
		借款偿还期	
		资本金利润率	
		资产负债率	
		流动比率	
		速动比率	
		利息备付率	
	动态评价指标	偿债备付率	
		财务净现值	
		财务内部收益率	
		动态投资回收期	
		财务净现值	
		财务净现值率	
		经济内部收益率	国民经济评价指标

3.1.2 按建设项目经济评价指标的性质分类

以指标的性质为标准进行划分，将建设项目经济评价指标划分为时间性指标、价值性指标、比率性指标，见表 3-2 所列。

按建设项目经济评价指标的性质分类　　　　　表 3-2

建设项目经济评价指标	时间性指标	投资回收期
		借款偿还期
	价值性指标	财务净现值
		财务净年值
	比率性指标	财务内部收益率
		财务净现值率
		投资收益率
		利息备付率
		偿债备付率
		经济内部收益率
		财务比率

3.1.3 按建设项目经济评价的内容分类

根据建设项目经济评价的内容，可以将指标划分为三类：即财务盈利能力分析指标、清偿能力分析指标和外汇平衡分析指标，见表 3-3 所列。

按建设项目经济评价的内容分类　　　　表 3-3

建设项目经济评价指标	盈利能力分析指标	投资回收期
		财务内部收益率
		财务净现值
		财务净年值
		投资利润(税)率
		资本金利润率
	清偿能力分析指标	借款偿还期
		资产负债率
		流动比率
		速动比率
		利息备付率
		偿债备付率
		盈利能力分析指标
		清偿能力分析指标
	外汇平衡能力分析指标	

3.2 时间性指标与评价方法

3.2.1 投资回收期

投资回收期也称返本期，指以项目的净收益回收其全部投资所需要的时间，是反映投资回收能力的重要指标。按是否考虑资金的时间价值，分为静态投资回收期和动态投资回收期。

1. 静态投资回收期(P_t)

静态投资回收期是指在不考虑资金时间价值的前提下，用项目各年的净收益来回收全部投资所需要的期限。投资回收期可以自项目建设开始年算起，也可以自项目投产年算起，但应该特意注明。本书若无特殊说明，投资回收期从建设开始年算起。

(1) 原理公式

自建设开始年算起，投资回收期 P_t（以年表示）的计算公式如下：

$$\sum_{t=0}^{P_t}(CI-CO)_t = 0 \tag{3-1}$$

式中　　P_t——静态投资回收期；

　　　　CI——现金流入量；

　　　　CO——现金流出量；

　　$(CI-CO)_t$——第 t 年的净现金流量。

(2) 实用公式

静态投资回收期的求解可借助现金流量表，根据净现金流量来计算，其具体又分以下两种情况。

① 当项目建成投产后各年净收益（即净现金流量）均相同时，静态投资回收期的计算公式如下：

$$P_t = \frac{I}{A} \tag{3-2}$$

式中 I——项目投入的全部资金；
A——每年的净现金流量。

【例题3-1】 某建设项目估计总投资需要3200万元，预计项目建产投产后各年净收益均为500万，则该项目的静态投资回收期为：

$$P_t = \frac{I}{A} = \frac{3200}{500} = 6.4(年)$$

② 考虑各建设项目的实际情况，各年净收益相同的情况是很少见的，因为设备运转、人员管理等都有一个试运行的过程，因此，大多数项目在刚刚投产的前几年收益是不相同的，则当项目建成投产后各年的净收益不相同时，静态投资回收期可根据累计净现金流量求得。计算公式为：

$$P_t = 累计净现金流量开始出现正值的年份数 - 1 + \frac{上年累计净现金流量的绝对值}{当年的净现金流量} \tag{3-3}$$

【例题3-2】 已知某投资项目计算期内逐年净现金流量见表3-4所列，求该投资项目的静态投资回收期。

某项目现金流量表（万元）　　　　　　表3-4

t年末	0	1	2	3	4	5	6	7
净现金流量	-10	-20	4	8	12	12	12	12
累计净现金流量	-10	-30	-26	-18	-6	6	18	30

根据式(3-3)，可得：

$$P_t = 5 - 1 + \frac{|-6|}{12} = 4.5(年)$$

(3) 评价准则

将计算出的静态投资回收期 P_t 与所确定的基准投资静态回收期 P_c 进行比较。

① 若 $P_t \leq P_c$，表示项目投资能在规定的时间内收回，则可以考虑接受该项目；

② 若 $P_t > P_c$，表示项目投资不能在规定的时间内收回，则方案是不可行的。

2. 动态投资回收期（P_t'）

动态投资回收期是指在考虑资金时间价值的前提下，用项目各年的净收益来回收全部投资所需要的期限。

(1) 原理公式

$$\sum_{t=0}^{P'_t}(CI-CO)_t(1+i_c)^{-t}=0 \tag{3-4}$$

式中 P'_t——静态投资回收期；

　　　i_c——基准收益率。

(2) 实用公式

在实际应用中，可根据项目现金流量表中的净现金流量现值，用下列的近似公式计算：

$$P'_t=累计净现金流量的现值开始出现正值的年份数-1\\+\frac{上年累计净现金流量现值的绝对值}{当年的净现金流量的现值} \tag{3-5}$$

【例题 3-3】 题意如【例题 3-2】，项目的现金流量表见表 3-5 所列。已知基准投资收益率 $i_c=8\%$。试计算该项目的动态投资回收期。

某项目现金流量表　　　　　表 3-5

t 年末	0	1	2	3	4	5	6	7
净现金流量	-10	-20	4	8	12	12	12	12
$(P/F, 12\%, t)$	1.0	0.8929	0.7972	0.7118	0.6355	0.5674	0.5066	0.4523
净现金流量现值	-10	-17.9	3.2	5.7	7.6	6.8	6.1	5.4
累计净现金流量现值	-10	-27.9	-24.7	-19	-11.4	-4.6	1.5	6.9

【解】 根据式(3-5)，可以得到：

$$P'_t=6-1+\frac{|-4.6|}{6.1}=5.75(年)$$

(3) 评价准则

① $P'_t \leqslant P'_c$（基准动态投资回收期）时，说明项目能在要求的时间内收回投资，是可行的。

② $P'_t > P'_c$ 时，则项目不可行。

按静态分析计算的投资回收期较短，决策者可能认为经济效果尚可接受。但若考虑资金的时间价值，用折现的方法计算的动态投资回收期比用传统方法计算出的静态投资回收期长些，因此该方案未必能被接受。

3. 投资回收期指标的优点与不足

使用投资回收期进行经济评价，很容易理解，计算也比较简单；项目投资回收期在一定程度上显示了资本回收的周转速度。显然，资本周转速度越快，回收期越短，风险越小，盈利越多。这对于那些技术上更新迅速的项目，或资金相当短缺的项目，或未来的情况很难预测而投资者又特别关心资金补偿的项目，进行投资回收期指标的分析是特别的有用的。但不足之处是投资回收期不能全面反映投资回收之后的情况，也无法准确衡量方案在整个计算期内的经济效果。所以，投资回收期作为方案选择和项目排队的评价准则是不可靠的，它只能作为辅助评价指标，或与其他评价方法结合应用。

3.2.2 借款偿还期

借款偿还期是指根据国家财政规定及投资项目的具体财务条件，以项目可以作为偿还贷款的项目收益（利润、折旧、摊销费及其他收益）来偿还项目投资借款本金和建设期利息所需要的时间。它是反映项目借款偿债能力的重要指标。

1. 原理公式

$$I_d = \sum_{t=1}^{P_d}(R_p + D + R_o - R_r) \quad (3-6)$$

式中　P_d——借款偿还期（从借款开始年计算）；

I_d——投资借款本金和利息之和（不包括已用自有资金支付的部分）；

R_p——第 t 年可用于还款的利润；

D——第 t 年可用于还款的折旧和摊销费；

R_o——第 t 年可用于还款的其他收益；

R_r——第 t 年企业留利。

2. 实用公式

在实际工作中，借款偿还期可直接根据资金来源与运用表或借款还本付息计算表推算，其具体推算公式如下：

$$P_d = （借款偿还后出现盈余的年份数－借款开始的年份数）+ \frac{当年应偿还借款额}{当年可用于还款的资金额} \quad (3-7)$$

关于建设期贷款利息的计算，如果按实际贷款、还款日期计算将十分繁杂，为简化计算，一般规定借款发生当年均在年中支付，按半年计息，其后年份按全年计息；还款当年按年末还款，按全年计息。有关建设期贷款利息的计算将在第五章财务评价中详细介绍，这里仅介绍每年应计利息的近似公式：

$$每年应计利息 = \left(年初借款本息累计 + \frac{本年借款额}{2}\right) \times 年利率 \quad (3-8)$$

【例题 3-4】　某项目期初一次性投资 665 万元，全部为银行贷款，年利率为 8%。项目建设期 1 年，第 2 年可用于还款的资金额为 180.49 万元，第 3 年可用于还款的资金额为 225.28 万元，以后各年可用于还款的资金额均为 290.14 万元，计算该项目借款偿还期。（采用最大能力方式偿还贷款）

借款还本付息计划表（万元）　　　　表 3-6

	计算期	1	2	3	4	5
1	期初借款累计		691.6	566.44	386.48	127.26
2	当年借款	665				
3	还款资金来源		180.49	225.28	290.14	290.14
4	当年还本付息		180.49	225.28	290.14	137.44

续表

	计算期	1	2	3	4	5
4.1	其中：本金		125.16	179.96	259.22	127.26
4.2	利息		55.33	45.32	30.92	10.18
5	期末余额		0	0	0	152.7

【解】 借款偿还过程见表 3-6 所列。

第一年：当年借款 665 万元

建设期贷款利息 $I_1=665/2\times8\%=26.6$ 万元

第二年：年初借款款累计$=665+26.6=691.6$ 万元

当年应还利息 $I_2=691.6\times8\%=55.33$ 万元

当年偿还的本金$=180.49-55.33=125.16$ 万元

第三年：年初借款款累计$=691.6-125.16=566.44$ 万元

当年应还利息 $I_3=566.44\times8\%=45.32$ 万元

当年偿还的本金$=225.28-45.32=179.96$ 万元

以此类推计算各年的利息和本金，从还本付息计算表中可以看出，第 5 年偿债后期末余额开始出现盈余，根据公式 3-7 计算的贷款偿还期为：

$$P_d = 5-1+\frac{127.26+10.18}{290.14}=4.47(年)$$

3. 评价准则

当计算出的借款偿还期满足贷款机构的要求期限时，即认为项目是有借款偿还能力的；反之，则说明项目没有借款偿还能力。

借款偿还期指标适用于那些计算最大偿还能力，尽快还款的项目，不适用于那些预先给定借款偿还期的项目。对于预先给定借款偿还期的项目，应采用利息备付率和偿债备付率指标分析项目的偿债能力。

3.3 价值性指标与评价方法

3.3.1 净现值（NPV—Net Present Value）

1. 净现值指标的概念

净现值是反映投资方案在计算期内获利能力的动态评价指标。投资方案的净现值是指按行业的基准收益率（或投资主体设定的折现率）i_c，将各年的净现金流量折现到建设起点的现值之和。

2. 计算公式

$$NPV = \sum_{t=0}^{n}(CI-CO)_t(1+i_c)^{-t} \tag{3-9}$$

式中 NPV——财务净现值；

$(CI-CO)_t$——第 t 个计算期的净现金流量；

i_c——行业基准折现率，本质上是投资者对资金时间价值的最低期望；

n——投资方案的计算期。

3. 评价准则

财务净现值是评价项目盈利能力的绝对指标,它反映项目在满足按设定折现率要求的盈利能力之外,获得的超额盈利的现值。计算出的财务净现值可能有三种结果:

(1) 当 $NPV>0$ 时,表示该投资方案实施后除保证可实现预定的收益率外,尚可获得更高的收益。

(2) 当 $NPV=0$ 时,表示该投资方案刚好达到预定的收益率标准,但并不代表盈亏平衡。

(3) 当 $NPV<0$ 时,表示该投资方案实施后的投资收益率不能到达所预定的收益率水平,但不能确定项目已经亏损。

因此,财务净现值指标衡量项目盈利能力的评价准则为:

当 $NPV \geqslant 0$,表示该项目在财务上可行;

当 $NPV<0$,表示该项目在财务上不可行。

【例题 3-5】 某建设项目的现金流量见表 3-7 所列,求其净现值($i_c=15\%$),并判断项目的财务可行性。

某建设项目的现金流量(万元) 表 3-7

t 年末	0	1	2	3	4	5~12
净现金流量	−20	−40	−40	17	22	32

【解】 根据该题现金流量特点,可利用公式计算:

$$NPV = \sum_{t=0}^{n}(CI_t - CO_t)(1+i_c)^{-t}$$
$$= -20 - 40(1+15\%)^{-1} - 40(1+15\%)^{-2} + 17(1+15\%)^{-3} + 22(1+15\%)^{-4}$$
$$\quad + 32 \times \frac{(1+15\%)^8 - 1}{15\%(1+15\%)^8} \times (1+15\%)^{-4}$$
$$= 20.86 \text{ 万元}$$

或者可以用另一种表现形式计算:

$$NPV = -20 - 40(P/F, 15\%, 1) - 40(P/F, 15\%, 2) + 17(P/F, 15\%, 3)$$
$$\quad + [22 + 32(P/A, 15\%, 8)](P/F, 15\%, 4)$$
$$= -20 - 40 \times 0.8696 - 40 \times 0.7561 + 17 \times 0.6575 + [22 + 32 \times 4.4873] \times 0.5718$$
$$= 20.83 \text{(万元)}$$

因为 $NPV>0$,所以该建设项目在财务上是可行的。

4. 净现值指标的优点和不足

(1) 净现值指标的优点:考虑了资金的时间价值,并全面考虑了项目在整个计算期内的经营情况;指标直接用货币金额表示,经济意义明确直观;计算简便。

(2) 净现值指标的不足:需要预先给定一个符合经济现实的基准折现率,而基准折现率的确定往往是比较困难的。因为如果折现率定得略高,可行的项目就有可能被拒绝；折现率定得低，不合理的项目也可能被接受。因此，运用净现值法，需要对折现率客观、准确地进行估计；使用净现值指标进行互斥方案评选时，必须慎重考虑互斥方案的寿命期，如果互斥方案寿命期不等，必须构造一个相同的研究期，才能进行各个方案之间的比选；净现值不能反映项目投资中单位投资的使用效率，不能直接说明在项目运营期间各年的经营成果。

5. 净现值与折现率之间的关系

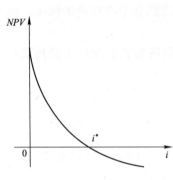

图3-2 常规投资项目净现值函数曲线

对于具有常规现金流量（即在计算期内，开始时有支出而后才有收益，且方案的净现金流量序列的符号只改变一次的现金流量）的投资方案，其财务净现值的大小与折现率的高低有着直接的关系。工程经济中常规投资项目的财务净现值函数曲线在其定义域内是单调下降的，且递减率逐渐减小。即随着折现率的逐渐增大，财务净现值将逐渐变小，且由正变负，NPV 与 i 之间的关系如图 3-2 所示。

按照净现值的评价准则，只要 $NPV \geqslant 0$，方案在经济上就是可行的，但由于 NPV 是 i 的递减函数，故基准折现率 i_c 定得越高，计算出来的 NPV 就会越小，方案被接受的可能性就越小；i_c 定的越低，计算出来的 NPV 就会越大，方案被接受的可能性就会越大。因此，i_c 的确定直接影响了方案评选的准确性。

6. 对基准收益率的几点说明

(1) 基准收益率的概念

基准收益率也称基准折现率，是企业（行业）或投资者以动态的观点所确定的、可接受的投资项目方案最低标准的收益水平。它表明投资决策者对项目资金时间价值的估价，是投资资金应当获得的最低盈利率水平，是评价和判断投资方案在经济上是否可行的重要依据。

(2) 基准收益率确定的影响因素

对于国家投资项目，进行经济评价时使用的基准收益率是由国家组织测定并发布的行业基准收益率；对于非国家投资项目，则由投资者自行确定，但应该考虑以下因素：

① 资金成本和机会成本。基准收益率应该不低于单位资金成本和单位投资的机会成本，这样才能使资金得到最有效的利用。这一要求可以表述为：

$$i_c \geqslant i_1 = \max\{单位资金成本，单位投资机会成本\} \quad (3\text{-}10)$$

当项目完全由企业自有资金投资时，可以参考行业基准收益率。假如项目投资来源于自有资金和贷款时，最低收益率不应该低于行业的平均收益率（或新筹集权益投资的资金成本）与贷款利率的加权平均收益率。如果有几种贷款时，贷款利率应该为加权平均贷款利率。

② 投资风险。在整个项目计算期内，存在着发生不利于项目环境变化的可能性，这种变化难以预料，即投资者要冒着一定风险作出决策。所以，在确定基准收益率时，仅考虑资金成本、机会成本因素是不够的，还应该考虑风险因素。通常，以一个适当的风险贴补率 i_2 来提高 i_c。也就是说，以一个较高的收益水平补偿投资者所承担的风险，风险越大，贴补率越高。为此，投资者自然就要求获得较高的利润，否则是不愿意去冒风险的。为了限制对风险大、盈利低的项目进行投资，可以采取提高基准收益率的办法来进行项目经济评价。

③ 通货膨胀。在通货膨胀的影响下，各种材料、设备、房屋、土地的价格及人工费等都会上升。为反映和评价出拟建项目在未来的真实经济效果，在确定基准收益率时，应考虑通货膨胀因素，结合投入产出价格的选用决定对通货膨胀因素的处理。

综合以上分析，基准收益率的确定应综合以上三方面因素，确定过程如下：

若项目现金流量是按当年价格预测的，则应以当年通货膨胀率 i_3 修正 i_c。

$$i_c = (1+i_1)(1+i_2)(1+i_3) - 1 \approx i_1 + i_2 + i_3 \tag{3-11}$$

若项目现金流量是按基准年不变价格预测估算的，预测结果已经排除通货膨胀因素的影响，就不再重复考虑通货膨胀的影响去修正 i_c。即：

$$i_c = (1+i_1)(1+i_2) - 1 \approx i_1 + i_2 \tag{3-12}$$

以上近似处理的条件是 i_1、i_2、i_3 都为小数。

总之，合理确定基准收益率对于投资决策极为重要。确定基准收益率的基础是资金成本和机会成本，而投资风险和通货膨胀是确定基准收益率必须考虑的影响因素。

3.3.2 净年值 (NAV—Net Annual Value)

净现值是把项目各年的净现金流量按照基准收益率折算到建设期起点的代数和。净现值经过资金回收系数的折算，可以得到一个与净现值等效的评价指标，即为净年值。

净年值是通过资金等值计算将项目计算期内各年净现金流量分摊到每一年年末的等额年值。

1. 计算公式

$$NAV = \sum_{t=0}^{n} (CI - CO)_t (1+i_c)^{-t} (A/P, i_c, n) \tag{3-13}$$

式中　NAV——净年值；
　　　CI——现金流入；
　　　CO——现金流出。

2. 评判准则

当 $NAV \geq 0$ 时，项目在经济上可行；

当 $NAV < 0$ 时，项目在经济上不可行。

【例题 3-6】 题意同例题 3-5，试以净年值指标判断此项目的经济可行性。

【解】 例题3-5已经求出该项目的净现值$NPV=20.86$万元,根据公式(3-13),可得:

$$NAV = NPV(A/P, i_c, n)$$
$$= 20.86 \times (A/P, 15\%, 12) = 20.86 \times 0.1845 = 3.85 \text{万元} > 0$$

因此按照净年值指标来判断,该项目也是可行的。

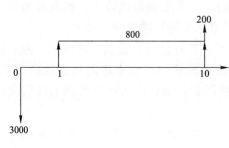

图3-3 某项目现金流量图

【例题3-7】 已知某建设项目期初一次性投资3000万元,当年投产,预计寿命期10年,每年能获得净收益800万元,10年末可得到残值200万元,已知基准折现率为12%,试以净年值指标判断项目的经济可行性。

【解】 此投资项目的现金流量图如图3-3所示。

$$NAV = 800 - 3000(A/P, 12\%, 10) + 200(A/F, 12\%, 10)$$
$$= 800 - 3000 \times 0.1770 + 200 \times 0.0570$$
$$= 280.4 \text{万元}$$

该项目的净年值大于零,因此项目在经济上是可行的。

3.4 比率性指标与评价方法

3.4.1 内部收益率

内部收益率(IRR)本身是一个折现率,它是指使项目在整个计算期内各年净现金流量的现值累计等于零时的折现率,也就是说,在这个折现率水平下,项目的现金流入的现值之和等于其现金流出的现值之和。实质上,内部收益率就是使项目的净现值等于零时的折现率。

1. 原理公式

$$\sum_{t=0}^{n}(CI-CO)_t(1+IRR)^{-t} = 0 \qquad (3-14)$$

在式(3-14)中,内部收益率是一个未知的折现率,求方程中的折现率需解高次方程,不容易求解。在实际工作中,一般通过计算机计算,手算时可采用试算法确定内部收益率的大小。

2. 实际求解方法

如图3-4所示,IRR在i_1与i_2之间,用i^*近似代替IRR,当i_1与i_2的距离控制在一定范围内,可以达到要求的精度。试算法的具体计算步骤如下:

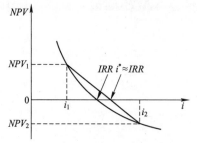

图3-4 线性内插法求出IRR

(1) 设初始折现率值 i_1，并计算对应的净现值 $NPV(i_1)$；

(2) 若 $NPV(i_1)\neq 0$，则根据 $NPV(i_1)$ 是否大于零，再设 i_2，计算对应的 $NPV(i_2)$。

① 若 $NPV(i_1)>0$，则设 $i_2>i_1$；

② 若 $NPV(i_1)<0$，则设 $i_2<i_1$。

(3) 重复步骤(2)，直到出现 $NPV(i_1)>0$，$NPV(i_2)<0$ 或 $NPV(i_1)<0$，$NPV(i_2)>0$。

(4) 用线性内插法求得 IRR 近似值：

$$IRR\approx i^* = i_1 + \frac{NPV_1}{NPV_1 + |NPV_2|}\times (i_2 - i_1) \quad (3\text{-}15)$$

式中　NPV_1——较低的折现率 i_1 对应的正的净现值；

NPV_2——较高的折现率 i_2 对应的负的净现值；

i_1——使净现值出现正值的折现率；

i_2——使净现值出现负值的折现率。

为了保证 IRR 的精确，i_1 和 i_2 之间的差距一般以不超过 2% 为宜，最大不要超过 5%。

3. 判断准则

内部收益率计算出来后，可通过与基准收益率进行比较来判断方案是否可行，即：

(1) 若 $IRR \geq i_c$，则 $NPV \geq 0$，方案财务效果可行；

(2) 若 $IRR < i_c$，则 $NPV < 0$，方案财务效果不可行。

【例题 3-8】 某建设项目投资方案净现金流量如表 3-8 所示，设基准收益率 10%，用内部收益率指标判断项目是否可行。

某项目现金流量表(万元) 表 3-8

t 年末	0	1	2	3	4	5
净现金流量	−2000	300	500	500	500	1200

【解】 设初始折现率 $i_1 = 10\%$

$NPV(10\%) = -2000 + [300 + 500(P/A, 10\%, 3)](P/F, 10\%, 1)$
$\qquad\qquad + 1200(P/F, 10\%, 5) = 148.23(万元) > 0$

取 $i_2 = 12\%$

$NPV(12\%) = -2000 + [300 + 500(P/A, 12\%, 3)](P/F, 12\%, 1)$
$\qquad\qquad + 1200(P/F, 12\%, 5)$
$\qquad\qquad = 21(万元) > 0$

取 $i_3 = 14\%$

$NPV(14\%) = -2000 + [300 + 500(P/A, 14\%, 3)](P/F, 14\%, 1)$
$\qquad\qquad + 1200(P/F, 14\%, 5) = -91(万元) < 0$

因为 $NPV_1 = 21$ 万元，$NPV_2 = -91$ 万元，两值符号相反且不等于 0，而 $i_2 - i_1 = 2\%$，则：

$$IRR = i_1 + \frac{NPV_1}{NPV_1 + |NPV_2|} \times (i_2 - i_1)$$

$$= 12\% + \frac{21}{21 + |-91|} \times (14\% - 12\%)$$

$$= 12.38\% > 10\%$$

则该投资方案在经济上是可行的。

4. 内部收益率的经济涵义

IRR 的经济涵义可以这样理解：项目在这样的利率下，在项目终了时，以每年的净收益恰好把投资全部收回来。也就是说，在项目寿命期内，项目始终处于"偿付"未被收回投资的状况。因此，内部收益率是指项目对初始投资的偿还能力或项目对贷款利率的最大承担能力。其值越高，一般说来方案的投资盈利能力越高。由于内部收益率不是用来计算初期投资的收益的，所以，一般不使用内部收益率指标直接排列两个或多个项目的优劣顺序。

5. 内部收益率的优点与不足

(1) 优点：内部收益率指标考虑了资金的时间价值及项目在整个计算期内的经济状况，而且避免了像净现值指标那样须事先确定基准收益率这个难题，而只需要知道基准收益率的大致范围就可以了；它反映了项目所具有的最高获利能力，是衡量项目效益优劣的非常有用的方法；这种方法可以在项目计算期的任何时间点上进行测算，并且结果一致。即时间点的选择对项目获利能力的评价并没有影响。

(2) 不足：内部收益率的计算需要大量的与投资项目有关的数据，且计算复杂；对于初值的估算较为困难，如果离结果太远，需要多次反复计算，才能准确地估算初值；对于具有非常规现金流量的项目来说，其内部收益率往往不是唯一的，在某些情况下甚至是不存在的。

6. 非常规投资项目的内部收益率

内部收益率方程是一个一元 n 次方程，有 n 个复数根（包括重根），故其正数根的个数可能不止一个。

(1) 内部收益率方程无解的情况：当项目方案随时间变化的现金流量分布都是正值或者都是负值时，净现值函数曲线与水平轴不相交，内部收益率无解。这种情况一般很少出现。对于这种非常规型项目方案的评价，可不采用内部收益率法而采用其他方法。

(2) 内部收益率方程有多个解的情况：当项目方案连续累计的现金流量符号变化超过一次以上时，就会出现一个以上的内部收益率解，见表 3-9 所列。

正、负号多次变化的净现金流量序列 表 3-9

t 年末	0	1	2	3
净现金流量	-100	470	-720	360

经计算可知，使该项目净现值等于零的折现率有三个，分别是20%、50%和100%。此项目内部收益率方程的这三个正实数解是否都是或有的是所要求的内部收益率呢？这需要通过内部收益率的经济涵义加以检验：即在该折现率下，项目寿命期内是否始终存在未被收回的投资且只有在寿命期末才完全收回，见表3-10所列。

净现金流量现值累计　　　　　　　　表3-10

t 年末	0	1	2	3
净现金流量	－100	470	－720	360
现值累计(i_1＝20%)	－100	291.65	－208.32	0(近似值)
现值累计(i_2＝50%)	－100	213.35	－106.62	0(近似值)
现值累计(i_3＝100%)	－100	135.00	－45.00	0

从表3-10中可以看出，在 i_1＝20%，i_2＝50%，i_3＝100%三个折现率下，都是初始投资在第一年末完全回收，且项目有净盈余。第二年末又有未收回投资，第三年末即寿命期末又全部收回，根据内部收益率的经济涵义可知，三个折现率都不是该项目的内部收益率。

对于非常规投资项目，如果其内部收益率方程的实数解中有能满足内部收益率经济涵义要求的(最多一个)，则此解为项目的内部收益率；如果内部收益率方程的所有实数解都不能满足内部收益率经济涵义的要求，则它们都不是项目的内部收益率。若要求其内部收益率，可采取用基准收益率对项目计算期内部分现金流量进行适当"处理"，使之符合常规投资项目对符号只能变换一次的要求的方法，求出内部收益率。

3.4.2 净现值率

净现值指数(NPVI)是在净现值的基础上发展起来的，可作为NPV指标的一种补充。净现值指数是项目净现值与项目全部投资现值之比，其经济含义是单位投资现值所能带来的净现值的大小，是一个考察项目单位投资盈利能力的指标。由于净现值不直接考虑项目投资额的大小，故为考虑投资的利用效率，常用净现值指数作为净现值指标的辅助评价指标。

1. 计算公式

$$NPVI = \frac{NPV}{K_p} = \frac{NPV}{\sum_{t=0}^{n} K_t (1+i_c)^{-t}} \tag{3-16}$$

式中　K_p——投资的现值；

　　　K_t——第 t 个计算期的投资额。

2. 评价准则

净现值指数反映了项目的收益水平，是单位投资所含净现值的投资指数，是表示单位投资所获取收益的能力。进行多方案比较时，净现值指数高的优。

若 $NPVI \geq 0$，则表示项目经济上可以考虑接受，反之则不接受。

【例题 3-9】 求本章【例题 3-5】中投资项目的净现值指数,并判断其可行性。

【解】 已知该投资项目的净现值 $NPV=20.86$ 万元,则

$$NPVI=\frac{20.86}{20+40\times(1+15\%)^{-1}+40\times(1+15\%)^{-2}}$$
$$=24.53\%>0$$

则项目在经济上是可以考虑接受的。

3.4.3 投资收益率

投资收益率是衡量投资方案获利水平的静态评价指标,它是投资方案达到设计生产能力后一个正常年份的年净收益与方案的投资总额的比率。它表明投资方案在正常的生产中,单位投资每年所创造的年净收益额。对生产期内各年的净收益额变化幅度较大的方案,可计算生产期年平均净收益与投资总额的比率。

1. 计算公式

$$R=\frac{A}{I}\times100\% \tag{3-17}$$

式中 R——投资收益率;
　　　A——项目达到设计生产能力后一个正常年份的年净收益或年平均净收益;
　　　I——项目总投资。

2. 评价准则

项目利用投资收益率这一指标进行评估时,投资收益率越大,项目的经济效果越好。那么投资收益率选择多大,才是经济合理的呢?其决策规则为:投资收益率不小于行业平均投资收益率。满足此条件时,该项目可行,否则该项目被否定。投资收益率高于同行业的收益率参考值,表明用总投资收益率表示的盈利能力满足要求。

3. 投资收益率的优点和不足

投资收益率是考察项目单位投资盈利能力的静态指标。其主要优点是简单、直观地反映了项目单位投资的盈利能力。

其不足之处有以下几点:

① 没有考虑资金的时间价值;

② 年销售收入、年经营费用的计算主观随意性太强。进行适当的财务处理就会人为压低或抬高利润水平。所以以利润率做为决策依据不太可靠;

③ 纯收入若以尚未实际收到的现金收入做为收益,具有较大的风险;

④ 舍弃了更多的项目寿命期内的经济数据。

4. 投资收益率的应用指标

(1) 总投资收益率(R_z)

$$R_z=\frac{EBIT}{I}\times100\% \tag{3-18}$$

式中 $EBIT$——项目正常年份的年息税前利润或营运期内年平均息税前利润；

I——项目总投资。

其中：年息税前利润＝年营业收入－营业税及附加－息税前总成本

息税前总成本＝年经营成本＋固定资产折旧费＋无形资产摊销费＋修理费

（2）资本金净利润率（R_e）

$$R_e = \frac{NP}{EC} \times 100\% \tag{3-19}$$

式中 NP——指项目正常年份的净利润或营运期内年平均净利润；

EC——指项目资本金。

3.4.4 利息备付率

利息备付率也称已获利息倍数，指项目在借款偿还期内各年可用于支付利息的税息前利润与当期应付利息费用的比值。

1. 计算公式

$$利息备付率 = \frac{息税前利润}{当期应付利息费用} \tag{3-20}$$

式中 当期应付利息是指计入总成本费用的全部利息；

息税前利润＝营业收入－营业税及附加－息税前总成本；

息税前总成本＝经营成本＋固定资产折旧费＋无形资产摊销费＋修理费。

利息备付率可以按年计算，也可以按整个借款期计算。但分年的利息备付率更能反映偿债能力。

2. 评价准则

利息备付率从付息资金来源的充裕性角度反映项目偿付债务利息的能力，它表示使用项目息税前利润付利息的保证倍率。对于正常经营项目，利息备付率应当大于2，否则，表示项目的付息能力保障程度不足。尤其是当利息备付率低于1时，表示项目没有足够的资金支付利息，偿债风险很大。

3.4.5 偿债备付率

偿债备付率指项目在借款偿还期内，各年可用于还本付息的资金与当期应还本付息金额的比值。它表示可用于计算还本付息的资金偿还借款本息的保障程度。

1. 计算公式

$$偿债备付率 = \frac{可用于还本付息资金}{当期应还本付息金额} \tag{3-21}$$

式中 可用于还本付息的资金——包括可用于还款的折旧和摊销、成本中列支的利息费用、可用于还款的利润等；

当期应还本付息金额——包括当期应还贷款的本金及计入成本的利息。

偿债备付率可以按年计算，也可以按项目整个借款期计算。同样，分年计算的偿债备付率更能反映偿债能力。

2. 评价准则

偿债备付率表示可用于还本付息的资金偿还借款本息的保证倍数，偿债备付率高，表明可用于还本付息的资金保障程度高。正常情况下偿债备付率应大于1，且越高越好。当指标小于1时，表示当资金来源不足以偿付当期债务，需要通过短期借款偿付当期债务。

【例题 3-10】 已知某建设项目投资采用银行借款的形式，借款偿还期为4年，各年息税前利润总额、税后利润、折旧费和摊销费数额见表3-11所列。试计算各年的偿债备付率和利息备付率。

【解】 各年的偿债备付率和利息备付率计算结果见表3-11所列。

偿债备付率和利息备付率计算　单位：元　　　表 3-11

年份	1	2	3	4
息税前利润	10317	59548	109548	120636
当期应付利息	74208	64932	54977	43799
税前利润	−63891	−5384	54481	76837
所得税(33%)	0	0	0	20474
税后利润	−63891	−5384	54481	56363
折旧费	102314	102314	102314	102314
摊销费	42543	42543	42543	42543
偿还本金	142369	152143	162595	173774
还本付息总额	216577	217075	217572	217573
利息备付率	13.90%	91.71%	199.10%	275.43%
还本付息资金来源	155174	204405	254315	245019
偿债备付率	0.72	0.94	1.17	1.13

注：在各年的所得税计算中，前两年亏损，不需要缴纳所得税，第3年的盈利不足以弥补以前年度亏损，第4年的利润弥补亏损后为62043元(54481+76837−63891−5384=62043)，应缴纳所得税20474元。

从表3-11的计算结果可以看出，该项目前两年的利息备付率均远低于2，偿债备付率低于1，表明该项目前两年有较大的还本付息压力；第3年利息备付率1.99接近2，偿债备付率1.17大于1，第4年利息备付率2.75，偿债备付率1.13，表明该项目后两年的还本付息能力基本得到保障。

3.4.6 财务比率

1. 流动比率

流动比率是反映项目各年偿付流动负债能力的指标。

(1) 计算公式

$$流动比率 = \frac{流动资产总额}{流动负债总额} \times 100\% \qquad (3-22)$$

式中　流动资产——指可以在一年或超过一年的一个营业周期变现或耗用的资产，包括货币资金、短期投资、待摊费用、存货、应收账款、预付账款等；

流动负债——包括短期借款、应付账款、应缴纳税金、一年内到期的长期借款等。

(2) 评判准则

流动比率旨在分析企业资产流动性的大小，判断短期债权人的债权，在到期前偿债企业用现金及预期在该一期中能变为现金的资产偿还的限度。流动比率越高，表明企业偿付短期负债能力越强。满意的流动比率数值一般要求达到2，即1元的流动负债至少有2元的流动资产作后盾，保证项目按期偿还短期债务。如果比值过高，说明项目持有闲置的(不能盈利的)现金余额；比值过低，不利于企业获得贷款，表明项目可能会面临清偿到期账单、票据的某些困难，这是贷款机构不愿意接受的。

2. 速动比率

速动比率是反映项目快速偿付流动负债能力的指标。

(1) 计算公式

$$速动比率=\frac{速动资产}{流动负债}\times 100\%=\frac{流动资产-存货}{流动负债}\times 100\% \qquad (3-23)$$

(2) 评判准则

在流动资产中，现金、应收账款、应收票据、短期投资等容易变现的资产，称为速动资产。一般认为，速动比率的满意范围为1.0～1.2。

当流动比率和速动比率过小时，应设法减少流动负债，通过减少利润分配，减少库存等办法增加盈余资金。例如通过增加长期借款等方法来加以调整。

3.5 财务分析相关报表

3.5.1 现金流量表

1. 概念

建设项目的现金流量系统将项目计算期内各年的现金流入与现金流出按照各自发生的时点顺序排列，表达为具有确定时间概念的现金流量。现金流量表既是对建设项目现金流量系统的表格式反映，用以计算各项静态和动态评价指标，进行项目财务盈利能力分析。按投资计算基础的不同，现金流量表分为全部投资的现金流量表和自有资金的现金流量表。

2. 全部投资现金流量表的编制(表3-12)

财务净现金流量(全部投资) 表3-12

序号	项目	合计	建设期		投产期		达产期			
			1	2	3	4	5	6	…	n
	生产负荷(%)									
1	现金流入									
1.1	产品销售收入									

续表

序号	项目	合计	建设期		投产期		达产期			
			1	2	3	4	5	6	...	n
1.2	回收固定资产余值									
1.3	回收流动资金									
1.4	其他收入									
2	现金流出									
2.1	固定资产投资									
2.2	流动资金									
2.3	经营成本									
2.4	销售税金及附加									
2.5	所得税									
3	净现金流量									
4	累计净现金流量									
5	所得税前净现金流量									
6	所得税前累计净现金流量									
计算指标:	所得税前 财务内部收益率($FIRR$)＝ 财务净现值($FNPV$)＝　(i_c＝　%) 投资回收期(P_t)＝					所得税后 财务内部收益率($FIRR$)＝ 财务净现值($FNPV$)＝　(i_c＝　%) 投资回收期(P_t)＝					

3. 自有资金现金流量表的编制(表 3-13)

财务净现金流量(自有资金)　　表 3-13

序号	项目	合计	建设期		投产期		达产期			
			1	2	3	4	5	6	...	n
	生产负荷(%)									
1	现金流入									
1.1	产品销售收入									
1.2	回收固定资产余值									
1.3	回收流动资金									
1.4	其他收入									
2	现金流出									
2.1	自有资金									
2.2	借款本金偿还									
2.3	借款利息支出									
2.4	经营成本									
2.5	销售税金及附加									
2.6	所得税									
3	净现金流量									
计算指标:	财务内部收益率($FIRR$)＝ 财务净现值($FNPV$)＝　(i_c＝　%)									

3.5.2 损益表

损益表又称为利润表,是指反映企业在一定会计期的经营成果及其分配情况的会计报表,是一段时间内公司经营业绩的财务记录,反映了这段时间的销售收入、销售成本、经营费用及税收状况,报表结果为公司实现的利润或形成的亏损(表 3-14)。

损 益 表　　　　　　　　表 3-14

序号	项目	合计	投产期		达产期			
			3	4	5	6	…	n
	生产负荷(%)							
1	产品销售(营业)收入							
2	销售税金及附加							
3	产品总成本及费用							
	其中:折旧费							
	摊销费							
4	利润总额							
5	弥补前年度亏损							
6	应纳税所得额							
7	所得税							
8	税后利润							
9	盈余公积金							
10	公益金							
11	应付利润							
	本年应付利润							
	未分配利润转分配							
12	未分配利润							
13	累计未分配利润							

3.5.3 资金来源与运用表

该表根据项目的财务状况、资金来源与资金运用,以及国家有关财税规定,测算项目建设期和生产经营期内各年的资金盈余和短期情况的一种表格,供选择资金筹措方案,制定借款及偿还计划之用。此外,还可用于计算固定资产投资国内借款偿还期,进行清偿能力分析。

编制该表的时候首先要计算项目计算期内各年的资金来源与资金应用,然后通过资金来源与运用的差额反映项目各年的资金平衡情况。这种平衡并不是年年都需要的,而是要求项目的资金筹措及还款能使累计盈利的资金始终不小于零,以保证资金的使用计划得以顺利进行。在项目评估中,由于建设期只有现金流出,而项目前期经营不稳定,往往处于偿还借款期,因而这段时间资金平衡最为困难。

资金来源与运用表见表 3-15 所列。

资金来源与运用表　　　　表 3-15

序号	项目	建设期		投产期		达产期			
		1	2	3	4	5	6	…	n
	生产负荷(%)								
1	资金来源								
1.1	利润总额								
1.2	折旧费								
1.3	摊销费								
1.4	长期借款								
1.5	流动资金借款								
1.6	短期借款								
1.7	资本金								
1.8	其他								
1.9	回收固定资产余值								
1.10	回收流动资金								
2	资金运用								
2.1	固定资产投资(含投资方向调节税)								
2.2	建设期贷款利息								
2.3	流动资金								
2.4	所得税								
2.5	应付利润								
2.6	长期借款本金偿还								
2.7	流动资金借款本金偿还								
2.8	其他短期借款本金偿还								
3	盈余资金								
4	累计未分配利润								

3.5.4 资产负债表

资产负债表亦称财务状况表，表示项目在一定日期（通常为各会计期末）的财务状况（即资产、负债和业主权益的状况）的主要会计报表。该表反映项目计算期内各年末资产、负债、所有者权益的增减变化及对应关系，以考核项目资产、负债所有者权益的结构是否合理，用以计算资产负债率、流动比率、速动比率以进行清偿能力分析。

资产负债表利用会计平衡原则，将合乎会计原则的资产、负债、所有者权益交易科目分为"资产"和"负债"两大区块，在经过分录、转账、分类账、试算、调整等会计程序后，以特定日期的静态企业情况为基准，浓缩成一张报表。报表功能除了企业内部纠错、防止弊端外,也可以让所有的阅读者在最短时间内了解企业的经营状况。

资产负债表　　　　　　　　　表 3-16

序号	项目	建设期		投产期		达产期			
		1	2	3	4	5	6	...	n
1	资产								
1.1	流动资产								
1.1.1	应收账款								
1.1.2	存货								
1.1.3	现金								
1.1.4	累计盈余资金								
1.1.5	其他流动资金								
1.2	在建工程								
1.3	固定资产								
1.3.1	原值								
1.3.2	累计折旧								
1.3.3	净值								
1.4	无形及递延资产净值								
2	负债及所有者权益								
2.1	流动负债总额								
2.1.1	应付账款								
2.1.2	其他短期借款								
2.1.3	其他流动负债								
2.2	中长期借款								
2.2.1	中期借款(流动资金)								
2.2.2	长期借款								
	负债小计								
2.3	所有者权益								
2.3.1	资本金								
2.3.2	资本公积金								
2.3.3	累计盈余公积金								
2.3.4	累计未分配利润								
	清偿能力分析 资产负债率(%) 流动比率(%) 速动比率(%)								

思考题与习题

3-1　分述经济评价和财务评价,两者有何区别?

3-2 财务分析指标如何进行分类?

3-3 如何应用投资回收期对项目进行经济评价?用此方法的优点是什么?

3-4 净现值与折现率之间有何关系?

3-5 何为内部收益率?运用内部收益率如何进行项目的经济评价?

3-6 某项目计算期20年,各年净现金流量(C_I-C_O)如下表所示。基准折现率 $i_c=10\%$。试根据项目的财务净现值NPV判断此项目是否可行,并计算项目的静态投资回收期和动态投资回收期和内部收益率。

年末	1	2	3	4	5	7—20
净现金流量(元)	−180	−250	150	84	112	150

3-7 某建设项目的建设期为4年,建设资金由国内银行贷款,第一年贷款额为1000万元,第二年为2000万元,第三年为3000元,第四年贷款额为2000万元。银行贷款利率为10%,试计算到建设期末共欠银行本利多少元。

3-8 某项目计算期20年,各年净现金流量如下表所示。基准折现率 $i_c=10\%$。试根据项目的财务净现值NPV判断此项目是否可行。

年份	0	1	2	3	4	5~20
净现金流量(万元)	−180	−250	150	84	112	150

3-9 某建设项目计算期20年,各年净现金流量如下表所示,该项目的行业基准收益率 $i_c=10\%$,试计算以下财务评价指标:

年份	1	2	3	4	5	6	7	8	9~20
净现金流量(万元)	−150	−250	−100	80	120	150	150	150	12×150

(1) 计算该项目的静态投资回收期。
(2) 计算该项目的财务净现值。
(3) 计算该项目的动态投资回收期。
(4) 计算该项目的财务内部收益率。

3-10 某项目初始投资5000万元,当年投产,预计计算期10年中每年可获得净收益100万元,10年末可获得残值700万元,试求该项目的内部收益率。若基准收益率为12%,判断此项目的经济可行性。

3-11 投资兴建一个临时仓库需要8万元,一旦拆除即毫无价值,假定仓库每年的净收益为13600元,试计算:

(1) 当该临时仓库使用8年时,其内部收益率为多少?
(2) 若希望获得10%的收益率,则该仓库至少使用多少年才值得投资?

3-12 某投资方案初始投资为120万元,年销售收入为100万元,寿命期6年,残值为10万元,年经营费用为50万元。试计算该投资方案的财务净现值和财务内部收益率。

3-13 某项目财务现金流量表的数据如下表所示,试计算项目的静态投资回收期。如基准收益率为 8%，试计算项目的动态投资回收期。

计算期	0	1	2	3	4	5	6	7
现金流入(万元)	—	—	800	1200	1200	1200	1200	1200
现金流出(万元)	600	900	500	700	700	700	700	700

3-14 某企业 3 年前以 20 万元购买设备，预计经济寿命 10 年，每年净收益 10 万元，但该设备目前残值为零，将被淘汰。公司正在考虑以 35 万元购买新设备，估计经济寿命 5 年，残值为零。第一年净收益为 10.7 万元，后续 4 年的年收益为 21.4 万元。不考虑通货膨胀等因素，试测算预期收益率(即内部收益率)为多少？

3-15 某项目建设期 2 年，采用银行贷款的形式进行投资。第一年投资 400 万元，第二年投资 600 万元，第三年开始投产并偿还贷款，每年可用于还款的金额分别为第 3 年 300 万元，从第 4 年开始每年都可以有 400 万元用于偿还贷款。如果银行贷款利率为 6%，求该项目的借款偿还期？

	计算期	1	2	3	4	5	6
1	期初借款累计						
2	当年借款(万元)	400	600				
3	还款资金来源(万元)			300	400	400	400
4	当年还本付息						
4.1	其中：本金						
4.2	利息						
5	期末余额						

第4章 方案优化与选择

本章知识点

> 【知识点】
> 方案之间的经济关系、寿命期相同的互斥方案的选择方法、寿命期不同的互斥方案的选择方法、有资源限制独立方案的常用选择方法、混合方案选择的关键和现金流量相关型方案的选择方法。
>
> 【重点与难点】
> 互斥方案的选择方法,无资源限制的独立方案与有资源限制独立方案的区别,现金流量相关型方案的选择方法。

4.1 投资方案之间的关系

建设项目的经济分析不仅涉及项目的经济可行性分析,而且涉及一系列可行方案的优选问题。由于技术进步,为实现某种目标会形成众多的工程技术方案,这些方案或是采用不同的技术工艺和设备,或是不同的规模和坐落位置,或是利用不同的原料和半成品等,当这些方案在技术上都是可行的,经济上也合理时,经济分析的任务就是从中选择最好的方案。同时,在投资机会研究阶段还可能存在许多投资机会的选择问题。事实上,正是由于不同的投资机会以及项目的不同方案之间的经济差异,才使得投资者不断地寻求投资机会,并创造更多方案以供其比较选择。

也就是说,在实践中,投资者往往面临许多项目的选择,每个项目又会有很多的实施方案。这种投资方案或实施方案的比较选择也是工程经济学的重要研究内容之一。

方案优化与选择就是指对根据实际情况所提出的多个备选方案,通过选择适当的经济评价方法与指标,来对各个方案的经济效益进行比较,最终选择出具有最佳投资效果的方案。

方案的优化和选择是一个复杂的系统工程,涉及许多的因素,这些因素不仅包括经济因素,也包括诸如项目本身以及项目内外部的其他相关因素,如产品市场、市场营销、企业形象、环境保护、外部竞争、市场风险等,只有对这些因素进行全面的调查研究与深入分析,再结合项目经济效益分析的情况，才能选出最佳方案，做出科学的投资决策。本章主要从经济效益的角度来讨论方案的优化和选择方法。

4.1.1 方案之间的可比性

并非所有的方案都是绝对可以比较的，不同方案的规模、产出的质量和数量、产出的时间、费用的大小及发生时间，以及方案的寿命期限都不尽相同。对这些因素综合经济比较就需要一定的前提条件，简言之，就是参与比较的各个方案在经济上要具有可比性。

1. 功能的可比性

在投资机会的研究阶段，功能可比性的涵义主要集中在预期目标的一致性上，对于经营性项目，主要预期目标就是其经济效益；对于非经营性的公共项目，其预期目标主要是指其社会效益；两者之间不具有可比性，本章不讨论此类问题。但是，对于不同类型的经营性项目可以通过经济效果指标进行经济比较。

对于相同类型的经营性项目的不同技术方案，功能的可比性主要是指产出的规模、质量、数量的一致性，只有当参与比选的不同方案的产出在规模、质量、数量上基本一致时，才能直接进行比选。

2. 基础数据资料的可比性

(1) 基础数据搜集整理的方法要一致

在基础数据资料的整理过程中，注意方法要一致，例如投资估算可以采用概算法和形成资产法，总成本费用的估算可以采用生产要素法和生产成本加期间费用法，在资料搜集过程中要注意不同方案应采用相同的方法。

(2) 费用效益的口径一致

费用效益口径一致包含两层含义：一是不同方案的效益和费用的计算范围一致，比如商业物业投资项目中，是否包含地下停车场的收益？大型住宅小区的收益中是否包含公共用房的可能出租收益？二是对于同一方案，要注意费用和效益的相互配比性，即要考虑费用所带来的效益和效益所对应的费用。

(3) 价格基准一致性

经济评价中涉及各种要素的价格，包括设备、材料、工资单价等，在确定这些价格时，要按照相同的原则确定，或者采用基准价格——以基准年的价格确定各要素的价格，或者采用变动价格——要注意按照相同的价格变化率来预测各要素在各年的价格。

3. 寿命期的可比性

寿命期相同即要求参与比选的备选方案具有相同的计算期，只有这样才具有可比性，但实际情况中常有寿命期不同或寿命期可视为无限的情况，对此，理论上认为是不可比的，但面临必须作出选择时，可以通过一些转化使其具有可比性（见本章第二节）。

4.1.2 方案之间的经济关系类型

多个备选方案之间的经济关系类型不同,方案优化和选择的思路便有所不同,因此,如前所述,在方案选择前,合理分析和确定备选方案之间的经济关系类型是方案优化和选择的前提条件。

一般来讲,一组备选方案之间存在着各种经济关系类型,常见的经济关系类型有:互斥型关系、独立型关系、混合型关系、互补型关系、条件(从属)关系等、现金流量相关型关系(图4-1)。

方案关系类型 { 互斥型关系 / 独立型关系 / 混合型关系 / 互补型关系 / 条件(从属)关系 / 现金流量相关型关系

图 4-1　方案关系类型

1. 互斥型关系

互斥关系是指各个方案之间存在着互不相容、互相排斥的关系,各个方案可以互相代替,方案具有排他性。进行方案比选时,在多个备选方案中只能选择一个,其余的均必须放弃,不能同时存在。这类多方案在实际工作中最常见到。互斥方案可以指同一项目的不同备选方案,如一个建设项目的工厂规模、生产工艺流程、主要设备、厂址选择等;也可以指不同的投资项目,如进行基础设施的投资,还是工业项目的投资,工业项目投资是投资钢铁生产项目,还是石油开采项目等等。

互斥项目可以按以下因素进行分类:

(1) 按寿命期长短的不同进行分类:

1) 寿命期相同的互斥方案。即参与比选的所有方案的寿命期均相同。

2) 寿命期不同的互斥方案。即参与比选的所有方案的寿命期不全相同。

3) 寿命无限的互斥方案。即参与比选的方案中有永久性工程或寿命期很长可以看作寿命无限的工程,如大型水坝、运河等。

(2) 按规模不同,投资方案可分为:

1) 相同规模的方案。即参与比选的方案具有相同的产出量或容量,在满足相同功能方面和数量要求方面具有一致性和可比性。

2) 不同规模的方案。即参与比选的方案具有不同的产出量或容量,在满足相同功能方面和数量要求方面不具有一致性和可比性。对于具有此类关系类型的互斥方案,通过评价指标的适当变换使其在满足功能和数量要求方面具有可比性。

总之,互斥方案的比选是项目经济评价的重要内容,也是其他关系类型方案比选的基础。

2. 独立型关系

独立型关系是指各个投资方案的现金流量是独立的,不具有相关性,选择其中的一个方案并不排斥接受其他方案,即一个方案的采用与否与其自己的可行性有关,而与其他方案是否采用没有关系。例如某企业面临三个投资机会:一个是住宅开发,一个是生物制药项目,还有一个是某高速公路的投资建设，在没有资金约束的条件下，这三个方案之间不存在任何的制约和排斥关系，他们就是一组独立方案。或者某施工企业面临三个工程的招标，在企业资金、人员和机械足够的情况下，同时进行三个工程的施工也正是施工企业所期望的结果。

以上所述都是指在无资源约束情况下的独立方案，称之为无资源限制的独立方案，多数情况下，方案选择大都可能遇到资源（资金、人力、原材料等）的限制，这时方案之间的关系就不是纯粹的独立关系，而是有资源限制的独立方案，有的书上称之为组合—互斥方案，主要是因为它们的组合方案具有互斥性。关于其比选方法详见本章第二节。

3. 混合型关系

在一组方案中，方案之间有些具有互斥关系，有些具有独立关系，则称这一组方案为混合方案。混合方案在结构上又可组织成两种形式。

（1）在一组独立多方案中，每个独立方案下又有若干个互斥方案的形式。如，某大型零售业公司现欲投资在两个相距较远的 A 城和 B 城各建一座大型仓储式超市，显然 A、B 是独立的。在 A 城有 3 个可行地点 A1、A2、A3 供选择；在 B 城有 2 个可行地点 B1、B2 供选择，则 A1、A2、A3 是互斥关系，B1、B2 也是互斥关系（图 4-2）。

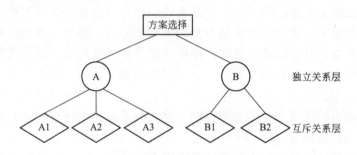

图 4-2　先独立后互斥关系图

（2）在一组互斥多方案中，每个互斥方案下又有若干个独立方案的形式。例如，某大型企业集团面临两个投资机会，一个是投资房地产开发项目 C，一个是生物制药项目 D，由于资金有限只能在这两个项目中选择其一；房地产开发项目是某市一个大型的城市改造项目，其中有居住物业 C1、商业物业 C2、还有一处大型的体育设施项目（包括游泳馆、体育馆和室外健身场地等）C3，该企业可以选择全部进行投资，也可选择其中的一或两个项目进行投资；生物制药项目有 D1 和 D2，两个相距遥远的地区都急需投资以充分利用当地资源，该企业的资金也可以同时支持 D1 和 D2 两个项目的选择（图 4-3）。

4. 互补型关系

互补方案是执行一个方案会增加另一个方案的效益，方案之间存在互为利用、互为补充的关系。在大型商场设置餐饮和儿童娱乐设施会增加商场的收益，但餐饮和儿童娱乐设施并非是商场项目的必备条件。

4.1　投资方案之间的关系

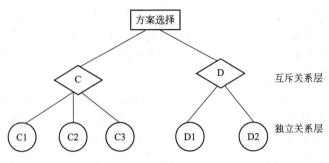

图 4-3 先互斥后独立关系图

5. 条件（从属）关系

条件关系又称从属关系，是指某一方案的接受是以另一方案的接受为前提的。例如，要建设煤矿，则必须同时配套建设铁路以完成煤炭的外运，那么铁路和煤矿项目无论在建设时间和建设规模上都应该彼此适应，相辅相成，缺少其中一个，另一个就无法运行，这两者之间就是条件关系。

互补关系和条件关系的多方案可以合并为一个方案进行经济分析。

6. 现金流量相关型关系

现金流量相关型关系是指在一组方案中，方案之间不完全是排斥关系，也不完全是独立关系，但其中某一方案的采用与否会对其他方案的现金流量带来一定的影响，进而影响其他方案的采用或拒绝。例如在两地之间修建铁路和(或)公路，其中铁路项目和公路项目的关系就是典型的现金流量相关型关系，铁路和公路可以单独修建，也可以同时修建，但与独立方案不同，如果两个项目同时选择，那么由于交通分流的影响，每个项目的现金流量与单独选择该项目时的现金流量是不同的，要充分考虑两个项目的相互影响，合理估计影响后的现金流量。

总之，无论实际工作中的关系类型有多么复杂，经济分析的关键是深入分析其内部条件和外部条件，进一步选择合适的分析方法。

4.1.3 方案优化和选择的注意事项

方案的优化和选择除了要考虑方案之间的可比性，还要注意以下问题：

（1）备选方案的筛选，剔除不可行的方案，因为不可行的方案是没有资格参加方案比选的。备选方案的筛选实际上就是单方案检验，利用经济评价指标的判断准则来剔除不可行的方案。

（2）进行方案比选时所考虑的因素。多方案比选可按方案的全部因素计算多个方案的全部经济效益与费用，进行全面的分析对比，也可仅就各个方案的不同因素计算其相对经济效益和费用，进行局部的分析对比。另外还要注意各个方案间的可比性，要遵循效益与费用计算口径相一致的原则。

（3）各个方案的经济关系类型。对于不同经济关系类型的方案要选用不同的比较方法和评价指标，考察的经济关系类型所涉及的因素有：方案的计算期是否相同,方案所需的资金来源是否有限制,方案的投资额是否相差过大,各方案的现金流量是否相关等。

4.2 互斥型方案的选择

在实际项目投资中,互斥型方案是普遍存在的一种经济关系类型,因为方案的选择存在互斥性,因此其选择思路非常明确——选择最优方案,因此对互斥型方案的选择就是最优方案的确定问题。

4.2.1 寿命期相同的互斥方案比选

对于寿命期相同的互斥方案,计算期通常设定为其寿命周期,这样能满足在时间上可比的要求。对此又有以下几种情况:

1. 产出不同的互斥方案;
2. 产出相同的互斥方案。

4.2.2 产出不同的互斥方案比选

对于规模相近,产出不同的互斥方案的比选,常用的方法有,净现值法、净现值率法、差额内部收益率法、差额净现值法、差额投资收益率法等,本书主要介绍前三种方法。

1. 净现值法

净现值法是通过计算各个备选方案的净现值并比较其大小而判断方案的优劣。是多方案比选中最常用的一种方法。

净现值的基本步骤如下:

(1) 分别计算各个方案的净现值,并用判别准则加以检验,剔除 $NPV<0$ 的方案。

(2) 对所有 $NPV \geqslant 0$ 的方案比较其净现值。

(3) 根据净现值最大准则,选择净现值最大的方案为最佳方案。

【例题 4-1】 现有 A、B、C 三个互斥方案,其寿命期均为 16 年,规模大体接近,各方案的净现金流量如表 4-1 所示,试用净现值法选择出最佳方案,已知 $i_c=10\%$。

各方案现金流量表 表 4-1

年份 方案	建设期		生产期		
	1	2	3	4~15	16
A	−2024	−2800	500	1100	2100
B	−2800	−3000	570	1310	2300
C	−2500	−2000	400	950	2000

【解】 各方案的净现值计算结果如下:
$NPV_A = -2024 \times (P/F, 10\%, 1) - 2800 \times (P/F, 10\%, 2) + 500$

$\times(P/F,10\%,3)+1100\times(P/A,10\%,12)$
$\times(P/F,10\%,3)+2100\times(P/F,10\%,16)=2309.78$（万元）

$$NPV_B = 2610.19 \text{ 万元}$$
$$NPV_C = 1673.43 \text{ 万元}$$

计算结果表明方案 B 的净现值最大，方案 B 是最佳方案。

2. 净现值率法

净现值率法是在净现值法的基础上发展起来的，可以作为净现值的补充指标，在净现值相同或相近时，净现值率指标可以反映单位投资的净贡献，在多方案选择中有重要作用。

【例题 4-2】 某项目有四个方案，甲方案财务净现值 $NPV=200$ 万元，投资现值 $I_P=3000$ 万元，乙方案 $NPV=180$ 万元，$I_P=2000$ 万元，丙方案 $NPV=150$ 万元，$I_P=3000$ 万元，丁方案 $NPV=200$ 万元，$I_P=2000$ 万元，据此条件，项目的最好方案是哪一个。

【解】 由于甲方案和丁方案的净现值相同，无法用净现值法比较其优劣，因此采用净现值率法，根据净现值率的定义式：$NPVR=NPV/I_P$ 得

甲方案：$NPVI=200\div3000=0.0666$；乙方案：$NPVI=180\div2000=0.09$；
丙方案：$NPVI=150\div3000=0.05$；丁方案：$NPVI=200\div2000=0.10$；

项目的最好方案是丁。

净现值法和净现值率法是对寿命期相同的互斥方案进行比选时最常用的方法。但两者的选择思路是有区别的，NPV 注重项目绝对盈利能力的大小，而 $NPVI$ 注重单位投资的盈利能力大小，有时根据这两个指标进行方案选择可能会得出不同的结论，这时，决策的依据主要取决于投资者的选择思路，如果希望充分利用投资，并注重绝对盈利的大小，则以 NPV 的选择结果为准；当实际情况中还存在其他投资机会，投资者更注重单位投资效果时，以 $NPVI$ 的选择结果为准。

3. 差额内部收益率法

内部收益率是衡量项目综合能力的重要指标，也是在项目经济评价中经常用到的指标之一，但是在进行互斥方案的比选时，如果直接用各个方案内部收益率的高低来作为衡量方案优劣的标准，往往会导致错误的结论，试看下面的例题。

【例题 4-3】 某建设项目有三个设计方案，其寿命期均为 10 年，各方案的初始投资和年净收益如表 4-2 所示，试选择最佳方案（已知 $i_c=10\%$）。

各个方案的净现金流量表（万元）　　表 4-2

年份 方案	0	1~10
A	170	44
B	260	59
C	300	68

【解】 我们先来用净现值法对方案进行比选.

根据各个方案的现金流量情况,可计算出其 NPV 分为:

$$NPV_A = -170 + 44 \times (P/A, 10\%, 10) = 100.34 \text{ 万元}$$
$$NPV_B = -260 + 59 \times (P/A, 10\%, 10) = 102.53 \text{ 万元}$$
$$NPV_C = -300 + 68 \times (P/A, 10\%, 10) = 117.83 \text{ 万元}$$

由于 NPV_C 最大,因此根据净现值法的结论,以方案 C 为最佳方案.

对于上面这个题目,如果采用内部收益率指标来进行比选又会如何呢?我们来计算一下。根据 IRR 的定义及各个方案的现金流量情况,有:

$$-170 + 44 \times (P/A, IRR_A, 10) = 0 \rightarrow IRR_A = 22.47\%$$
$$-260 + 59 \times (P/A, IRR_B, 10) = 0 \rightarrow IRR_B = 18.94\%$$
$$-300 + 68 \times (P/A, IRR_C, 10) = 0 \rightarrow IRR_C = 18.52\%$$

结果:$IRR_A > IRR_B > IRR_C$。

那么是否可以得出结论:A 为最优方案呢?如果得出这样的结论,就与 NPV 指标得出的结论不同,那么哪个指标得出的结论是正确的呢?

下面通过一种极端情况说明 IRR 指标用来进行多方案比选的不可靠性。

假设甲、乙两个方案的内部收益率都相同:$IRR_甲 = IRR_乙 = 10\%$(图 4-4)。那么是否意味着甲、乙两个方案的经济效果是相同的呢?我们知道内部收益率是根据项目本身的现金流量确定的,没有考虑项目所处的外部环境,我们现在来考察一下两个方案所处的外部条件,甲方案的借款利率为 15%,而乙方案的借款利率为 6%,那么从这个角度上看,甲方案是不可行的,因此就谈不上"优选"了。因此可以至少得出这样的结论:IRR 指标直接用来进行多方案比选时,比选结论是不可靠的,原因是它没有考虑项目所处的外部条件。而计算 NPV 指标的基准收益率综合考虑了项目所处的外部环境,因此其结论是可靠的(当然前提条件是基准收益率的确定是合理的)。

所以,IRR 指标不能直接用来进行方案比选(图 4-4)。

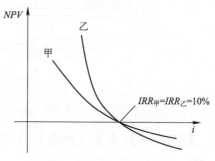

图 4-4 内部收益率相同的两方案的净现值曲线

由于互斥方案的比选,实质上是分析投资大的方案所增加的投资能否用其增量收益来补偿,也即对增量的现金流量的经济合理性作出判断,因此我们可以通过计算增量净现金流量的内部收益率即差额内部收益率——ΔIRR 来比选方案,这样就能够保证方案比选结论的正确性。

差额内部收益率的表达式为:

$$\sum_{t=0}^{n} [(CI - CO)_2 - (CI - CO)_1]_t (1 + \Delta IRR)^{-t} = 0 \qquad (4-1)$$

其计算与内部收益率的计算相同,也采用线性插值法求得。

采用差额内部收益率指标对互斥方案进行比选的基本步骤如下:

(1) 计算各备选方案的 IRR。

(2) 将 $IRR \geq i_c$ 的方案按投资额由小到大依次排列。

(3) 计算排在最前面的两个方案的差额内部收益率 ΔIRR，若 $\Delta IRR \geq i_c$，则说明投资大的方案优于投资小的方案，保留投资大的方案；反之，若 $\Delta IRR < i_c$，则保留投资小的方案。

(4) 将保留的较优方案依次与相临方案两两逐对比较，直至全部方案比较完毕，则最后保留的方案就是最优方案。

差额内部收益率的比选步骤可如图 4-5 所示

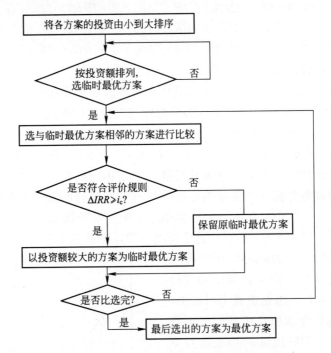

图 4-5 差额内部收益率比选步骤

【例题 4-4】 根据【例题 4-3】的资料，试用差额内部收益率法进行方案比选。

【解】 由于三个方案的 IRR 均大于 i_c，将它们按投资额大小排列为：$A \rightarrow B \rightarrow C$。先对方案 A 和 B 进行比较。

根据差额内部收益率的计算公式，有：

$-(260-170)+(59-44)(P/A, \Delta IRR_{B-A}, 10)=0$，可求出 $\Delta IRR_{B-A}=10.43\% > i_c = 10\%$，

故方案 B 优于方案 A，保留方案 B，继续进行比较。

将方案 B 和方案 C 进行比较：

$-(300-260)+(68-59)(P/A, \Delta IRR_{C-B}, 10)=0$，可以求出 $\Delta IRR_{C-B}=18.68\% > i_c = 10\%$，

故方案 C 优于方案 B。

最后可得出结论：方案 C 为最佳方案。

对于 A 方案和 C 方案的关系可以通过下面的图 4-6 加以说明。

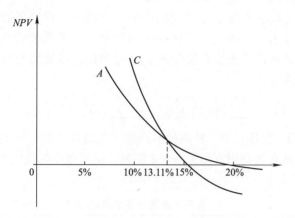

图 4-6　方案 A、C 的净现值与折现率的关系

两个方案的净现值曲线相交于 $i=13.11\%$ 处，而 13.11% 实际上就是两方案的差额内部收益率 ΔIRR_{C-A}，可以通过以下式子计算：

$$-(300-170)+(68-44)(P/A, \Delta IRR_{C-A}, 10)=0$$

求得：$\Delta IRR_{C-A}=13.11\%$，

根据差额内部收益率的比选原则 $\Delta IRR_{C-A}=13.11\%>i_c=10\%$，可以得出 C 方案优于 A 方案。这与 NPV 指标得出的结论是一致的。

差额内部收益率法是一种差额比较法，相似的方法还有差额净现值法——ΔNPV，差额投资收益率法等，本书不再赘述。这类方法实际上是判断增量投资所产生的增量收益的经济合理，从而判断两方案的优劣。值得注意的是：差额比较法只能说明增加的投资部分是否经济合理，并不能说明全部投资的效果，因此采用这类方法前，应该先对备选方案进行单方案检验，或者增设零方案(即不投资方案)作为备选方案。

另外还要说明的是：用差额比较法比选方案，尤其是用差额内部收益率法比选方案时，一定要用投资大的方案的现金流量减去投资小的方案的现金流量，只有这样，才能得到先为负，后为正的常规投资现金流量，才能计算出具有正常经济意义的 ΔIRR。

4.2.3　收益相同或基本相同但难以估计的互斥方案比选

在工程经济中经常会遇到这样一类问题，两个或多个互斥方案其产出的效果相同或基本相同，但却难以进行具体估算，比如一些环保、国防、教育等项目，其所产生的效益无法或很难用货币直接计量，由于得不到其现金流量的情况，也就无法采用诸如净现值法、差额内部收益率法等方法来对此类项目进行经济评价。在这种情况下，我们只能通过假定各方案的收益是相等的，对各方案的费用进行比较，根据效益极大化目标的要求及费用较小的项目比之费用较大的项目更为可取的原则来选择最佳方案，这种方法称为最小费用法。

最小费用法包括费用现值(PC)比较法和年费用(AC)比较法，寿命期相同的互斥方案的比选中，常用费用现值法。

费用现值比较法实际上是净现值法的一个特例，费用现值的含义是指利用此方法所计算出的净现值，只包括费用部分。由于无法估算各个方案的收益情况，只计算各备选方案的费用现值进行对比，以费用现值较低的方案为最佳。其表达式为：

$$PC = \sum_{t=0}^{n} CO_t(1+i_c)^{-t} = \sum_{t=0}^{n} CO_t(P/F, i_c, t) \qquad (4-2)$$

【例题 4-5】 某项目 A、B 两种不同的工艺设计方案，均能满足同样的生产技术需要，其有关费用支出见表 4-3 所列，试用费用现值比较法选择最佳方案，已知 $i_c=10\%$。

表 4-3　A、B 两方案费用支出表（万元）

费用 项目	投资 （第一年末）	年经营成本 （2~10 年末）	寿命期
A	600	280	10
B	785	245	10

【解】 根据费用现值的计算公式可分别计算出 A、B 两方案的费用现值为：

$PC_A = 600(P/F, 10\%, 1) + 280(P/A, 10\%, 9)(P/F, 10\%, 1)$
$\quad = 2011.40$ 万元

$PC_B = 785(P/F, 10\%, 1) + 245(P/A, 10\%, 9)(P/F, 10\%, 1)$
$\quad = 1996.34$ 万元

由于 $PC_A > PC_B$，所以方案 B 为最佳方案。

4.2.4　寿命期不同的互斥方案比选

对于互斥方案来讲，如果其寿命期不同，那么就不能直接采用净现值法等评价方法来对方案进行比选，因为此时寿命期长的方案的净现值与寿命期短的方案的净现值不具有可比性。因此为了满足时间可比的要求就需要对各备选方案的计算期和计算公式进行适当的处理，使各个方案在相同的条件下进行比较，才能得出合理的结论。

为满足时间可比条件而进行处理的方法很多，常用的有净年值（NAV）法、年费用（AC）法、最小公倍数法和研究期法等。

1. 净年值（NAV）法

净年值（NAV）法是对寿命期不相等的互斥方案进行比选时用到的一种最简明的方法。它是通过分别计算各备选方案净现金流量的等额净年值（NAV）进行比较，以 $NAV \geq 0$，且 NAV 最大者为最优方案。其中净年值（NAV）的表达式为：

$$NAV = \left[\sum_{t=0}^{n}(CI-CO)_t(1+i_c)^{-t}\right](A/P, i_c, n) = NPV(A/P, i_c, n)$$

(4-3)

【例题 4-6】 某建设项目有 A、B 两个方案，其净现金流量情况如表 4-4 所示，若 $i_c=10\%$，试用年值法对方案进行比选。

A、B 两方案的净现金流量(万元)　　　　　表 4-4

方案＼年序	1	2～5	6～9	10
A	−300	80	80	100
B	−100	70	—	—

【解】 先求出 A、B 两个方案的净现值：

$NPV_A = -300(P/F, 10\%, 1) + 80(P/A, 10\%, 8)(P/F, 10\%, 1)$
$\qquad + 100(P/F, 10\%, 10) = 153.83 \text{ 万元}$

$NPV_B = -100(P/F, 10\%, 1) + 70(P/A, 10\%, 4)(P/F, 10\%, 1)$
$\qquad = 110.81 \text{ 万元}$

然后根据公式(4-3)求出 A、B 两方案的等额净年值 NAV。

$NAV_A = NPV_A(A/P, i_c, A) = 153.83 \times (A/P, 10\%, 10) = 25.04 \text{ 万元}$

$NAV_B = NPV_B(A/P, i_c, B) = 110.81 \times (A/P, 10\%, 5) = 29.23 \text{ 万元}$

由于 $NAV_A < NAV_B$，且 NAV_A、NAV_B 均大于零，故方案 B 为最佳方案。

可以看出，虽然 $NPV_A > NPV_B$，但 $NAV_A < NAV_B$。所以 A 方案净现值大的原因是它在 B 方案寿命结束后还存在收益，而 B 方案寿命结束后可能会面临其他投资机会，因此按照净现值来比选，对 B 方案是不公平的，当折算为净年值时，可以看出，B 方案优于 A 方案。

2. 年费用(AC)比较法

年费用比较法是通过计算各备选方案的等额年费用并进行比较，以年费用较低的方案为最佳方案的一种方法，年费用是净年值的特例，在收益相同或基本相同但难以估计，且各方案的寿命期不相同时，采用这种方法。其表达式为：

$$AC = \sum_{t=0}^{n} CO_t(P/F, i_c, t)(A/P, i_c, n) \qquad (4-4)$$

【例题 4-7】 根据【例题 4-5】的资料，试用年费用比较法选择最佳方案。

【解】 根据公式(4-4)可计算出 A、B 两方案的等额年费用如下：

$AC_A = 2011.40 \times (P/A, 10\%, 10) = 327.46 \text{ 万元}$

$AC_B = 1996.34 \times (P/A, 10\%, 10) = 325.00 \text{ 万元}$

由于 $AC_A > AC_B$，故方案 B 为最佳方案。

采用年费用比较法与费用现值比较法对方案进行比选的结论是完全一致的。因为实际上正如净现值(NPV)和净年值(NAV)之间的关系一样，费用现值(PC)和等额年费用(AC)之间也可以很容易进行转换。即：

$$PC = AC(P/A, i_c, n)$$

或

$$AC = PC(A/P, i_c, n)$$

所以根据费用最小的原则，两种方法的计算结果是一致的，因此在实际应用中对于效益相同或基本相同但又难以具体估算的互斥方案进行比选时，若方案的寿命期相同，则任意选择其中的一种方法即可，若方案的寿命期不同，则一般使用年费用比较法。

3. 最小公倍数法

最小公倍数法又称方案重复法，是以各备选方案寿命期的最小公倍数作为进行方案比选的共同的计算期，并假设各个方案均在这样一个共同的计算期内重复进行的，对各个方案计算期各年的净现金流量进行重复计算，直至与共同的计算期相等。例如有 A、B 两个互斥方案，A 方案计算期为 6 年，B 方案计算期为 8 年，则其共同的计算期即为 24 年（6 和 8 的最小公倍数），然后假设 A 方案将重复实施 4 次，B 方案将重复实施 3 次，分别对其净现金流量进行重复计算，在此共同的计算期内对方案进行比选。

最小公倍数法是基于重复型更新假设理论之上的。重复型更新假设理论包括下面两个方面：

（1）在较长时间内，方案可以连续地以同种方案进行重复更新，直到多方案的最小公倍数寿命期或无限寿命期；

（2）替代更新方案与原方案现金流量完全相同，延长寿命后的方案现金流量以原方案寿命期为周期重复变化。

【例题 4-8】 根据【例题 4-6】的资料，试用最小公倍数法对方案进行比选。

【解】 A 方案计算期 10 年，B 方案计算期为 5 年，则其共同的计算期为 10 年，也即 B 方案需重复实施两次。

计算在计算期为 10 年的情况下，A、B 两个方案的净现值。

其中 NPV_B 的计算可如图 4-7 所示。

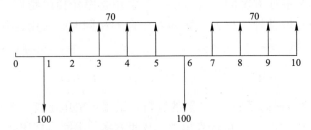

图 4-7 方案 B 重复执行两次的现金流量表（单位：万元）

$$NPV_A = 153.83 \text{ 万元}$$

$$NPV_B = -100 \times (P/F, 10\%, 1) + 70 \times (P/A, 10\%, 4) \times (P/F, 10\%, 1)$$
$$\quad -100 \times (P/F, 10\%, 6) + 70 \times (P/A, 10\%, 4) \times (P/F, 10\%, 6)$$
$$\quad = 179.61 \text{ 万元}$$

由于 $NPV_A < NPV_B$，且 NPV_A、NPV_B 均大于零，故方案 B 为最佳方案。

【例题 4-9】 某公司选择施工机械，有两种方案可供选择，基准收益率为 10%，设备方案的数据见表 4-5 所列，试进行方案比较。

现 金 流 量　　　　　　　　　　　　　　表 4-5

	单位	方案 A	方案 B
投资 P	元	10000	15000
年收入 A	元	6000	6000
年度经营费 A	元	3000	2500
残值 F	元	1000	1500
服务寿命期 n	年	6	9

【解】 由于两个方案服务寿命不等，计算期应取各方案服务寿命的最小公倍数，以便在相同年限内进行比较。本题的最小公倍数为 18 年，故

$$NPV_A = -10000 - (10000-1000)(P/F, 10\%, 6)$$
$$\quad - (10000-1000)(P/F, 10\%, 12) + 1000(P/F, 10\%, 18)$$
$$\quad + (6000-3000)(P/A, 10\%, 18) = 10448.9 \text{ 元}$$

$$NPV_B = -15000 - (15000-1500)(P/F, 10\%, 9) + 1500(P/F, 10\%, 18)$$
$$\quad + (6000-2500)(P/A, 10\%, 18) = 6997.7 \text{ 元}$$

$$NPV_A > NPV_B$$

计算结果表明，方案 A 较方案 B 优。同时应当指出，由于此法延长时间，实际上夸大了两方案的差别。

重复型更新假设理论一般隐含于问题之中，无需特别说明。另外，需要特别指出的是，年值法也隐含了重复型更新假设理论，因为在重复型更新假设理论条件下，现金流量是周期性变化的，则延长若干期后的方案年值与一个周期的年值应是相等的。这可以通过【例题 4-6】和【例题 4-8】中 B 方案得到验证。

$$NAV_B(10) = NPV_B(10)(A/P, 10\%, 10) = NAV_B(5) = 29.23 (\text{万元})$$

对于一般情况也是如此。设 n 为方案的寿命年限，m 为周期数，则在重复型更新假设条件下，有

$$NAV^{(n\times 1)} = NAV^{(n\times m)}$$

现证明如下：

设方案在第 k 个周期各年现金流量的净现值为 $NPV(k)$，$k=1, 2, 3 \cdots m$，则

$$NPV(1) = \sum_{t=1}^{n}(CI-CO)_t(1+i_c)^{-t}$$
$$NPV(2) = NPV(1) \cdot (1+i_c)^{-n}$$
$$NPV(3) = NPV(1) \cdot (1+i_c)^{-n\times 2}$$
$$\vdots$$
$$NPV(m) = NPV(1) \cdot (1+i_c)^{-n\times(m-1)}$$

那么，m 个周期的总净现值为

$$NPV^{(n\times m)} = \sum_{k=1}^{m} NPV(k)$$
$$= NPV(1) + NPV(1) \cdot (1+i_c)^{-n} + NPV(1) \cdot (1+i_c)^{-n\times 2} + \cdots$$

$$+ NPV(1) \cdot (1+i_c)^{-n\times(k-1)} + \cdots + NPV(1) \cdot (1+i_c)^{-n\times(m-1)}$$
$$= NPV(1) \frac{1-(1+i_c)^{-n\times m}}{1-(1+i_c)^{-n}}$$

则延长 m 个周期的年值为

$$NAV^{(n\times m)} = NPV^{(n\times m)} \cdot (A/P, i_c, n\times m)$$
$$= NPV(1) \frac{1-(1+i_c)^{-n\times m}}{1-(1+i_c)^{-n}} \frac{i_c(1+i_c)^{n\times m}}{(1+i_c)^{n\times m}-1}$$
$$= NPV(1) \frac{1-(1+i_c)^{-n\times m}}{1-(1+i_c)^{-n}} \frac{i_c}{1-(1+i_c)^{-n\times m}}$$
$$= NPV(1) \frac{i_c}{1-(1+i_c)^{-n}}$$
$$= NPV(1) \cdot (A/P, i_c, n)$$
$$= NAV^{(n\times 1)}$$

证毕。

因此可以说，年值法是最小公倍数法的一个特例，在此之所以把年值法单独作为一种方法列出来，主要是因为年值法是寿命期不等的互斥方案选择中最常用的方法，对于寿命期不等的互斥方案可以直接计算方案的年值来比较方案的优劣。

4. 研究期法

在用最小公倍数法对互斥方案进行比选时，如果诸方案的最小公倍数比较大，则需对计算期较短的方案进行多次的重复计算，显然这与实际不相符合，因为技术在不断地进步，一个完全相同的方案在一个较长的时期内反复实施的可能性不大，因此用最小公倍数法得出的方案评价结论并不能太令人信服。这时可以采用一种称之为研究期法的评价方法。

所谓研究期法，就是针对寿命期不相等的互斥方案，直接选取一个适当的分析期作为各个方案共同的计算期，在此共同的计算期内对方案进行比选。

为了得到正确合理的评价结论，应用研究期法需要三个前提：一是研究期的确定合理；二是对于在研究期内提前达到寿命期的方案，合理确定其更替方案及现金流量；三是对于在研究期末尚未达到寿命期的方案或更替方案，合理确定其未使用价值(残值)。

(1) 研究期的确定

一般有三类情况：

1) 以寿命最短方案的寿命为各方案共同的服务年限——研究期，令寿命长的方案在研究期末保留一定的残值；

2) 以寿命最长方案的寿命为共同的研究期，令寿命短的方案在寿命终止时，以更替方案更替，在研究期末令更替方案保留一定的残值；

3) 统一规定方案的计划服务年限，在此期限内有的方案可能需要更替，服务期满后，有的方案可能存在残值。

(2) 更替方案及其现金流量的确定

对于在达到共同服务年限之前先达到其寿命期的方案，可以根据技术进步的快慢合理预测未来更替方案及其现金流量。一般有两种处理情况：一是采用同种固定资产进行更替——原型更新；二是采用可以预测到的其他新型固定资产进行更替——新型更新。

(3) 方案未使用价值(残值)的处理

一般有三种处理方式：

1) 完全承认未使用价值，即将方案的未使用价值全部折算到研究期末；

2) 完全不承认未使用价值，研究期后的方案未使用价值均忽略不计；

3) 对研究期末的方案未使用价值进行客观地估计，以估计值计在研究期末(如例 4-10 中的 1500 和 3500 就是估计的残值)。

【例题 4-10】 有 A、B 两个方案，A 方案的寿命为 4 年，B 方案的寿命为 6 年，其现金流量如表 4-6 所示。$i_c=10\%$。Ⅰ.试确定两方案在不同研究期下的现金流量；Ⅱ.根据残值的不同处理方式对两方案进行比较选择。

A、B 两方案的现金流量(元)　　　　　　　　　　表 4-6

年末	0	1	2	3	4	5	6
A方案	−5000	3000	3000	3000	3000	—	—
B方案	−4000	2000	2000	2000	2000	2000	2000

【解】 Ⅰ. A、B 两方案在不同研究期下的现金流量

1) 以 A 方案的寿命期(4 年)为研究期，B 方案在 4 年末考虑残值为 1500 元，现金流量见表 4-7 所列。

4 年现金流量表(元)　　　　　　　　　　表 4-7

年末	0	1	2	3	4
A	−5000	3000	3000	3000	3000
B	−4000	2000	2000	2000	2000 +1500(残值)

2) 以 B 方案的寿命期(6 年)为研究期，A 方案考虑原型更新，在重复执行到 6 年末时考虑残值为 3500 元，现金流量见表 4-8 所列。

6 年现金流量表(元)　　　　　　　　　　表 4-8

年末	0	1	2	3	4	5	6
A	−5000	3000	3000	3000	3000 −5000	3000	3000 +3500(残值)
B	−4000	2000	2000	2000	2000	2000	2000

3) 计划服务年限(10 年)为研究期，A、B 都重复执行，并在 10 年末考虑残值，现金流量见表 4-9 所列。

10 年现金流量表(元)　　　　　　　　　　　表 4-9

年末	0	1	2	3	4	5	6	7	8	9	10
A	−5000	3000	3000	3000	3000 −5000	3000	3000	3000	3000 −5000	3000	3000 +3500(残值)
B	−4000	2000	2000	2000	2000	2000	2000 −4000	2000	2000	2000	2000 1500(残值)

Ⅱ. 根据残值的不同处理方式对两方案进行比较选择。

选定研究期为 4 年

1) 完全承认研究期末方案未使用价值

$$NPV_A(4)=-5000+3000(P/A,10\%,4)=4506.7(元)$$
$$NPV_B(4)=-4000(A/P,10\%,6)(P/A,10\%,4)+2000(P/A,10\%,4)$$
$$=3428(元)$$

2) 完全不承认研究期末方案未使用价值

$$NPV_A(4)=-5000+3000(P/A,10\%,4)=4506.7(元)$$
$$NPV_B(4)=-4000+2000(P/A,10\%,4)=2339.6(元)$$

选择 A 设备。

3) 估计研究期末设备的残值为 1500 元

$$NPV_A(4)=-5000+3000(P/A,10\%,4)=4506.7(元)$$
$$NPV_B(4)=-4000+2000(P/A,10\%,4)+1500(P/F,10\%,4)=3364.1(元)$$

A 设备为优。

【例题 4-11】 有 A、B 两个项目的现金流量见表 4-10 所列,若已知 $i_c=10\%$,试用研究期法对方案进行比选。

A、B 两个项目的净现金流量(万元)　　　　　　表 4-10

项目＼年序	1	2	3~7	8	9	10
A	−550	−350	380	430		
B	−1200	−850	750	750	750	900

【解】 取 A、B 两方案中较短的计算期为共同的计算期,也即 $n=8$ (年),分别计算当计算期为 8 年时 A、B 两方案的净现值:

$$NPV_A=-550\times(P/F,10\%,1)-350\times(P/F,10\%,2)+380$$
$$\times(P/A,10\%,5)\times(P/F,10\%,2)+430$$
$$\times(P/F,10\%,8)=601.89(万元)$$

$$NPV_B=[-1200(P/F,10\%,1)-850(P/F,10\%,2)$$
$$+750(P/A,10\%,7)(P/F,10\%,2)$$
$$+900(P/F,10\%,10)](A/P,10\%,10)(P/A,10\%,8)$$
$$=1364.79(万元)$$

注:B 方案是按完全考虑残值计算的。

由于 $NPV_B>NPV_A>0$,所以方案 B 为最佳方案。

4.2.5 寿命无限的互斥方案比选

对于一些大型的公共项目,像运河、大坝等项目,服务年限相当长,可以看作寿命无限的项目。对于这类项目的经济评价涉及期初投资与无限寿命上的年金的相互转化计算——即永续年金的求解问题。

根据年金与现值的关系 $A = P \cdot \dfrac{i(1+i)^n}{(1+i)^n - 1}$

当寿命期 $n \to \infty$ 时,$\lim\limits_{n \to \infty} \dfrac{i(1+i)^n}{(1+i)^n - 1} = i$,即

$$A = Pi \qquad (4\text{-}4\text{-}1)$$

反之

$$P = \dfrac{A}{i} \qquad (4\text{-}4\text{-}2)$$

根据以上当寿命无限时,年金与现值之间的关系可以很容易地进行寿命无限方案的评价和比选。

【例题 4-12】 某河道治理项目可以采取 A、B 两种方案,其详细数据见表 4-11 所列。假设 $i_C = 5\%$,试比较两方案。

数 据 表　　　　　　　　　表 4-11

方案	投资	n	年费用	其他
A	650000 元,用于挖河道,铺水泥面	可永久使用	1000 元	10000 元/5 年修补一次水泥面
B	65000 元,用于购置挖掘设备	10 年	每年挖掘一次费用 34000 元	残值 7000 元

【解】 该题目是效果相同,但收益难以具体估算的问题,因此应该用最小费用法;同时该题目中的两个方案寿命期不同,因此应该用最小费用法中的 AC 法;另外该题目中的 A 方案又属于寿命无限方案,因此涉及投资转化为永续年金的问题;综上所述,该题目的求解过程及结果如下所示。

$AC_A = 650000 \times 0.05 + 1000 + 10000(A/F, 5\%, 5) = 35310$ 元
$AC_B = 65000(A/P, 5\%, 10) + 34000 - 7000(A/F, 5\%, 10) = 41861$ 元
$AC_A < AC_B$,所以 A 方案优。

4.3 独立方案的选择

独立方案一般有两种情况:无资源限制和有资源限制。

4.3.1 无资源限制的情况

如果独立方案之间共享的资源足够多(没有限制),则任何一个方案的选择只与其自身的可行性有关,因此只要该方案在经济上是可行的,就可以采纳。因此这种情况实际上就是单方案检验。当然需要指出的是,无资源限制

并不是指有无限多的资源，而是资源足够多以满足所有方案的需要。

4.3.2 有资源限制的情况

如果独立方案之间共享的资源是有限的，不能满足所有方案的需要，则在这种不超出资源限制的条件下，独立方案的选择有两种方法：一是方案组合法；二是净现值率排序法。

1. 方案组合法

方案组合法的基本原理就是：在资源限制的条件下，列出独立方案所有可能的组合，每种组合形成一个组合方案，所有可能的组合方案是互斥的，然后根据互斥方案的比选方法选择最优的组合方案即是独立方案的选择。

【例题 4-13】 有三个独立方案 A，B 和 C，寿命期均为 10 年，现金流量见表 4-12 所列。基准收益率为 8%，投资资金限额为 12000 万元。试做出最佳投资决策。

方案 A、B、C 的现金流量表 表 4-12

方案	初始投资(万元)	年净收益(万元)	寿命(年)
A	3000	600	10
B	5000	850	10
C	7000	1200	10

【解】 三个方案的净现值都大于零，从单方案检验的角度看都是可行的，但是由于投资总额有限制，因此三个方案不能同时实施，只能选择其中的一个或两个方案。

(1) 列出不超过投资限额的所有组合方案；
(2) 对每个组合方案内的各独立方案的现金流量进行叠加，作为组合方案的现金流量，并按投资额从小到大排列；
(3) 按组合方案的现金流量计算各组合方案的净现值；
(4) 净现值最大者即为最优组合方案。

计算过程如表 4-13 所示，(A+C)为最佳组合方案，故最佳投资决策是选择 A、C 方案。

组合方案的现金流量及净现值表 表 4-13

序号	组合方案	初始投资(万元)	年净收益(万元)	寿命(年)	净现值(万元)	结论
1	A	3000	600	10	1026	
2	B	5000	850	10	704	
3	C	7000	1200	10	1052	
4	A+B	8000	1450	10	1730	
5	A+C	10000	1800	10	2078	最佳
6	B+C	12000	2050	10	1756	

2. 净现值率排序法

是指净现值率大于或等于零的各个方案按净现值率的大小依次排序，并依此次序选取方案，直至所选取的方案组合的投资总额最大限度地接近或等于投资限额为止。

【例题 4-14】 根据【例题 4-13】的资料，试利用净现值率排序法做出最佳投资决策。

【解】 首先计算 A、B、C 三个投资方案的净现值率：

$$NPVR_A = 34.2\%$$
$$NPVR_B = 14.08\%$$
$$NPVR_C = 15.03\%$$

然后将各方案按净现值率从大到小依次排序，结果见表 4-14 所列。

方案 A、B、C 的 NPVR 排序表　　　　　表 4-14

方案	净现值率	投资额（万元）	累计投资额（万元）
A	34.2%	3000	3000
C	15.03%	7000	10000
B	14.08%	5000	15000

根据表 4-14 可知，方案的选择顺序是 A→C→B。由于资金限额为 12000 万元，所以投资决策为方案 A、C 的组合。

对于有资源限制的独立方案的比选，方案组合法和净现值率排序法各有其优劣。净现值率排序法的优点是计算简便，选择方法简明扼要，缺点是经常会出现资金没有被充分利用的情况，因而不一定能保证获得最佳组合方案；而方案组合法的优点是在各种情况下均能获得最佳的组合方案，但缺点是计算比较繁琐。因此在实际运用中，应该综合考虑各种因素，选用适当的方法进行方案的比选。

4.4 混合方案的比选

如前所述，混合方案可以划分为先独立后互斥和先互斥后独立两种类型，由于这两种类型在同一层为单一的经济关系类型，两层之间为不同的经济关系类型，因此混合方案又称为层混方案。正是由于层混方案的这一特点，所以层混方案的比选一般按层次进行最下层的比选，然后进行上一层的比选。

4.4.1 先独立后互斥混合方案的比选

根据下面例题来了解先独立后互斥混合方案的比选。

【例题 4-15】 某大型零售业公司有足够资金在 A 城和 B 城各建一座大型仓储式超市，在 A 城有 3 个可行地点 A1、A2、A3 供选择；在 B 城有 2 个可行地点 B1、B2 供选择，根据各地人流量、购买力、工资水平、相关税费等资料，搜集整理相关数据见表 4-15 所列。假设基准收益率为 10%，试进行比选。

基础数据表(万元) 表 4-15

方案	A1	A2	A3	B1	B2
投资	1000	1100	980	1800	2300
年收入	900	1200	850	1500	1800
年经营费用	450	650	380	890	1150
寿命期	10	8	9	12	10

【解】 根据题意可知：A1、A2、A3 是互斥关系，B1、B2 也是互斥关系。A、B 是独立关系。因此可以先根据互斥方案的比选方法分别在 A1、A2、A3 中选出最优方案，在 B1、B2 中选出最优方案。然后对选出的最优方案再根据独立方案的比选原则进行比选。

由于各方案的寿命期不同，故根据互斥方案的比选方法 NAV 法分别计算各方案的 NAV：

$$NAV_{A1}=-1000(A/P，10\%，10)+(900-450)$$
$$=-1000\times0.1627+(900-450)$$
$$=287.3 万元$$

$$NAV_{A2}=-1100(A/P，10\%，8)+(1200-650)$$
$$=-1100\times0.1874+(1200-650)$$
$$=343.86 万元$$

$$NAV_{A3}=-980(A/P，10\%，9)+(850-380)$$
$$=-980\times0.1736+(850-380)$$
$$=299.87 万元$$

$$NAV_{B1}=-1800(A/P，10\%，12)+(1500-890)$$
$$=-1800\times0.1468+(1500-890)$$
$$=345.76 万元$$

$$NAV_{B2}=-2300(A/P，10\%，10)+(1800-1150)$$
$$=-2300\times0.1627+(1800-1150)$$
$$=275.79 万元$$

因为：$NAV_{A2}>NAV_{A3}>NAV_{A1}>0$，所以选择方案 A2
因为：$NAV_{B1}>NAV_{B2}>0$，所以选择方案 B1

又因为该公司有足够多的资金可以在两地同时建，因此最后选择为方案 A2 和方案 B1。

因此可以看出，先独立后互斥层混方案的比选先在互斥层根据互斥方案的比选方法进行比选，然后对选出来的最优方案在独立层中按照独立方案的比选原则进行比选。

4.4.2 先互斥后独立混合方案的比选

同样根据前述例题简要介绍先互斥后独立混合方案的比选。

【例题 4-16】 某大型企业集团面临两个投资机会，一个是房地产开发项目，一个是生物制药项目。由于资金限制，同时为防止专业过于分散，该集团仅打算选择其中之一。房地产开发项目是某市一个大型的城市改造项目，其中有居住物业 C1、商业物业 C2、还有一处大型的体育设施项目（包括游泳馆、体育馆和室外健身场地等）C3，该企业可以选择全部进行投资，也可选择其中的一个或两个项目进行投资；生物制药项目有 D1 和 D2 两个相距遥远的地区都急需投资以充分利用当地资源，该企业的资金也可以同时支持 D1 和 D2 两个项目的选择。

在以上案例中假设企业集团能够筹集到的资金为 10000 万元，各方案所需投资额和 NPV 见表 4-16 所列。

基础数据表（万元）　　　　　　　　　表 4-16

方案	C1	C2	C3	D1	D2
所需投资	4300	5500	4800	3800	4900
NPV	1100	1650	900	950	1250
NPVR	25.58%	30%	18.75%	25%	25.51%

【解】 所有方案的净现值都大于零，因此都是可行的。在第一组方案 C 中，由于所需总投资＝4300＋5500＋4800＝14 600 万元＞10000 万元。根据净现值率排序法，选择 C1 和 C2 方案——C1＋C2。

在第二组方案 D 中，所需总投资 3800＋4900＝8700 万元＜10000 万元，因此两个方案都可选择——D1＋D2。

两个组合方案为互斥的，根据净现值法进行比选：

组合方案 C1＋C2 的 NPV＝1100＋1650＝2750 万元。

组合方案 D1＋D2 的 NPV＝950＋1250＝2200 万元。

根据净现值最大的原则，选择方案 C1＋C2。

先互斥后独立混合方案的比选是先在独立层根据独立方案的比选原则选择组合方案，然后根据互斥方案的比选原则对组合方案进行比选。

4.5 方案选择的其他方法

4.5.1 现金流量相关型方案的选择

对于现金流量相关型方案的比选，常用的方法是通过方案组合的方法使各组合方案互斥化，与有资源限制的独立方案的比选不同的是：独立方案中组合方案的现金流量是各独立方案现金流量的叠加，而现金流量相关型方案的组合方案的现金流量不是独立方案现金流量的叠加，而是考虑组合方案中各独立方案的相互影响，并对相互影响之后的现金流量进行准确估计。

【例题 4-17】 为了满足运输要求，有关部门分别提出要在某两地之间修建一条铁路和（或）一条公路。只上一个项目时的净现金流量见表 4-17 所列。若两个项目都上，由于货运分流的影响，两项目都将减少净收益，其净现金流量见表 4-18 所列。当 $i_c=10\%$ 时，应如何选择？

只上一个项目时的净现金流量表（百万元） 表 4-17

方案＼年序	0	1	2	3～32
铁路(A)	-200	-200	-200	100
公路(B)	-100	-100	-100	60

两个项目都上的净现金流量表（百万元） 表 4-18

方案＼年序	0	1	2	3～32
铁路(A)	-200	-200	-200	80
公路(B)	-100	-100	-100	35
两项目合计	-300	-300	-300	115

【解】 先将两个相关方案组合成三个互斥方案，再分别计算其净现值，结果见表 4-19 所列。

组合互斥方案及其净现值表（百万元） 表 4-19

方案＼年序	0	1	2	3～32	NPV
1. 铁路(A)	-200	-200	-200	100	281.65
2. 公路(B)	-100	-100	-100	60	218.73
3. (A+B)	-300	-300	-300	115	149.80

根据净现值最大的评价标准，A 方案为最优方案。

与现金流量相关型方案相同，互补关系和条件关系方案的比选原则也是组合互斥化，把互为补充或互为条件的两个方案进行组合，使组合后的方案具有互斥关系特征，然后根据互斥方案的比选原则和方法进行比选。

4.5.2 其他静态比选方法

以上所介绍的各种方法都是动态比选方法，在初步选择方案时，或对于短期多方案比选，可以采用静态比选方法，互斥方案常用的静态分析方法主要有：增量投资收益率法、增量投资回收期法、年折算费用法、综合总费用法等。

1. 增量投资收益率法

现有甲、乙两个互斥方案，其规模相同或基本相同时，如果其中一个方案的投资额和经营成本都为最小时，该方案就是最理想的方案。但现实中往往达不到这样的要求。经常出现的情况是某一个方案的投资额小，但经营成本却较高，或净收益少；而另一方案正相反，其投资额较大，但经营成本却较省，或净收益较大。这样投资大的方案与投资小的方案就形成了增量的投资，增量投资带来增量收益，或使得经营成本降低。

增量投资所带来的增量收益或经营成本上的节约与增量投资之比就叫增量投资收益率。

现设 I_1、I_2 分别为甲、乙方案的投资额，C_1、C_2 为甲、乙方案的经营成本，A_1、A_2 表示 1、2 方案的年净收益额。

如 $I_2 > I_1$，$C_2 < C_1$，$A_2 > A_1$ 则增量投资收益率 $R(2-1)$ 为：

$$R(2\text{-}1) = \frac{C_1 - C_2}{I_2 - I_1} = \frac{A_2 - A_1}{I_2 - I_1} \tag{4-5}$$

如果计算出来的增量投资收益率大于基准投资收益率，此时，投资大的方案就是可行的，它表明投资的增量 $(I_2 - I_1)$ 完全可以由经营费的节约 $(C_1 - C_2)$ 或增量净收益 $(A_2 - A_1)$ 来得到补偿。反之，投资小的方案为优选方案。

2. 增量投资回收期法

增量投资回收期，就是用经营成本的节约或增量净收益来补偿增量投资所需要的年限。

当各年经营成本的节约 $(C_1 - C_2)$ 或增量净收益 $(A_2 - A_1)$ 基本相同时，其计算公式为：

$$P_t(2\text{-}1) = \frac{I_2 - I_1}{C_1 - C_2} = \frac{I_2 - I_1}{A_2 - A_1} \tag{4-6}$$

当各年经营成本的节约 $(C_1 - C_2)$ 或增量净收益 $(A_2 - A_1)$ 差异较大时，其计算公式为：

$$(I_2 - I_1) = \sum_{t=1}^{P_t(2-1)} (C_1 - C_2)$$

或

$$(I_2 - I_1) = \sum_{t=1}^{P_t(2-1)} (A_2 - A_1) \tag{4-7}$$

计算出来的增量投资回收期，亦应小于基准投资回收期，此时，投资大的方案就是可行的。

对互斥方案采用增量投资回收期进行比较。增量投资回收期小于基准投资回收期时，投资大的方案为优选方案；反之，投资小的方案为优选方案。

3. 年折算费用法

当互斥方案个数较多时，用增量投资率、增量投资回收期进行方案经济比较，要进行两两比较逐个淘汰。而运用年折算费用法，只需计算各方案的年折算费用，即将投资额用基准投资回收期分摊到各年，再与各年的年经营成本相加。

在多方案比较时，可以方案的年折算费用大小作为评价准则，选择年折算费用最小的方案为最优方案。年折算费用计算公式如下：

$$Z_j = \frac{I_j}{P_c} + C_j \tag{4-8}$$

或

$$Z_j = I_j \times i_c + C_j \tag{4-9}$$

式中 Z_j——第 j 方案的年折算费用；

I_j——第 j 方案的总投资；

P_c——基准投资回收期；

i_c——基准投资收益率；

C_j——第 j 方案的年经营成本。

根据年折算费用，即可选出最小者为最优方案。这与增量投资收益率法的结论是一致的。

年折算费用法计算简便，评价准则直观、明确，故适用于多方案的评价。

4. 综合总费用法

方案的综合总费用即为方案的投资与基准投资回收期内年经营成本的总和。计算公式如下：

$$S_j = I_j + P_c \times C_j \quad (4-10)$$

式中 S_j——第 j 方案的综合总费用。

显然，$S_j = P_c \times Z_j$。故方案的综合总费用即投资回收期内年折算费用的总和。

综合总费用法是一种既考虑了劳动占用，又考虑了劳动消耗的评价方法。在方案评选时，综合费用最小的方案即为最优方案。

前面介绍的几种互斥方案静态评价方法，虽然概念清晰，计算简便，但是主要缺点是没有考虑资金的时间价值，对方案未来时期的发展变化情况，例如投资方案的使用年限；投资回收以后方案的收益；方案使用年限终了时的残值；方案在使用过程中更新和追加的投资及其效果等未能充分反映。所以静态评价方法仅使用于方案初评或作为短期多方案比选时采用。

思考题与习题

4-1 方案优化和选择的注意事项是什么？

4-2 投资方案有哪几种类型？试举例说明。

4-3 互斥方案的特点是什么？如何进行评价？

4-4 试述 NPV 最大准则在多方案比选中的合理性。

4-5 怎样用内部收益率法进行多方案项目的选优。

4-6 独立方案的选择情况有哪些？

4-7 估计小电厂的年热损失费为 520 万元，制定了两种可以减少热损失的方案。方案 A 可以减少 60% 的热损失，其投资为 300 万元；方案 B 可以减少 55% 的热损失，其投资为 250 万元。假如基准贴现率为 8%，热损失的减少为工厂的收益。方案的寿命期为 10 年，用下列方法比较两种方案。

1) 直接采用净现值比较；2) 采用差额净现值比较；3) 采用差额内部收益率比较。

4-8 某公司现需要一台小型计算机。如果购买，其价格为 6.4 万元，由于计算机更新速度快，公司决策者担心计算机购入后很快会被淘汰，因此考虑租赁一台计算机作为备选方案，如果采用租赁的方式，则每年需支付租金 1.5 万元。另外如果购买计算机，每年还需支付维护费 0.2 万元，而租赁计算机则不需支付这笔费用。假定分析期为 5 年，购买计算机届时估计残值为 0.8

万元，在基准贴现率为12%的条件下比较哪个方案对该公司有利？

4-9 现有3个独立型方案A、B、C，各方案的初始投资。年净收益及寿命期如下表所示。已知各方案的内部收益率均大于基准贴现率15%，试在总投资限额为300万元条件下进行方案选择。

投资方案有关数据

方案	初始投资（万元）	年净收益（万元）	寿命期（年）
A	120	43	5
B	100	42	5
C	170	58	5

4-10 为满足运输需要，可在两地间建一条公路或架一座桥梁，也可既建公路又架桥梁。若两项目都上，由于运输量分流，两项目都将减少收入，现金流如表所示，当 $i=10\%$ 时，请选择最佳方案。

不同方案对应的现金流量

方案	0	1	2~10
建公路	−200	−100	120
架桥梁	−100	−50	60
建公路和架桥梁	−300	−150	150

4-11 某公司有3个独立的方案A、B、C，寿命期均为10年，期初投资和每年净收益如表所示，当投资限额为800万元，用互斥方案组合法求最优方案组合（$i=10\%$，单位：万元）。

3个方案的期初投资与每年净收益

方案	A	B	C
投资	200	375	400
每年净收益	42	68	75

4-12 有4个独立型方案A、B、C、D，其初始投资和每年净收益如下表所示，4个方案计算期均为10年，$i=10\%$。

1) 当投资限额为900万元时，最优方案是什么？
2) 当投资限额为1000万元时，最优方案是什么？
3) 当投资限额为1125万元时，最优方案是什么？
4) 当投资限额为1300万元时，最优方案是什么？
5) 当投资限额为1600万元时，最优方案是什么？

4个独立型方案的投资与每年净收益（万元）

方案	A	B	C	D
投资	300	375	450	560
每年净收益	86	94	120	130

第4章 方案优化与选择

4-13 有两个技术方案,方案甲投资 1000 万元,年收入 800 万元,年经营成本 520 万元;方案乙投资 1500 万元,年收入 1100 万元,年经营成本 700 万元,两个方案寿命均为 10 年,标准贴现率为 10%,试用 NPV 法比较方案的优劣。若要求方案乙的经济效益全面优于方案甲(方案乙的 NPV 较高),在其他因素不变的情况下,方案乙的年经营成本至少应下降到多少?

4-14 某公司进行装修,如果用 A 涂料,则涂料费用需 10 万元,但每隔 3 年需重新涂刷一次;如果用 B 涂料,则涂料费需 60 万元,每隔 9 年需重新涂刷一次。涂刷时所需人工费不论使用哪种涂料,都需花费 40 万元。根据市场预测,涂料的价格今后将每年上升 5%,人工费估计每年将以 8% 的比率上升。若该公司的基准利率为 12%,该公司在 9 年期间采用哪种方案有利?

4-15 某公司打算购一自动化设备,如果购置自动化设备 A,则初期投资额为 40 万元。当年人工费为 21 万元;购置自动化设备 B,初期投资为 80 万元,当年人工费为 15 万元。但由于物价上涨,人工费上升率估计为 7%,在设备使用年限为 7 年时比较两方案优劣($i=10\%$)。

第5章 不确定性分析与风险分析

本章知识点

【知识点】
建设项目风险识别的特点、原则和风险分析的方法,包括盈亏平衡分析、敏感性分析和概率分析,盈亏平衡图的画法和盈亏平衡点的计算方法,敏感性分析的步骤和应用,敏感性分析的局限性,概率分析的步骤和概率分析的一些常用方法,期望值法。

【重点与难点】
盈亏平衡图的意义和盈亏平衡模型,敏感因素分析的步骤应用,概率分析的方法和应用,多方案优劣平衡点的分析,单因素敏感性分析和期望值法中的列表法和决策树法。

5.1 建设工程风险识别

工程项目建设是一项复杂的系统工程,具有项目范围广、组织工作复杂、施工流动性大、周期长等特点。工程项目的这些特点,导致工程项目的风险因素错综复杂。风险识别是把工程项目中可能遇到的风险全部列举出来,然后再逐一进行风险分析。如对施工技术、管理、社会政治、经济环境等各个方面进行风险分析。

5.1.1 风险识别的特点和原则

1. 风险识别的特点

风险识别有以下几个特点:

(1) 个别性

任何风险都有与其他风险不同之处,没有两个风险是完全一致的。

(2) 主观性

风险识别都是由人来完成的,由于个人的专业知识水平(包括风险管理方面的知识)、实践经验等方面的差异,同一风险由不同的人识别的结果就会有较大的差异。

(3) 复杂性

建设工程涉及的风险因素和风险事件很多,且关系复杂、相互影响。

(4) 不确定性

这一特点可以说是主观性和复杂性的结果。由风险的定义可知,风险识别本身也是风险。因而避免和减少风险识别的风险也是风险管理的内容。

2. 风险识别的原则

在风险识别过程中应遵循以下原则:

(1) 由粗及细,由细及粗

由粗及细是指对风险因素进行全面分析,并通过多种途径对工程风险进行分解,逐渐细化,以获得对工程风险的广泛认识,从而得到工程初始风险清单。而由细及粗是指从工程初始风险清单的众多风险中,确定那些对建设工程目标实现有较大影响的工程风险,作为主要风险,即作为风险评价以及风险对策、决策的主要对象。

(2) 严格界定风险内涵并考虑风险因素之间的相关性

对各种风险的内涵要严格加以界定,不要出现重复和交叉的现象。另外,还要尽可能考虑各种风险因素之间的相关性,如主次、因果、互斥、正相关、负相关关系等。应当说,在风险识别阶段考虑风险因素之间的相关性有一定难度,但至少要做到严格界定风险内涵。

(3) 先怀疑,后排除

不要轻易否定或排除某些风险,要通过认真的分析进行确认或排除。

(4) 排除与确认并重

对于肯定不能排除,但又不能予以确认的风险应按确认考虑。

(5) 必要时,可作实验论证

对于那些按常规方法难以判定其是否存在的,也难以确定其对建设工程目标影响程度的风险,尤其是技术方面的风险,必要时可作实验论证,如抗震实验、风洞实验等。这样做的结论可靠,但要以付出费用为代价。

(6) 风险识别的过程

由于建设工程风险识别的方法与风险管理理论中提出的一般的风险识别方法有所不同,因而其风险识别的过程也有所不同。建设工程的风险识别往往是通过对经验数据的分析、风险调查、专家咨询以及实验论证等方式,在对建设工程风险进行多维分解的过程中,认识工程风险,建立工程风险清单。风险识别的结果是建立建设工程风险清单。在建设工程风险识别过程中,核心工作是"建设工程风险分解"和"识别建设工程风险因素、风险事件及后果"。

3. 建设工程风险的分解

建设工程风险的分解可以按以下途径进行:

(1) 目标维

即按建设工程目标进行分解,也就是考虑影响建设工程投资、进度、质量和安全目标实现的各种风险。

(2) 时间维

即按建设工程实施的各个阶段进行分解,也就是考虑建设工程实施不同阶段的不同风险。

(3) 结构维

即按建设工程组成内容进行分解，也就是考虑不同单项工程、单位工程的不同风险。

(4) 因素维

即按建设工程风险因素的分类分解，如政治、社会、经济、自然、技术等方面的风险，常用的组合分解方式是由时间维、目标维和因素维三方面从总体上进行建设工程风险的分解。

4. 风险识别的方法

有专家调查法、财务报表法、流程图法、初始清单法、经验数据法和风险调查法。

(1) 专家调查表

这种方法又有两种方式：一种是召集有关专家开会，另一种是采用问卷式调查，对专家发表的意见要由风险管理人员加以归纳分类、整理分析，有时可能要排除个别专家的个别意见。

(2) 财务报表法

采用财务报表法进行风险识别，要对财务报表中所列的各项会计科目作深入的分析研究，需要结合工程财务报表的特点来识别建设工程风险。

(3) 流程图法

将一项特定的生产或经营活动，按步骤或阶段顺序以若干个模块形式组成一个流程图系列，在每个模块中都标出各种潜在的风险因素或风险事件，从而给决策者一个清晰的总体印象。

(4) 初始清单法

建立建设工程的初始风险清单有两种途径：①常规途径是采用保险公司或风险管理学会(或协会)公布的潜在损失一览表，即任何企业或工程都可能发生的所有损失一览表。②通过适当的风险分解方式来识别风险，是建立建设工程初始风险清单的有效途径。对于大型、复杂的建设工程，首先将其按单项工程、单位工程分解，再对各单项工程、单位工程分别从时间维、目标维和因素维进行分解，可以较容易地识别出建设工程主要的、常见的风险。从初始风险清单的作用来看，因素仅分解到各种不同的风险因素是不够的，还应进一步将各风险因素分解到风险事件。

参照同类建设工程风险的经验数据(若无现成的资料，则要多方收集)或针对具体建设工程的特点进行风险调查。

(5) 经验数据法

经验数据法也称为统计资料法，即根据已建各类建设工程与风险有关的统计资料来识别拟建建设工程的风险。由于这些不同的风险管理主体的角度不同、数据或资料来源不同，其各自的初始风险清单一般多少有些差异。但是，建设工程风险本身是客观事实，有客观的规律性，当经验数据或统计资料足够多时，这种差异性就会大大减小。这种基于经验数据或统计资料的初始风险清单可以满足对建设工程风险识别的需要。

(6) 风险调查法

风险调查应当从分析具体建设工程的特点入手,一方面对通过其他方法已识别出的风险(如初始风险清单所列出的风险)进行鉴别和确认,另一方面,通过风险调查有可能发现此前尚未识别出的重要的工程风险。通常,风险调查可以从组织、技术、自然及环境、经济、合同等方面分析拟建建设工程的特点以及相应的潜在风险。

风险调查并不是一次性的。由于风险管理是一个系统的、完整的循环过程,因而风险调查也应该在建设工程实施全过程中不断地进行,这样才能了解不断变化的条件对工程风险状态的影响。当然,随着工程实施的进展,不确定性因素越来越少,风险调查的内容亦将相应减少,风险调查的重点有可能不同。

对于建设工程的风险识别,仅仅采用一种风险识别方法是远远不够的,一般都应综合采用两种或多种风险识别方法,才能取得较为满意的结果。而且,不论采用何种风险识别方法组合,都必须包含风险调查法。从某种意义上讲,前五种风险识别方法的主要作用在于建立初始风险清单,而风险调查法的作用则在于建立最终的风险清单。

5.2 盈亏平衡分析

盈亏平衡分析是分析某一技术方案在达到一定生产水平时其支出与收入的平衡关系,通过确定技术方案收益与成本平衡时的盈亏平衡点(BEP),计算出技术方案可承受多大风险而不至于发生亏损的经济界限。这是从经营保本的角度来估计投资风险性的一种方法。

各种不确定因素(如成本、销售量等)的变化会影响技术方案的经济效果,当这些因素的变化达到某一临界值时,就会影响技术方案的取舍。因此,盈亏平衡分析的主要目的就是找到这种临界值,以判断技术方案对不确定因素变化的承受能力,为评价和决策提供科学的依据。

5.2.1 总成本与固定成本、可变成本

根据成本费用与产量的关系,可以将总成本费用分解为固定成本和可变成本。

1. 固定成本

固定成本是指在一定的产量范围内不受产品产量及销售量及销售影响的成本,即不随产品产量及销量的增减发生变化的各项成本费用,如工资及福利待遇(计件工资除外)、折旧费、修理费、无形资产及其他资产摊销费、其他费用等。

2. 可变成本

可变成本是随着产品产量及销售量的增减而成正比例变化的各项成本,

如原材料、燃料、动力费、包装费和计件工资等。

综上所述，总成本是固定成本与可变成本之和，它与产品产量的关系也可以近似地认为是线性关系，即：

$$C = C_F + C_U \times Q$$

式中　C——总成本；

　　　C_F——固定成本；

　　　C_U——单位产品可变成本；

　　　Q——产销量。

5.2.2 盈亏平衡分析的定义

盈亏平衡分析，又称损益平衡分析或量本利分析，是指通过分析量、成本和盈利之间的关系，找出技术方案盈利和亏损在产量、单价、成本等方面的临界点，以判断不确定因素对技术方案经济效果的影响程度，说明技术方案实施的风险大小。这些临界点被称为盈亏平衡点（Break even Point，简称：BEP）。

盈亏平衡点是技术方案盈利与亏损的分界点，它表示技术方案不盈不亏的生产经营临界水平，反映了在一定的生产经营水平下，技术方案的收益与成本的平衡关系。由于盈亏平衡分析是建立在对产品产量（销售量）、成本和盈利额这三个静态因素的关系分析基础上的，因此，这种平衡点又称为静态平衡点。

技术方案的收益与成本都是产品产量的函数，若按分析要素间的函数关系不同，即根据生产成本及销售收入与产量（销售量）之间是否呈线性关系，盈亏平衡分析可以分为线性盈亏平衡分析和非线性盈亏平衡分析。所谓线性盈亏平衡分析，是指技术方案的总成本费用、销售收入与产量呈线性关系，平衡点所对应的产量是销售收入等于总成本费用、利润等于零时的产量（或销售量）。非线性盈亏平衡分析是指技术方案的总成本费用、销售收入与产量呈非线性关系。本书将主要介绍线性盈亏平衡分析。

5.2.3 线性盈亏平衡分析

当投资项目的销售收入及成本都是产量的线性函数时，此时盈亏平衡分析称之为线性盈亏平衡分析。

线性盈亏平衡分析要满足4个条件：1）产量等于销量；2）产量变化，单位可变成本不变，从而总成本费用是产量的线性函数；3）产量变化，销售单价不变，从而销售收入是销售量的线性函数；4）生产单一产品，或者生产的多种产品可以换算为单一产品计算。

1. 盈亏平衡图

盈亏平衡图由直角坐标中的三条直线组成，如图5-1所示。

在图5-1中，以产品产量为横坐标，金额（总收入或总支出）为纵坐标，三条直线分别为不随产量变化的固定成本线（水平线）、随产量变化的总成本线（随产量变化的可变成本线和固定成本线的叠加线）和销售收入线。总成本线与销售收

入线相交于 D 点,交点 D 将两条直线所夹的范围分为两个区,交点左边的区域总成本线高于销售收入线,为亏损区;交点右边的区域销售收入线高于总成本线,为盈利区;交点为盈亏临界点,称为盈亏平衡点,该点的销售收入等于总成本费用。交点在横轴上所对应的产量 Q^*,称为盈亏平衡点产量。

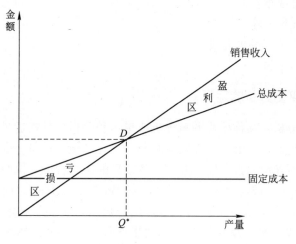

图 5-1 盈亏平衡图

2. 盈亏平衡模型

盈亏平衡除用图表示外,也可以用数学模型来描述。

设 TR 为销售收入;TC 为总成本;M 为盈利;F 为固定成本;P 为产品价格;Q 为产品产量;C_v 为单位产品可变成本,则有

$$TR = P \times Q \tag{5-1}$$

$$TC = F + C_v Q \tag{5-2}$$

根据 $M = TR - TC$,则有

$$M = P \times Q - (F + C_v Q) = (P - C_v) \times Q - F \tag{5-3}$$

1) 以实际产量表示的盈亏平衡点。根据盈亏平衡点定义,盈利为零的产量称为盈亏平衡点产量,则有

$$(P - C_v) \times Q^* - F = 0$$

$$Q^* = \frac{F}{P - C_v} \tag{5-4}$$

2) 以销售收入表示的盈亏平衡点

$$TR^* = Q^* \times P = \frac{F}{P - C_v} P = \frac{F}{1 - \frac{C_v}{P}} \tag{5-5}$$

3) 以生产能力利用率表示的盈亏平衡点

$$生产能力利用率 = \frac{Q^*}{Q_c} \% = \frac{F}{Q_c (P - C_v)} \% \tag{5-6}$$

其中,Q_c 为投资项目设计生产能力。

4) 以达到设计生产能力时的销售单价表示的盈亏平衡点

$$P^* = \frac{F + C_v Q_c}{Q_c} = C_v + \frac{F}{Q_c} \tag{5-7}$$

【例题 5-1】 某建设项目年生产能力 14 万 t，单位产品售价 510 元/t，总固定成本 1500 万元，单位变动成本 250 元/t，分别求以产量、生产能力利用率、价格表示的盈亏平衡点。

【解】 由式(5.4)、式(5.6)、式(5.7)得

盈亏平衡点的产量为

$$Q^* = \frac{F}{P - C_v} = \frac{1500 \times 10^4}{510 - 250} = 5.77 \times 10^4 \text{ t}$$

盈亏平衡生产能力利用率为

$$\text{生产能力利用率} = \frac{Q^*}{Q_c}\% = \frac{F}{Q_c(P - C_v)}\% = \frac{1500 \times 10^4}{(510 - 250) \times 14 \times 10^4} \times 100\%$$
$$= 41.2\%$$

盈亏平衡点的销售价格为

$$P^* = \frac{F + C_v Q_c}{Q_c} = C_v + \frac{F}{Q_c} = 250 + \frac{1500 \times 10^4}{14 \times 10^4} = 357.1 \text{ t}$$

该项目方案的生产能力利用率为 41.2%，经营安全率比较高，可以取得比较满意的经济效益，该技术的方案比较合理。

应用盈亏平衡分析时应注意以下几点：

1) 应根据项目具体情况，有选择地计算分析以不同形式表示的盈亏平衡点；

2) 如果项目生产多种商品，应换算成单一商品，或选择其中主要商品(不确定性较大的)进行分析；

3) 采用达到设计生产能力的正常年份的数据；

4) 项目进行企业经济评价作盈亏平衡分析时，应考虑税金。

5.2.4 多方案优劣平衡点分析

技术经济所研究的问题主要是多方案的分析、比较和选择。若某些排他方案的费用是一个单变量的函数，采取优劣平衡点分析可以帮助我们作出正确的决策。

设两个方案的总成本受一个公共变量 x 的影响，且每个方案的总成本都能表示为该公共变量的函数，则该变量的某个数值可使两个方案的总成本相等。即有成本函数：

$$TC_1 = f_1(x), \quad TC_2 = f_2(x)$$

当 $TC_1 = TC_2$ 时，就有：

$$f_1(x) = f_2(x)$$

若解出 $f_1(x) = f_2(x)$ 时的 x 值，就得出两个方案的优劣平衡点。同时，根据分析中是否考虑资金时间价值，可分为静态和动态平衡点分析。

【例题 5-2】 某公司设备更新有三种方案：A，从国外引进，固定成本 800 万元，单位可变成本为 100 元；B，采用一般国产自动化装备，固定成本

500万元，单位可变成本为120元；C，采用自动化程序较低的国产设备，固定成本300万元，单位可变成本为150元。试比较不同生产规模的经济性。

【解】 各方案总成本函数为：
$$TC_A = F_A + C_{V,A}Q = 800 + 100Q$$
$$TC_B = F_B + C_{V,B}Q = 500 + 120Q$$
$$TC_C = F_C + C_{V,C}Q = 300 + 150Q$$

可以看出三个方案的总成本都是产量的函数。各方案的总成本曲线如图5-2所示。

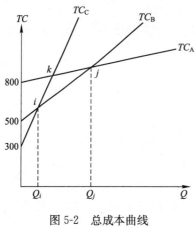

图5-2 总成本曲线

从图5-2中可以看出，三条曲线两两相较于 i、k、j 三个点。其中 i、j 两点将最低成本线分为三段，Q_i、Q_j 分别为优劣平衡点 i、j 下的产量。显然，当 $Q < Q_i$ 时，C 方案总成本最低；当 $Q_i < Q < Q_j$ 时，B 方案总成本最低；当 $Q > Q_j$ 时，A 方案总成本最低。

因此，i 点即为 C 方案和 B 方案的优劣平衡点，j 点为 B 方案和 A 方案的优劣平衡点。

计算如下：

对于 i 点，有 $TC_B = TC_C$

即 $F_B + C_{V,B}Q = F_C + C_{V,C}Q$

于是 $Q_i = \dfrac{F_B - F_C}{C_{V,C} - C_{V,B}} = \dfrac{500 - 300}{150 - 120} = 6.67$（万件）

对于 j 点，有 $TC_B = TC_A$，即 $F_B + C_{V,B}Q = F_A + C_{V,A}Q$

于是 $Q_j = \dfrac{F_A - F_B}{C_{V,B} - C_{V,A}} = \dfrac{800 - 500}{120 - 100} = 15$ 万件

若市场预测该产品年销售量为8万件，则选择B方案经济上有利。

【例题5-3】 某工厂为加工一种构件，有 A、B 两种设备供选用，两台设备的投资及加工费见表5-1所列。

两种设备的投资及加工费　　　　　　　表5-1

设备	初始投资/万元	加工费/(元/个)	设备	初始投资/万元	加工费/(元/个)
A	2000	800	B	3000	600

试问：

（1）若贴现率为12%，使用年限为8年，问每年产量为多少时选用设备A有利？

（2）若贴现率为12%，年产量均为13000个，则设备使用年限多长时，选用设备A有利？

【解】 （1）即求 A、B 两设备的产量优劣平衡点，考虑资金时间价值以后，两方案年固定费用为：

$$F_A = 2000 \times 10^4 \times (A/P, 12\%, 8)$$
$$F_B = 3000 \times 10^4 \times (A/P, 12\%, 8)$$

根据优劣平衡点的定义：

$$TC_A = TC_B$$
$$F_A + 800Q = F_B + 600Q$$
$$2000 \times (A/P, 12\%, 8) + 800Q = 3000 \times (A/P, 12\%, 8) + 600Q$$

解得：
$$Q^* = \frac{F_A - F_B}{200} = \frac{(3000-2000) \times (A/P, 12\%, 8)}{200}$$
$$= 5 \times 10^4 (A/P, 12\%, 8)$$
$$= 5 \times 10^4 \times \frac{0.12(1+0.12)^8}{(1+0.12)^8 - 1} = 10065 \text{ 件/年}$$

即当产量小于 10065 件/年时，采用 A 设备有利，总成本曲线如图 5-3 所示。

（2）此时分析的不确定因素是设备使用年限 n。由 $TC_A = TC_B$ 得：

$2000 \times 10^4 \times (A/P, 12\%, n)$
$\quad + 800 \times 13000 = 3000 \times 10^4$
$\quad \times (A/P, 12\%, n) + 600$
$\quad \times 13000$

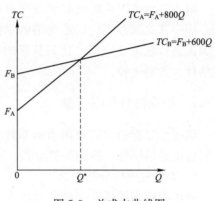

图 5-3 总成本曲线图

化简后得 $(A/P, 12\%, n) = 0.26$

即
$$\frac{0.12 \times (1+0.12)^n}{(1+0.12)^n - 1} = 0.26$$

解得
$$n = \frac{\ln\left(\frac{0.26}{0.26-0.12}\right)}{\ln(1+0.26)} = 5.46 \text{ 年}$$

即当设备的使用年限小于 5.46 年时，选用 A 设备有利。

5.3 敏感性分析

盈亏平衡分析讨论了价格、产量、成本等不确定因素的变化对技术项目盈利的影响，但这种分析并不能判断项目本身盈利能力的大小。另外，盈亏平衡分析是一种静态分析，没有将资金的时间价值因素和项目计算期的现金流量的变化考虑在内，因此，其计算出来的结果和得出的结论仍是比较粗略的，还需要采用其他动态的不确定性分析方法来分析判断因不确定因素变化而引起项目本身盈利水平变化的幅度。敏感性分析就是这样一种在经济决策中常用的不确定性分析方法。

5.3.1 敏感性分析的含义

敏感性分析是盈亏平衡分析的深化。这是研究在项目的计算期内，外部环境各主要因素的变化对建设项目的建设与运行造成的影响，分析建设项目的经济评价指标对主要因素变化的敏感性与敏感方向，确定经济评价指标出现临界值（经济评价指标等于其评价标准值）时各主要敏感因素变化的数量界限，为进一步测定项目评价决策的总体安全性、项目运行承担风险的能力等提供定性分析依据。

敏感性是指经济评价指标相对其影响因素的变化的反应。用敏感程度可说明因素发生单位变化时引起评价指标变化多大，并以此确定关键因素。用敏感方向反应因素的变化会引起评价指标同向变化还是反向变化，并以此确定因素的变化给项目带来有利影响还是有害影响。

对于受诸多因素影响的建设项目，研究某一因素的变化对评价指标的影响，而令其他因素不变，是所谓的单因素敏感性分析。用这种方法对每个主要因素进行敏感性分析，比较其影响程度，从而确定关键因素，并进行风险性估计、方案比较。

5.3.2 敏感性分析的步骤

敏感性分析通常以单因素敏感性分析为主，因此，单因素敏感性分析的步骤也就是敏感性分析的一般步骤。其分析的步骤如下：

1. 确定敏感性分析指标

分析指标是敏感性分析的具体分析对象，技术方案经济效果评价指标体系中的一系列评价指标都可以成为敏感性分析指标，如投资回收期、投资效果系数、内部收益率等。敏感性分析的指标必须与确定性分析的评价指标相一致，这是因为敏感性分析是在确定性分析的基础上，进一步分析不确定因素变化对经济效果的影响程度，指标一致便于进行对比。例如，在确定性分析中，评价指标采用了投资回收期或内部收益率指标，则敏感性分析的指标也应该选定投资回收期或内部收益率。具体确定分析指标时应遵循以下两个原则：

（1）分析指标应与经济效果评价指标具有的特定含义有关。

如果是主要分析技术方案状态和参数变化对技术方案投资回收快慢的影响，则可选用投资回收期作为分析指标；如果是主要分析产品价格波动对技术方案超额净收益的影响，则可选用净现值作为分析指标；如果是主要分析投资大小对技术方案资金回收能力的影响，则可选用内部收益率指标等。

（2）分析指标与分析深度和技术方案的特点有关。

如果是在技术方案机会研究阶段，深度要求不高，可以选用静态的分析指标；如果是在详细可行性研究阶段，可以选用动态的分析指标。在技术项目评价中，一般是对项目内部收益率或净现值等指标进行敏感性分析，必要时也可以对投资回收期和借款偿还期进行敏感性分析。

2. 选择敏感性分析的不确定因素

影响技术方案经济指标的不确定因素有很多,逐个进行分析是不可能的,也没有必要,因此,要选择主要的不确定因素进行分析。选择主要的不确定因素应遵循以下原则:

(1) 选择的因素要与确定的分析指标相联系。

在可能的变动范围内,所选因素的变动应该比较强烈地影响技术方案的经济效果指标,否则,当不确定因素变化到一定幅度时,并不能反映分析指标的相应变化,也就达不到敏感性分析的目的。如折现率因素对静态评价指标就不起作用。

(2) 根据技术方案的具体情况选择。

可以根据技术方案的具体情况选择那些在确定性经济分析中采用的、预测准确性把握不大的因素,或者未来变化的可能性较大、且其变动会比较强烈地影响分析指标的因素。如高档消费品的销售受市场供求关系变化的影响较大,这种变化不是技术方案本身所能控制的,因此销售量是主要的不确定因素。

对于一般的投资项目来说,敏感性分析的因素主要从下列因素中选定:①投资额,包括固定资产投资与流动资金占用,根据需要还可将固定资产投资划分为设备费用、建设安装费用等;②项目建设期限、投产期限、投产时的产出能力及达到设计能力所需时间;③产品产量、销售量;④产品价格;⑤经营成本,特别是其中的变动成本;⑥项目寿命期;⑦项目寿命期末的资产残值;⑧折现率;⑨外币汇率。

3. 计算设定的不确定因素的变动对分析指标的影响数值

首先对所选定的需要进行分析的不确定因素,按照一定的变化幅度(如±5%、±10%、±20%等)改变它的数值,然后再计算出这种变化对经济效果评价指标的影响数值,并将其与该指标的原始值相比较,从而得出该指标的变化率。

4. 找出敏感性因素

敏感性因素就是其数值变动能显著影响技术方案经济效果的因素。判断敏感性因素的方法有相对测定法和绝对测定法两种。相对测定法是指设定要分析的因素均从确定性经济分析中所采取的数值开始变动,且各因素每次变动的幅度(增或减的百分数)相同,比较在同一变动幅度下各因素的变动对经济效果指标的影响程度。绝对测定法是指设定各因素均向对技术方案不利的方向变动,并取其有可能出现的对技术方案最不利的数值,据此计算技术方案的经济效果指标,看其是否变化到使技术方案无法被接受的程度。在实践中可以把这两种方法结合起来使用。

反映敏感程度的指标是敏感系数,敏感系数是指目标值的变动与参数值的变动之比。例如,以某产品的售价为参数值,以项目的净现金流量现值作为目标值,已知售价增加10%,净现金流量现值增加20%,则售价的敏感系数为 20%÷10%＝2。敏感系数可正可负。若敏感系数为负，说明目标值的变化与参数值的变化方向相反，敏感系数绝对值越大，则说明该因素的变化对目标值影响越大。

敏感性分析图是寻找敏感性因素的一种有效工具。敏感性分析图是通过在坐标图上作出各个不确定因素的敏感曲线，进而确定各个因素的敏感程度的一种图解方法。基本作图方法如下：

(1) 以横坐标表示各个不确定因素(自变量)的变化幅度(即不确定因素变化率%)，以纵坐标表示项目经济评价指标(因变量)的变化幅度。

(2) 根据敏感性分析的计算结果绘出各个自变量的变化曲线，其中与横坐标相交角度较大的变化曲线所对应的因素就是敏感性因素(曲线斜率最大的因素)。

(3) 在坐标图上作出项目分析指标的临界曲线(如 $NPV=0$，$IRR=i_0$ 等)，求出自变量的变化曲线与临界曲线的交点，则交点处的横坐标就表示该不确定因素允许变化的最大幅度，称为临界变动率，即项目由盈到亏的极限变化值。如果不确定因素的变化超过了这个极限，项目就由可行变为不可行。临界变动率绝对值小的不确定因素为敏感性因素。

5. 结合确定性分析进行综合评价

通过分析和计算敏感性因素的影响程度，可以确定项目可能存在的风险大小及风险影响因素，作出风险情况的大致判断，为科学决策提供进一步的依据。

根据敏感性因素对技术方案分析指标的影响程度，结合确定性分析的结果作进一步的综合评价，优先考虑接受对主要不确定因素变化不敏感的技术方案。这种技术方案抵抗风险的能力比较强，获得满意经济效益的潜力会比较大。

另外，决策人员还可以根据敏感性分析结果，采取必要的措施。如通过敏感性分析发现经营成本上升将使技术方案净现值指标急剧下降，就应采取相应的对策，制定强有力的节约措施使经营成本控制在一定的水平之下。

5.3.3 敏感性分析的应用

1. 单因素敏感分析

单因素敏感性分析适合分析技术方案的最敏感性因素。当计算某个不确定因素对项目投资分析指标的影响因素时，是以其他不确定因素均保持不变为假设前提的。

【例题 5-4】现准备建设一个项目，预计年生产能力为 10 万吨，项目计划总投资为 1800 万元，建设期 1 年，投资初期一次性投入，产品销售价格 63 元/吨，年经营成本为 250 万元，项目生产期为 10 年，期末预计设备残值收入为 60 万元，基准收益率为 10%，试就投资额、产品价格(销售收入)、经营成本等因素对该投资技术方案的净现值指标进行敏感性分析。

【解】根据敏感性分析的步骤做如下分析：

(1) 确定敏感性分析指标。根据题意可知,以净现值为敏感性分析指标。由净现值指标的计算公式得知:

$$NPV = -1800 + (63 \times 10 - 250) \times (P/A, 10\%, 10) + 60 \times (P/F, 10\%, 10)$$
$$= 558.23 (万元)$$

由于 $NPV > 0$,说明该技术方案可行。

(2) 选择敏感性分析的不确定因素。由题意可知,投资额、产品价格(销售收入)、经营成本为敏感性分析的不确定因素。

(3) 计算设定的不确定因素变动对分析指标的影响数值。投资额、产品价格和经营成本在基准值的基础上按 10% 和 20% 的变化幅度变动。分别计算相应的净现值的变化情况,见表 5-2 所列。

不确定因素对净现值的影响分析表(万元)　　　表 5-2

变动因素变动量	投资额	销售收入	经营成本
-20	918.23	-216.04	865.48
-10	738.23	170.10	711.86
0	588.23	588.23	588.23
10	378.23	945.37	404.61
20	198.23	1332.50	250.98
平均变动+1	-3.224%	+6.935%	-2.752%
平均变动-1	+3.225%	-6.935%	+2.752%
敏感程度	敏感	最敏感	不敏感

(4) 找出敏感性因素。根据表 5-2 所列绘制敏感性分析,如图 5-4 所示。由表 5-2 和图 5-4 可知,产品销售收入的变动对净现值的影响程度最大,当其他因素不变化时,产品销售收入每下降 1%,净现值下降 6.935%。按净现值对各因素的敏感程度排序依次是:产品销售收入、投资额、经营成本,最敏感的因素是产品销售收入。因此,从项目决策的角度来讲,应该对产品价格进行进一步的分析,进行更准确的测算。

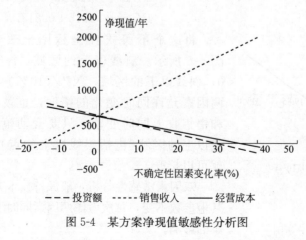

图 5-4　某方案净现值敏感性分析图

同时，可以进行临界变动率分析：如图 5-4 可知，产品销售收入的下降不应超过 14.2%，投资的增加不应超过 31%，经营成本的增加不应超过 36.3%。如果这三个变量中任意一个的变化超过上述极限，净现值开始小于零，项目就由可行变为不可行。

2. 多因素敏感性分析

在进行单参数敏感性分析时，假定一次只允许一个因素变动，而保持其他因素不变。而实际中各种因素的变动可能存在着相互关联性，一个因素的变动往往引起其他因素的随之变化，例如固定资产投资的变化可能导致设备残值的变化、产品价格的变化可能引起需求量的改变。而单参数敏感性分析忽略了各因素之间的这种相关性，从而影响到敏感性分析结论的可靠性。改进的方法就是同时考虑多种因素同时变化的可能性，使敏感性分析更接近于实际过程。

双参数敏感分析是指保持方案现金流量中其他参数不变，每次考察两个参数同时变化对方案效果的影响。双参数敏感性分析一般是在单参数敏感分析基础上进行的，首先通过单参数敏感性分析确定出两个关键因素，然后用双参数敏感性分析图来反映两个参数同时变化时对投资效果的影响。

当对参数同时变化的数目不加以任何限定，所作的敏感性分析更接近于实际。但是，当同时变化的参数在 3 个以上，由于每个参数的变化有多种数值，由此构成的状态组合数目就非常多，从而使计算非常复杂。

【例题 5-5】 某建设方案期初一次性投资为 15 万元，年销售收入为 3 万元，年经营费用为 2000 元，项目寿命期为 10 年，固定资产残值为 2 万元。基准收益率为 10%，试就初始投资和年销售收入对该项目的净现值进行双因素的敏感性分析。

【解】 设 X 表示初始投资变化率，Y 表示同时改变的年销售收入的变化率，则有

$$NPV(10\%) = -15(1+X) + 3(1+Y)(P/A, 10\%, 10)$$
$$-0.2(P/A, 10\%, 10) + 2(P/A, 10\%, 10)$$

当 $NPV(10\%) \geqslant 0$，则该技术方案可行。即

$$2.977 - 15X + 18.435Y \geqslant 0$$
$$Y \geqslant -0.1615 + 0.8137X$$

将这个不等式在坐标图上表示出来，如图 5-5 所示。斜线以上的区域，$NPV(10\%) > 0$；斜线以下的区域，$NPV(10\%) < 0$，显示了两因素允许同时变化的幅度，也就是初始投资和销售收入同时变动，只要变动范围不超过斜线以上的区域（包括斜线以上的点），技术方案就可以接受。

双因素敏感性分析一般保持技术方案现金流中其他参数不变，每次考虑两因素同时变化对技术方案的影响。

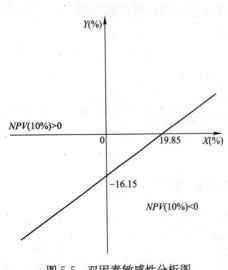

图 5-5 双因素敏感性分析图

5.3.4 敏感性分析的局限性

敏感性分析在技术经济分析中具有广泛的应用,具有能与技术方案的具体经济分析指标紧密结合、分析方法容易掌握、便于分析和决策等优点,但敏感性分析也具有不可忽略的局限性。

(1) 敏感性分析要求被分析的各个经济参数是互不相关的,但事实上,很多参数之间有某种相关性,如收益与产品售价及产量之间也有密切的相关性,价格下降,产量会减少,收益也会减少。各因素之间的关系有时是相当复杂的,这就给敏感性分析带来困难。

(2) 敏感性分析最多只能同时对三个经济参数的变化作分析,当四个及四个以上经济参数同时变化时,现有的敏感性分析法就无法完成了。

(3) 分析因素的选择及变化量的设定,都受到分析人员的主观意愿的影响。

(4) 敏感性分析没有考虑各不确定因素发生变动的概率及其影响,因此,根据评价技术方案的特点和实际需要,有条件时还应该进行概率分析。

5.4 概率分析

有些项目只需作敏感性分析就可以说明问题。但对于要求不同的特殊项目,就需要进一步标明不确定因素的变化对评价指标的影响产生的可能性大小和对评价指标影响程度,这就有必要进行概率分析。概率分析主要分析项目净现值的期望值及净现值大于或等于零时的累计概率。另外,也可以通过模拟法测算项目的内部收益率等评价指标的概率分布,根据概率分析的结果,提出项目评价的决定性意见。

5.4.1 概率分析的含义及分析方法

概率分析,也称风险分析,是通过研究各种不确定因素发生不同程度变动的概率,及其对技术方案经济评价指标影响的一种定量分析方法。概率分析的关键是确定各种不确定因素变动的概率,概率分析的内容则应根据经济评价的要求和技术方案的特点确定。

概率就是事件发生所产生的某种后果可能性的大小。确定事件发生概率的方法有客观经验和主观预测两类方法。前者是以客观统计数据为基础确定概率,后者是以人为预测和估计为基础确定概率。由于科学技术进步的步伐加快,投资项目很少重复过去的同样模式。所以,对于大多数技术方案来讲,不大可能单独使用客观概率就能完成,需要结合主观预测进行分析。

5.4.2 概率分析的步骤

这里介绍的概率分析可称为简单概率分析,它是在根据经验设定各种情况发生的概率后，计算项目净现值的期望值、标准差及净现值大于或等于零的累计概率。其具体步骤如下：

1. 选定分析指标

选定项目效益指标作为分析对象，并分析与这些指标有关的不确定因素，同时注意概率分析时所选定的分析指标应与确定性分析的评价指标保持一致。一般应列入的指标有：

（1）投资回收期（动态）

（2）贷款偿还期（动态）

（3）收支平衡时的年产量及销售收入

（4）净现值

（5）内部收益率

（6）国民收入新增值（动态）

（7）换汇能力及换汇率

2. 确定各主要因素可能发生的状态或变化范围

找出各主要因素的变化范围，最好将变化范围划分为若干个区间，并根据历史资料或经验做出预测或统计，判断出变化发生在各个区间内的可能性。例如，销售量按设计能力全部销售出去的概率为多少，超过设计能力若干个档次也能销售出去的概率各为多少，不能达到设计能力的若干档次发生概率各为多少。习惯上只选择三至五个关键性的影响因素（在计算期内可能有很大变化的因素）即可。每种不确定因素可能发生的各种情况的概率之和必须等于1。

3. 计算投资经济效益的期望值和标准差

计算在各关键因素的影响下，投资经济效益的期望值和表明期望值稳定性的标准差，必要时还需计算变异系数。

（1）期望值

期望值也称数学期望，它是在大量重复事件中，随机变量的各种取值与相应概率的加权平均值，也是最大可能取值。随机变量可以分为离散型随机变量和连续型随机变量。离散型随机变量是指事件发生的可能结果是有限的，并且每个结果发生的概率为确定的随机变量；连续型随机变量是指可能的取值在有限的区间内可以有无限多个，且概率总和为1的随机变量。在技术经济分析中，任何不确定因素的变化一般为有限次数，可以采用离散型变量的期望值公式，即

$$E(X) = \sum_{i=1}^{n} X_i P_i$$

式中　$E(X)$——随机变量的期望值；

　　　i——随机变量的序号；

　　　X_i——随机变量值；

　　　n——随机变量的个数；

　　　P_i——随机变量的概率。

(2) 标准差

标准差也称"均方差",用来表示随机变量的离散程度。当随机变量的可能值密集在期望的附近时,均方差较小;反之,均方差较大。其公式为

$$\delta(X_i)=\sqrt{\sum_{i=1}^{n}P_i[X_i-E(X)]^2}$$

式中 δ——标准差。

标准差越小,说明实际发生的情况与期望值可能越接近,期望值的稳定性也就越高,项目的风险就小;反之亦然。

【例题 5-6】 某投资工程项目,其投资回收期在 5~9 年间,其中 5 年的概率是 0.1,6 年的概率是 0.4,7 年的概率是 0.2,8 年的概率是 0.2,9 年的概率是 0.1,试求该项目投资回收期的期望值和标准差。

【解】 随机变量 X 是投资回收期,所以期望值为

$E(X)=5\times0.1+6\times0.4+7\times0.2+8\times0.2+9\times0.1=6.8\approx7$(年)

标准差为

$$\delta(X_i)=\sqrt{\sum_{i=1}^{n}P_i[X_i-E(X)]^2}$$
$$=\sqrt{0.1\times(5-6.8)^2+0.4\times(6-6.8)^2+0.2\times(7-6.8)^2+0.2\times(8-6.8)^2+0.1\times(9-6.8)^2}$$
$$\approx1.17(\text{年})$$

这说明上述投资工程项目最大可能的投资回收期是 7 年,前后会有 1.17 年的偏差。

(3) 变异系数

由于标准差不能准确反应不同技术方案风险程度的差异,因此引入了变异系数。变异系数是指均方差与期望值之比值。在投资额很大的情况下,存在着不同技术方案下的期望值和标准差很大的情况,这时就应采用变异系数来估算项目的相对风险。变异系数比较小的技术方案风险比较小,较为经济合理,可以考虑接受。

变异系数的计算公式为

$$v=\frac{\sigma}{E(X)}$$

式中 v——变异系数。

5.4.3 概率分析的方法

概率分析方法很多,主要有三类:

第一类是分析法,这类问题的特点是主观概率未知,完全靠主观判断决策。

第二类是期望值法,这类方法的特点是主观概率已知,通过计算不同方案的损益期望值以做出正确决策,常用的方法有列表法、决策树法、矩阵法、灵敏度分析法等。

第三类是模拟法,这是一种定量预测工程项目各种获利可能性大小的方

法，常用的有蒙蒂卡洛模拟法。下面主要介绍期望值法。

期望值法是一种不确定状态下的决策方法，这里说的期望值，就是概率论中离散随机变量的数学期望：

$$E(x)=\sum_{i=1}^{n}x_iP(x_i)$$

其中 $P(x_i)$ 是 $x=x_i$ 时的概率。

所谓期望值法，就是把每个方案的期望值求出来，加以比较。如果决策目标是效益最大，则采用收益期望值最大的方案。如果方案中对应的损益值为费用值，而且决策目标是费用最小，则应选择期望值最小的投资方案。

(1) 列表法

这是一种通过决策表判断、选择方案的方法。表 5-3 是产品批量决策表，这是一张典型的决策表。

产品批量决策表　　　　　　　　表 5-3

效益值 \ 状态及概率 \ 方案	产品销路			损益值的期望值（万元）
	θ_1(好)	θ_2(一般)	θ_3(差)	
	$P(\theta_1)=0.3$	$P(\theta_2)=0.5$	$P(\theta_3)=0.2$	
A_1(大批量生产)	20	12	8	13.6
A_2(中批量生产)	16	16	10	14.8
A_3(小批量生产)	12	12	12	12.0

根据表中所列的各种状态概率和效益值，可以算出每一行动方案的效益值期望。

$$E(A_1)=20\times0.3+12\times0.5+8\times0.2=13.6$$
$$E(A_2)=16\times0.3+16\times0.5+10\times0.2=14.8$$
$$E(A_3)=12\times0.3+12\times0.5+12\times0.2=12.0$$

通过比较可知，$E(A_2)=14.8$ 最大，所以采用行动方案 A_2，也就是采取中批量生产，可能获得的效益最大。

(2) 决策树法

决策树法也是一种在不确定情况下，利用各方案的损益期望值进行决策的方法。由于这种决策方法及其思路如树枝形状，所以起了个形象化的名字叫决策树。在进行多级决策时，决策树有明显的优越性。决策树模型如图 5-6 所示。

图中符号的含义如下：

□——决策结点，由此点引出的每条直线代表一个方案，称为方案枝。方案交线表示由节点引出几种可能方案；

○——决策变点，引起的每条直线代表一

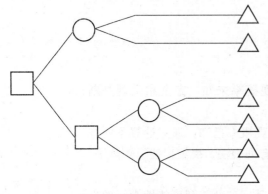

图 5-6　决策树模型图

自然状态,称为概率枝;

△——决策终点,表示方案在该自然状态下的结果。

在决策变点应计算出各段决策终点的平均期望值,在决策结点只是根据各变点的损益期望值取舍方案。在计算每一变点的损益期望值时,一定要注意考虑资金的时间价值。

【例题 5-7】 某化工厂为保护环境,拟建一个废水处理厂。现有两个方案:建大厂或建小厂,其中建大厂需初始投资 300 万元,而建小厂又有两个方案:若只建一套装置需初始投资 50 万元;若建两套装置则需投资 80 万元,大厂和小厂的寿命期均为 10 年。由于化工厂原材料来源不同,致使废水中有害物质含量不同,估计在使用期间,含有害物质高的可能性为 0.7,两个方案的年经营费如表 5-4 所示。试用决策树法做出正确决策(贴现率 $i=8\%$)。

方案经营费用表 表 5-4

状态(概率)年经营费 方案/万元		含有害物质高 (0.7)	含有害物质低 (0.3)
建大厂		10	5
建小厂	建一套装置	20	3
	建二套装置	14	4

【解】 第一步,画决策树,如图 5-7 所示。

第二步,计算各变点费用现值的期望值。

点 2:$0.7 \times 10 (P/A, 0.08, 10) + 0.3 \times 5 (P/A, 0.08, 10) + 300 = 357$(万元)

点 4:$0.7 \times 20 (P/A, 0.08, 10) + 0.3 \times 3 (P/A, 0.08, 10) + 50 = 150$(万元)

点 5:$0.7 \times 14 (P/A, 0.08, 10) + 0.3 \times 4 (P/A, 0.08, 10) + 80 = 153.8$(万元)

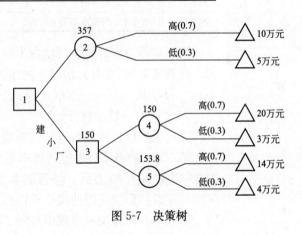

图 5-7 决策树

第三步,做出决策。

根据最小费用原理,在决策树上舍弃方案。最后的结论是采取建小厂建一套装置的方案,可能花费最少。

5.4.4 概率分析的应用

1. 衡量技术项目承担风险大小

概率分析一般是计算项目净现值的期望值及其分布状况和净现值大于或等于零时的概率,如果计算出的概率值越大,说明技术项目承担的风险越小。

【例题 5-8】 某建设项目年初投资 140 万元,建设期为 1 年,生产经营期 9 年,内部收益率为 10%。经科学预测,生产经营期间每年销售收入为 80 万元的概率为 0.5,销售收入变为 96 万元和 64 万元的概率分别为 0.3 和 0.2。

每年经营成本为50万元的概率为0.5,经营成本变为60万元和40万元的概率为0.3和0.2,若此项目的投资额不变,其他因素的影响忽略不计,试计算该投资项目净现值的期望值以及净现值大于或等于零的概率。

【解】(1) 计算净现值的期望值。计算步骤为:

第一步:分别计算各可能发生事件发生的概率。例如,在销售收入为80万元,经营成本为50万元情况下的事件概率为$0.5 \times 0.5 = 0.25$。以此类推可以得出各事件的概率,见表5-5所列。

某技术项目净现值期望值的计算表 表5-5

事件	事件概率	净现值(万元)	加权净现值(万元)
销售收入为80万元、经营成本为60万元	$0.5 \times 0.3 = 0.15$	-35.29	$-35.29 \times 0.15 = -5.29$
销售收入为80万元、经营成本为50万元	$0.5 \times 0.5 = 0.25$	17.07	$17.07 \times 0.25 = 4.27$
销售收入为80万元、经营成本为40万元	$0.5 \times 0.2 = 0.10$	69.42	$69.42 \times 0.10 = 6.94$
销售收入为64万元、经营成本为60万元	$0.2 \times 0.3 = 0.06$	-119.06	$-119.06 \times 0.06 = -7.14$
销售收入为64万元、经营成本为50万元	$0.2 \times 0.5 = 0.10$	-66.70	$-66.70 \times 0.10 = -6.67$
销售收入为64万元、经营成本为40万元	$0.2 \times 0.2 = 0.04$	-14.35	$-14.35 \times 0.04 = -0.57$
销售收入为96万元、经营成本为60万元	$0.3 \times 0.3 = 0.09$	48.48	$48.48 \times 0.09 = 4.36$
销售收入为96万元、经营成本为50万元	$0.3 \times 0.5 = 0.15$	100.83	$100.83 \times 0.15 = 15.12$
销售收入为96万元、经营成本为40万元	$0.3 \times 0.2 = 0.06$	153.19	$153.19 \times 0.06 = 9.19$

第二步:分别计算各可能发生事件的净现值。例如,在销售收入为80万元,经营成本为50万元情况下的净现值为

$$NPV = -140 + (80-50)(P/A, 10\%, 9)(P/F, 10\%, 1)$$
$$= 17.07(万元)$$

以此类推可以得出各事件的净现值,见表5-5所列。

第三步:将各事件发生的概率与其净现值分别相乘,得到加权净现值。例如在销售收入为80万元、经营成本为50万元情况下的加权净现值为$17.07 \times 0.25 = 4.27$(万元)。以此类推可以得出各事件的加权净现值,见表5-5所列。

第四步:将各加权净现值相加,得到净现值的期望值,其计算公式为

$$E(x) = \sum_{i=1}^{n} x_i P(x_i)$$
$$= -5.29 + 4.27 + 6.94 - 7.14 - 6.67 - 0.57 + 4.36 + 15.12 + 9.19$$
$$= 20.21(万元)$$

(2) 计算净现值累计概率。将以上计算出的净现值由负到正进行排列,并将概率累计相加,可以得到净现值的期望值大于或等于零的概率,见表5-6所列。

某技术项目的净现值累计概率表 表5-6

净现值(万元)	累计概率	净现值(万元)	累计概率	净现值(万元)	累计概率
-119.06	0.06	-14.35	0.35	69.42	0.79
-66.70	0.16	17.07	0.60	100.83	0.94
-35.29	0.31	48.48	0.69	153.19	1

(3) 画出净现值概率图。以净现值为横坐标，累计概率为纵坐标，绘制出净现值累计概率图，如图 5-8 所示。该图反映了项目获利的机会大小和可能存在的风险情况。由图 5-8 可知，净现值小于零的概率约为 0.45，则净现值大于等于零的概率为：

$$P(NPV \geqslant 0) = 1 - P(NPV < 0) = 1 - 0.45 = 0.55$$

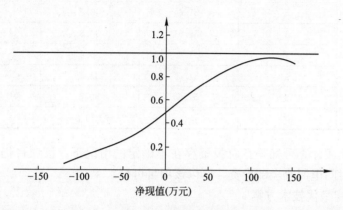

图 5-8 净现值累计概率

(4) 分析。通过计算结果可以看出，这个投资项目净现值的期望值为 20.21 万元，净现值大于或等于零的概率为 0.55，项目经济效益比较好，可以考虑接受。

2. 验证技术方案的可行性

【例题 5-9】 某公司有一拟建项目，计划 1 年建成，项目使用年限 10 年，计划总投资 240 万元，基准收益率 9%，预计该项目投产后每年有 52 万元的净现金流入。由于目前处于生产资料价格调整阶段，总投资可能会变动，预测总投资变动如表 5-7 所示。现规定投资回收期不超过 7 年，在其他条件保持不变的情况下，试用概率分析验证该项目是否可行。

拟建项目总投资及净现值流量变动情况表　　　表 5-7

年份	指标	估计值	
		第一种情况	第二种情况
0 1～10	总投资(万元)	250	200
	年净现金流量(万元)	46	60
	概率	0.6	0.4

【解】 计算各指标的期望值为：

总投资的期望值 = 250 × 0.6 + 200 × 0.4 = 230 万元

年净现金流量的期望值 = 46 × 0.6 + 60 × 0.4 = 51.6 万元

按 9% 的基准收益率计算各种净现金流量的折现值和累计折现值，并计算动态投资回收期，计算结果见表 5-8 所列。

项目投资回收期 表 5-8

项目	年份	年净现金流量期望值(万元)	折现值(万元)	累计折现值(万元)
建设期	0	−230	−230	−230
生产期	1	51.6	47.3	−182.7
	2	51.6	43.5	−139.2
	3	51.6	39.8	−99.4
	4	51.6	36.6	−62.8
	5	51.6	33.5	−29.3
	6	51.6	30.8	1.5
投资回收期		6−1+29.3÷30.8=5.95(年)		

通过上述计算可知，在总投资存在不确定的情况下，该项目仍可望在不到6年的时间里回收全部投资，所以该项目可行。

3. 选定最优技术方案

利用概率分析来选择项目的最优技术方案，一般情况下，若项目风险基本相同时，应选择期望值优的技术方案；若项目期望值相同时，则应选择标准差小的技术方案；对期望值、标准差都不相同的方案，应选择变异系数小的技术方案。

【例题 5-10】 某建设项目的基础工程有可以选择的三个互斥施工方案，各个施工方案的施工进度、净现值、概率情况如表 5-9 所列，要求从中选择一个最优技术方案。

三个互斥技术方案的净现值概率分布表 表 5-9

施工进度状况	概率	施工方案净现值(万元)		
		A	B	C
滞后	0.25	200	0	100
正好	0.5	250	250	280
提前	0.25	300	500	370

【解】 (1) 计算各施工方案净现值的期望值和标准差。利用所给的数据以及期望值的计算公式计算各施工方案净现值的期望值和标准差如下：

$$E_A(X_i)=0.25\times200+0.5\times250+0.25\times300=250 \text{ 万元}$$

$$\sigma_A(X_i)=\sqrt{0.25\times(200-250)^2+0.5\times(250-250)^2+0.25\times(300-250)^2}$$
$$=35.36 \text{ 万元}$$

$$E_B(X_i)=0.25\times0+0.5\times250+0.25\times500=250(\text{万元})$$

$$\sigma_B(X_i)=\sqrt{0.25\times(0-250)^2+0.5\times(250-250)^2+0.25\times(500-250)^2}$$
$$=176.78 \text{ 万元}$$

$$E_C(X_i)=0.25\times100+0.5\times280+0.25\times370=257.5(\text{万元})$$

$\sigma_C(X_i) = \sqrt{0.25 \times (100-257.5)^2 + 0.5 \times (280-257.5)^2 + 0.25 \times (370-257.5)^2}$
　　　　$= 35.36$ 万元

(2) 确定最优施工方案。根据各技术方案净现值的期望值和标准差确定最优技术方案。

因为 $E_A(X_i) = E_B(X_i)$，$\sigma_A(X_i) < \sigma_B(X_i)$，所以技术方案 A 的风险小于技术方案 B，应优选技术方案 A。

再比较施工方案 A 和 C。因为 $E_A(X_i) < E_C(X_i)$，而 $\sigma_A(X_i) < \sigma_C(X_i)$ 所以需要计算变异系数。$v_A = \dfrac{\sigma_A(X_i)}{E_A(X_i)} = 0.14$，$v_C = \dfrac{\sigma_C(X_i)}{E_C(X_i)} = 0.38$。因为 $v_A < v_C$，所以最后应选择施工方案 A 为最优技术方案。

思考题与习题

5-1 什么是盈亏平衡分析？如何进行盈亏平衡分析？

5-2 线性盈亏平衡分析的前提是什么？盈亏平衡点的生产能力利用率说明什么问题？

5-3 什么是敏感性分析？敏感性分析的目的是什么？如何进行敏感性分析？

5-4 什么是概率分析？如何进行概率分析？

5-5 某房地产公司开发一楼盘，预计售价为 8000 元/m²，其成本 y 是销售面积 x 的函数，即企业总成本为 $y = 50000 + 5000x$。试计算盈亏平衡点的销售量。

5-6 某购置设备方案，投资 3791 元，使用期 5 年，每年纯收入 1000 元，统一按年利率 8% 计算，试问该方案是否可行；若使用期不变，试问其纯收入在多少范围内变动，方案是可行的。

5-7 某装饰公司设计每次可装饰 60000m²，每平方米估算为 500 元，项目每次固定性开支为 660000 元，每平方米成本为 280 元。求：(1)公司的最大可能盈利；(2)公司不盈不亏时的最少设计面积；(3)企业年利润为 50 万元的设计面积。

5-8 某项目的总投资为 450 万元，年经营成本为 36 万元，年销售收入为 98 万元，项目寿命周期为 10 年，基准贴现率为 13%。试找出敏感性因素，并就投资与销售收入同时变动进行敏感性分析。

5-9 某投资项目健身临时基础工程的初始投资 15000 元，寿命为 10 年，残值为 0，年收入为 3500 元，年支出为 1000 元，投资收益为 15%。

1) 当年收入变化时，试对内部收益率的影响进行敏感性分析；

2) 试分析初始投资、年收入与寿命三个参数同时变化时对净现值的敏感性。

5-10 为生产某种建设材料，现有两种备选设备。若选用设备 A，初始投资为 20 万元，加工的费用为 8 万元；若选用设备 B，初始投资为 30 万元，加工每件产品的费用为 6 万元。若不计设备的残值，试问：

1) 若设备使用年限为 8 年，基准贴现率为 12%，年产量为多少时选用设备 A 比较有利？

2) 若设备使用年限为 8 年，年产量 1300 件，基准收益率在什么范围内选用设备 A 比较有利？

3) 若年产量 1500 件，基准收益率为 12%，设备使用年限多长时选用设备 A 比较有利？

5-11 某沿河岸台地铺设地下管道工程施工期内(1 年)有可能遭到洪水的袭击，据气象预测，施工期内不出现洪水或出现洪水不超过警戒线水位的可能性为 60%，出现超过警戒水位的洪水的可能性为 40%。施工部门采取的相应的措施：不超过警戒水位时只须进行洪水期间边坡维护，工地可正常施工，工程费约 10000 元，出现超警戒线水位时为维护正常施工，普遍加高堤岸，工程费约为 70000 元。工地面临两个选择：

1) 仅做边坡维护，但若出现超警戒水位的洪水工地要损失 10 万元。

2) 普遍加高堤岸，即使出现警戒水位也万无一失，试问应如何决策？

5-12 某工程进行设备改造，初始投资为 1000 万元，使用期为 10 年，每年可节省生产费用 300 万元，设备基准贴现率为 10%，做如下分析：

1) 就初始投资和生产费用节省额变动 ±5%、±10%、±15%、±20% 及使用年限变动 ±10%、±20% 对该方案的净现值和内部收益率作单因素敏感性分析，画出敏感性分析图，指出敏感因素。

2) 就初始投资与生产费用节省额两个变量对方案净现值作双因素敏感性分析，指出方案的可行区域。

5-13 设某拟建工程项目总投资为 2000 万元，建设期为 1 年。根据分析预测，该项目在生产期内的年净现金流量有三种情况，即 300 万元、400 万元和 500 万元，它们出现的概率为 0.2、0.3、0.5。项目的生产期有 8 年、10 年、12 年三种情况，其发生的概率为 0.2、0.5、0.3，基准收益率为 12%，试对项目净现值的期望值进行累计概率分析。

5-14 某公司拟投资生产一种目前畅销的产品，根据技术预测与市场预测，该产品很可能在两年后开始换代，有三种可能的市场前景：

θ_1：两年后出现换代产品，出现换代产品后，换代产品畅销，现有产品滞销，发生的概率为 50%；

θ_2：两年后出现换代产品，但出现换代产品后 6 年内，换代产品与现有产品都能畅销，发生的概率为 40%；

θ_3：8 年内不会出现有竞争力的换代产品，现有产品一且畅销，发生的概率为 10%。

公司面临一个阶段风险决策问题，目前需要做出的选择是立即建厂生产现有产品还是暂时不投资。如果立即建厂生产现有产品需投资 300 万元，两年后要根据市场情况决定是否对生产线进行改造以生产换代产品，生产线改造需投资 150 万元；如果目前暂不投资等两年后视市场情况决定是建厂生产现有产品还是建厂生产换代产品，两年后建厂生产现有产品需投资340万元，建厂生产换代产品需投资380万元。设计算期为8年，基准贴现率为15%，在各种情况下可能采取的方案及各方案在不同情况下的年净收益(包括期末设备残值)见下表。试用概率分析方法进行决策。

方案	年净现值 年份	θ_1				θ_2				θ_3			
		1~2	3	4~7	8	1~2	3	4~7	8	1~2	3	4~7	8
立即建厂	两年后改造	120	60	130	180	120	60	130	180				
	两年后不改造	120	100	60	90	120	120	120	150	120	120	120	150
暂不投资	两年后建厂生产现有产品	0	60	130	200	0	60	130	200				
	两年后建厂生产换代产品					0	60	120	180	0	60	120	180

5-15 工程项目建设期需要1年，项目实施后第二年可开始生产经营，但项目初始投资额、投产后每年的净收益以及项目产品的市场寿命是不确定的，下表给出了各不确定因素在乐观状态、最可能状态以及悲观状态下的估计值，各不确定因素间相互独立。设基准贴现率为20%，试求各种可能的状态组合的发生概率及相应的方案净现值，分别用解析法和图示法进行风险估计。

状态	发生概率	初始投资(万元)	寿命期(年)	年净收益(万元)
乐观状态	0.17	900	10	500
最可能状态	0.66	1000	7	400
悲观状态	0.17	1200	4	250

第6章 工程投资估算

本章知识点

> 【知识点】
> 投资估算与项目的建设规模、产品方案、技术方案、设备方案、场(厂)址方案和工程建设方案及项目进度计划的相关性,投资项目总投资数额及分年资金需要量的估算,投资估算的内容、要求、依据和程序及投资估算的方法,建设投资、建设期利息和流动资金的估算和方法。
>
> 【重点与难点】
> 工程投资估算的方法及建设项目生产经营期成本估算,不同投资估算方法的计算过程,工程建设其他费用的估算。

6.1 建设项目投资估算

6.1.1 项目投资估算的含义和作用

投资估算是指在项目投资决策过程中,依据现有的资料和特定的方法,对建设项目的投资数额进行的估计。它是项目建设前期编制项目建议书和可行性研究报告的重要组成部分,是项目决策的重要依据之一。投资估算的准确与否不仅影响到可行性研究工作的质量和经济评价结果,而且也直接关系到下一阶段设计概算和施工图预算的编制,对建设项目资金筹措方案也有直接的影响。因此,全面准确地估算建设项目的工程造价,是可行性研究乃至整个决策阶段造价管理的重要任务。投资估算在项目开发建设过程中的作用有以下几点:

(1) 项目建议书阶段的投资估算,是项目主管部门审批项目建议书的依据之一,并对项目的规划、规模起参考作用。

(2) 项目可行性研究阶段的投资估算,是项目投资决策的重要依据,也是研究、分析、计算项目投资经济效果的重要条件。当可行性研究报告被批准之后,其投资估算额就是作为设计任务书中下达的投资限额,即作为建设项目投资的最高限额,不得随意突破。

(3) 项目投资估算对工程设计概算起控制作用,设计概算不得突破批准的投资估算额,并应控制在投资估算额以内。

(4) 项目投资估算可作为项目资金筹措及制订建设贷款计划的依据,建设单位可根据批准的项目投资估算额,进行资金筹措和向银行申请贷款。

(5) 项目投资估算是核算建设项目固定资产投资需要额和编制固定资产投资计划的重要依据。

6.1.2 投资估算的阶段划分与精度要求

1. 国外项目投资估算的阶段划分与精度要求

在国外,如英、美等国,对一个建设项目从开发设想直至施工图设计,这期间各个阶段的项目投资的预计额均称估算,只是各阶段的设计深度不同。技术条件不同,对投资估算的准确度要求不同。英、美等国把建设项目的投资估算分为以下五个阶段:

第一阶段:是项目的投资设想时期。在尚无工艺流程图、平面布置图,也未进行设备分析的情况下,即根据假想条件比照同类型已投产项目的投资额,并考虑涨价因素来编制项目所需要的投资额,所以这一阶段称为毛估阶段,或称比照估算。这一阶段投资估算的意义是判断一个项目是否需要进行下一步的工作,对投资估算精度的要求准确程度为,允许误差大于±30%。

第二阶段:是项目的投资机会研究时期。此时应有初步的工艺流程图、主要生产设备的生产能力及项目建设的地理位置等条件,故可套用相近规模厂的单位生产能力建设费用来估算拟建项目所需要的投资额,据以初步判断项目是否可行,或据以审查项目引起投资兴趣的程度。这一阶段称为粗估阶段,或称因素估算。其对投资估算精度的要求为误差控制在±30%以内。

第三阶段:是项目的初步可行性研究时期。此时已具有设备规格表、主要设备的生产能力和尺寸、项目的总平面布置、各建筑物的大致尺寸、公用设施的初步位置等条件。此时期的投资估算额,可据以决定拟建项目是否可行,或据以列入投资计划。这一阶段称为初步估算阶段,或称认可估算。其对投资估算精度的要求为误差控制在±20%以内。

第四阶段:是项目的详细可行性研究时期。此时项目的细节已经清楚,并已经进行了建筑材料、设备的询价,亦已进行了设计和施工的咨询,但工程图纸和技术说明尚不完备。可根据此时期的投资估算额进行筹款。这一阶段称为确定估算,或称控制估算。其对投资估算精度的要求为误差控制在±10%以内。

第五阶段:是项目的工程设计阶段。此时应具有工程的全部设计图纸、详细的技术说明、材料清单、工程现场勘察资料等,故可根据单价逐项计算而汇总出项目所需要的投资额。可据此投资估算控制项目的实际建设。这一阶段称为详细估算,或称投标估算。其对投资估算精度的要求为误差控制在±5%以内。

2. 我国项目投资估算的阶段划分与精度要求

在我国，项目投资估算是指在作初步设计之前各工作阶段中的一项工作。在做工程初步设计之前，根据需要可邀请设计单位参加编制项目规划和项目建议书、并可委托设计单位承担项目的初步可行性研究、可行性研究及设计任务书的编制工作，同时应根据项目已明确的技术经济条件，编制和估算出精确度不同的投资估算额。我国建设项目的投资估算分为以下几个阶段：

(1) 项目规划阶段的投资估算

建设项目规划阶段是指有关部门根据国民经济发展规划、地区发展规划和行业发展规划的要求，编制一个建设项目的建设规划。此阶段是按项目规划的要求和内容，粗略地估算建设项目所需要的投资额。其对投资估算精度的要求为允许误差大于±30%。

(2) 项目建议书阶段的投资估算

在项目建议书阶段，是按项目建议书中的产品方案、项目建设规模、产品主要生产工艺、企业车间组成、初选建厂地点等，估算建设项目所需要的投资额。其对投资估算精度的要求为误差控制在±30%以内。此阶段项目投资估算的意义是可据此判断一个项目是否需要进行下一阶段的工作。

(3) 初步可行性研究阶段的投资估算

初步可行性研究阶段，是在掌握了更详细、更深入的资料的条件下，估算建设项目所需的投资额。其对投资估算精度的要求为误差控制在±20%以内。此阶段项目投资估算的意义是据以确定是否进行详细可行性研究。

(4) 详细可行性研究阶段的投资估算

详细可行性研究阶段的投资估算至关重要，因为这个阶段的投资估算经审查批准之后，便是工程设计任务书中规定的项目投资限额，并可据此列入项目年度基本建设计划。其对投资估算精度的要求为误差控制在±10%以内（表6-1）。

投资估算阶段划分及其对比表　　　　表6-1

	工作阶段	工作性质	投资估算方法	投资估算误差率	投资估算作用
项目决策阶段	投资机会研究或项目建议书阶段	项目设想	生产能力指数法 资金周转率法	±30%	鉴别投资方向，寻找投资机会，提出项目投资建议
	初步可行性研究	项目初选	比例系数法 指标估算法	±20%	广泛分析，筛选方案，确定项目初步可行，确定专题研究课题
	详细可行性研究	项目拟定	模拟概算法	±10%	多方案比较，提出结论性建议，确定项目投资的可行性

6.1.3 投资估算的内容

根据国家规定,从满足建设项目投资设计和投资规模的角度,建设项目投资的估算包括固定资产投资估算和流动资金估算两部分。

固定资产投资估算的内容按照费用的性质划分,包括建筑安装工程费、设备及工器具购置费、工程建设其他费用、基本预备费、涨价预备费、建设期利息、固定资产投资方向调节税构成。其中,建筑工程费、设备及工器具购置费、安装工程费直接形成实体固定资产,被称为工程费用;工程建设其他费用可分别形成固定资产、无形资产及其他资产。基本预备费、涨价预备费、建设期利息,在可行性研究阶段为简化计算,一并计入固定资产。固定资产投资方向调节税现已暂停征收。

流动资金是指生产经营性项目投产后,用于购买原材料、燃料、支付工资及其他经营费用等所需的周转资金。它是伴随着固定资产投资而发生的长期占用的流动资产投资,流动资金=流动资产-流动负债。其中,流动资产主要考虑现金、应收账款和存货;流动负债主要考虑应付账款。因此,流动资金的概念,实际上就是财务中的营运资金。

6.1.4 投资估算的依据、要求及步骤

1. 投资估算依据

(1) 建设标准和技术、设备、工程方案。

1) 专门机构发布的建设工程造价费用构成、估算指标、计算方法,以及其他有关计算工程造价的文件;

2) 专门机构发布的工程建设其他费用计算办法和费用标准,以及政府部门发布的物价指数;

3) 拟建项目各单项工程的建设内容及工程量;

4) 资金来源与建设工期。

2. 投资估算要求

(1) 工程内容和费用构成齐全,计算合理,不重复计算,不提高或者降低估算标准,不漏项、不少算;

(2) 选用指标与具体工程之间存在标准或者条件差异时,应进行必要的换算或调整;

(3) 投资估算精度应能满足控制初步设计概算要求。

3. 投资估算的步骤(图 6-1)

(1) 分别估算各单项工程所需的建筑工程费、设备及工器具购置费、安装工程费;

(2) 在汇总各单项工程费用的基础上,估算工程建设其他费用和基本预备费;

(3) 估算涨价预备费和建设期利息;

(4) 估算流动资金。

第6章 工程投资估算

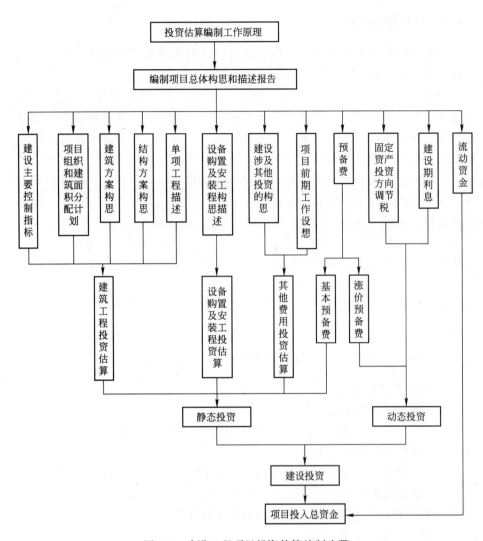

图 6-1 建设工程项目投资估算编制步骤

6.2 工程投资估算方法

6.2.1 固定资产投资静态投资部分的估算

不同阶段的投资估算，其方法和允许误差都是不同的。项目规划和项目建议书阶段，投资估算的精度低，可采取简单的匡算法，如生产能力指数法、单位生产能力法、比例法、系数法等。在可行性研究阶段尤其是详细可行性研究阶段，投资估算精度要求高，需采用相对详细的投资估算方法，即指标估算法。

1. 单位生产能力估算法

依据调查的统计资料，利用相近规模的单位生产能力投资乘以建设规模，即得拟建项目投资。其计算公式为：

$$C_2 = \left(\frac{C_1}{Q_1}\right) Q_2 \times f \qquad (6-1)$$

式中　C_1——已建类似项目的静态投资额；

　　　C_2——拟建项目静态投资额；

　　　Q_1——已建类似项目的生产能力；

　　　Q_2——拟建项目的生产能力；

　　　f——不同时期、不同地点的定额、单价、费用变更等的综合调整系数。

这种方法把项目的建设投资与其生产能力的关系视为简单的线性关系，估算结果精确度较差。使用这种方法时要注意拟建项目的生产能力和类似项目的可比性，否则误差很大。由于在实际工作中不易找到与拟建项目完全类似的项目，通常是把项目按其下属的车间、设施和装置进行分解，分别套用类似车间、设施和装置的单位生产能力投资指标计算，然后加总求得项目总投资。或根据拟建项目的规模和建设条件，将投资进行适当调整后估算项目的投资额。这种方法主要用于新建项目或装置的估算，十分简便迅速，但要求估价人员掌握足够的典型工程的历史数据，而且这些数据均应与单位生产能力的造价有关，方可应用，而且必须是新建装置与所选取装置的历史资料相类似，仅存在规模大小和时间上的差异。

【例题 6-1】　假定某地拟建一座 200 套客房的豪华宾馆，另有一座豪华宾馆最近在该地竣工，且掌握了以下资料：它有 250 套客房，有门厅、餐厅、会议室、游泳池、夜总会、网球场等设施。总造价为 10250 万美元。估算新建项目的总投资。

【解】　根据以上资料，可首先推算出折算为每套客房的造价：

$$\frac{总造价}{客房总套数} = \frac{10250}{250} = 41 \text{ 万美元/套}$$

据此，即可很迅速地计算出在同一个地方，且各方面有可比性的具有 200 套客房的豪华旅馆造价估算值为：

$$41 \text{ 万美元} \times 200 = 8200 \text{ 万美元}$$

单位生产能力估算法估算误差较大，可达 ±30%。此法只能是粗略地快速估算，由于误差大，应用该估算法时需要小心，应注意以下几点：

(1) 地方性。建设地点不同，地方性差异主要表现为：两地经济情况不同；土壤、地质、水文情况不同；气候、自然条件的差异；材料、设备的来源、运输状况不同等。

(2) 配套性。一个工程项目或装置，均有许多配套装置和设施，也可能产生差异，如：公用工程、辅助工程、厂外工程和生活福利工程等，这些工程随地方差异和工程规模的变化均各不相同，它们并不与主体工程的变化呈线性关系。

(3) 时间性。工程建设项目的兴建，不一定是在同一时间建设，时间差异或多或少存在，在这段时间内可能在技术、标准、价格等方面发生变化。

2. 生产能力指数法

又称指数估算法，它是根据已建成的类似项目生产能力和投资额来粗略估算拟建项目投资额的方法，是对单位生产能力估算法的改进。其计算公式为：

$$C_2 = C_1 \left(\frac{Q_2}{Q_1}\right)^x \times f \tag{6-2}$$

式中　x——生产能力指数，其他符号含义同前。

上式表明造价与规模（或容量）呈非线性关系，且单位造价随工程规模（或容量）的增大而减小。在正常情况下，$0 \leqslant x \leqslant 1$。不同生产率水平的国家和不同性质的项目中，$x$ 的取值是不相同的。比如化工项目美国取 $x=0.6$，英国取 $x=0.66$，日本取 $x=0.7$。

若已建类似项目的生产规模与拟建项目生产规模相差不大，Q_1 与 Q_2 的比值在 0.5~2 之间，则指数 x 的取值近似为 1。

若已建类似项目的生产规模与拟建项目生产规模相差不大于 50 倍，且拟建项目生产规模的扩大仅靠增大设备规模来达到时，则 x 的取值约在 0.6~0.7 之间；若是靠增加相同规格设备的数量达到时，x 的取值约在 0.8~0.9 之间。常见的化工和炼油装置的 x 值见表 6-2。

某些化工和炼油装置的 x 值　　　　　表 6-2

装置名称	x 值	装置名称	x 值	装置名称	x 值
常压蒸馏（汽化 65%）	0.90	溶剂抽提	0.67	制氢装置	0.72
减压蒸馏（汽化 65%）	0.70	硅铁法制镁	0.62	硫黄回收	0.64
流化催化裂化	0.70	乙烯（以炼厂气为原料）	0.83	合成甲醛（天然气蒸汽转化法）	0.60
加氢脱硫	0.65	乙烯（以油为原料）	0.72	甲醛	0.80
催化重整	0.60	苯乙烯	0.53	尿素	0.70
硫酸法烷基化	0.60	乙醛	0.70	聚乙烯（低压）	0.68
叠合	0.58	丁二烯	0.66	聚乙烯（高压）	0.81
热裂化	0.70	由乙烯制取丁二烯	1.02	苯	0.61
延迟焦化	0.38	聚丁二烯	0.67	苯酐	0.62
芳烃抽提	0.70	合成氨	0.81	三硝基甲苯	1.01
溶剂脱蜡	0.76	合成氨（蒸汽转化法）	0.53	铝锭	0.90

生产能力指数法主要应用于拟建装置或项目与用来参考的已知装置或项目的规模不同的场合。

【例题 6-2】　1972 年在某地兴建一座 30 万 t 合成氨的化肥厂，总投资为 28000 万元，假如 1994 年在该地开工兴建 45 万 t 合成氨的工厂，合成氨的生产能力指数为 0.81，则所需静态投资为多少（年均工程造价综合调整系数为 1.10）？

【解】　$C_2 = C_1 \times \left(\dfrac{Q_2}{Q_1}\right)^{0.81} \times f = 28000 \times \left(\dfrac{45}{30}\right)^{0.81} \times (1.10)^{22} = 316541.77$ 万元

【例题 6-3】 已知建设年产 30 万 t 乙烯装置的投资额为 60000 万元，现有一年产 70 万吨乙烯装置，工程条件与上述装置类似，试估算该装置的投资额（生产能力指数 $X=0.6$，$f=1.2$）。

【解】 $C_2 = C_1 \left(\dfrac{Q_2}{Q_1}\right)^x \times f = 60000 \times (70/30)^{0.6} \times 1.2 = 119706.73$

生产能力指数法与单位生产能力估算法相比精确度略高，其误差可控制在 $\pm 20\%$ 以内，尽管估价误差仍较大，但有它独特的好处：即这种估价方法不需要详细的工程设计资料，只知道工艺流程及规模就可以，在总承包工程报价时，承包商大都采用这种方法估价。

3. 系数估算法

系数估算法也称为因子估算法，它是以拟建项目的主体工程费或主要设备费为基数，以其他工程费与主体工程费的百分比为系数估算项目总投资的方法。这种方法简单易行，但是精度较低，一般用于项目建议书阶段。系数估算法的种类很多，在我国国内常用的方法有设备系数法和主体专业系数法，朗格系数法是世行项目投资估算常用的方法。

(1) 设备系数法。以拟建项目的设备费为基数，根据已建成的同类项目的建筑安装费和其他工程费等与设备价值的百分比，求出拟建项目建筑安装工程费和其他工程费，进而求出建设项目总投资。其计算公式如下：

$$C = E(1 + f_1 P_1 + f_2 P_2 + f_3 P_3 + \cdots) + I \tag{6-3}$$

式中　　C——拟建项目投资额；

　　　　E——拟建项目设备费；

P_1、P_2、$P_3 \cdots$——已建项目中建筑安装费及其他工程费等与设备费的比例；

f_1、f_2、$f_3 \cdots$——由于时间因素引起的定额、价格、费用标准等变化的综合调整系数；

　　　　I——拟建项目的其他费用。

(2) 主体专业系数法。以拟建项目中投资比重较大，并与生产能力直接相关的工艺设备投资为基数，根据已建同类项目的有关统计资料，计算出拟建项目各专业工程（总图、土建、采暖、给排水、管道、电气、自控等）与工艺设备投资的百分比，据以求出拟建项目各专业投资，然后加总即为项目总投资。其计算公式为：

$$C = E(1 + f_1 P_1 + f_2 P_2 + f_3 P_3 + \cdots) + I \tag{6-4}$$

式中　P_1、P_2、$P_3 \cdots$——已建项目中各专业工程费用与设备投资的比重；

　　　其他符号同前。

(3) 朗格系数法。这种方法是以设备费为基数，乘以适当系数来推算项目的建设费用。这种方法在国内不常见，是世行项目投资估算常采用的方法。该方法的基本原理是将总成本费用中的直接成本和间接成本分别计算，再合为项目建设的总成本费用。其计算公式为：

$$C = E \cdot (1 + \sum K_i) \cdot K_c \tag{6-5}$$

式中　C——总建设费用；
　　　E——主要设备费；
　　　K_i——管线、仪表、建筑物等项费用的估算系数；
　　　K_c——管理费、合同费、应急费等项费用的估算系数。

总建设费用与设备费用之比为朗格系数 K_L。即：$K_L=(1+\sum K_i)\cdot K_c$
朗格系数包含的内容见表 6-3 所列。

朗格系数包含的内容　　　　表 6-3

项　目	固体流程	固流流程	流体流程
朗格系数 K_L	3.1	3.63	4.74
(a)包括基础、设备、绝热、油漆及设备安装费	$E\times 1.43$		
(b)包括上述在内和配管工程费	(a)$\times$1.1	(a)$\times$1.25	(a)$\times$1.6
(c)装置直接费	(b)$\times$1.5		
(d)包括上述在内和间接费，总费用(Iv)	(c)$\times$1.31	(c)$\times$1.35	(c)$\times$1.38

【例题 6-4】 在北非某地建设一座年产 30 万套汽车轮胎的工厂，已知该工厂的设备到达工地的费用为 2204 万美元。试估算该工厂的投资。

【解】 轮胎工厂的生产流程基本上属于固体流程，因此在采用朗格系数法时，全部数据应采用固体流程的数据。现计算如下：

(1) 设备到达现场的费用 2204 万美元。

(2) 根据表 6-3 计算费用(a)

(a)$=E\times 1.43=2204\times 1.43=3151.72$(万美元)

则设备基础、绝热、刷油及安装费用为：$3151.72-2204=947.72$ 万美元

(3) 计算费用(b)

(b)$=E\times 1.43\times 1.1=2204\times 1.43\times 1.1=3466.89$ 万美元

则其中配管(管道工程)费用为：$3466.89-3151.72=315.17$ 万美元

(4) 计算费用(c)即装置直接费

(c)$=E\times 1.43\times 1.1\times 1.5=5200.34$ 万美元

则电气、仪表、建筑等工程费用为：$5200.34-3466.89=1733.45$ 万美元

(5) 计算投资 C

$$C=E\times 1.43\times 1.1\times 1.5\times 1.31=6812.45 \text{ 万美元}$$

则间接费用为：$6812.45-5200.34=1612.11$ 万美元

由此估算出该工厂的总投资为 6812.45 万美元，其中间接费用为 1612.11 万美元。

应用朗格系数法进行工程项目或装置估价的精度仍不是很高，其原因如下：

(1) 装置规模大小发生变化的影响；

(2) 不同地区自然地理条件的影响；

(3) 不同地区经济地理条件的影响；

(4) 不同地区气候条件的影响；

(5) 主要设备材质发生变化时,设备费用变化较大而安装费变化不大所产生的影响。

尽管如此,由于朗格系数法是以设备费为计算基础,而设备费用在一项工程中所占的比重对于石油、石化、化工工程而言占 45%~55%,几乎占一半左右,同时一项工程中每台设备所含有的管道、电气、自控仪表、绝热、油漆、建筑等,都有一定的规律。所以,只要对各种不同类型工程的朗格系数掌握得准确,估算精度仍可较高。朗格系数法估算误差在 10%~15%。

4. 比例估算法

根据统计资料,先求出已有同类企业主要设备投资占全厂建设投资的比例,然后再估算出拟建项目的主要设备投资,即可按比例求出拟建项目的建设投资。其表达式为:

$$I = \frac{1}{K} \sum_{i=1}^{n} Q_i P_i \qquad (6-6)$$

式中 I——拟建项目的建设投资;

K——已建项目主要设备投资占拟建项目投资的比例;

n——设备种类数;

Q_i——第 i 种设备的数量;

P_i——第 i 种设备的单价(到厂价格)。

5. 指标估算法

这种方法是把建设项目划分为建筑工程、设备安装工程、设备及工器具购置费及其他基本建设费等费用项目或单位工程,再根据各种具体的投资估算指标,进行各项费用项目或单位工程投资的估算,在此基础上,可汇总成每一单项工程的投资。另外再估算工程建设其他费用及预备费,即求得建设项目总投资。

(1) 建筑工程费用估算。建筑工程费用是指为建造永久性建筑物和构筑物所需要的费用,一般采用单位建筑工程投资估算法、单位实物工程量投资估算法、概算指标投资估算法等进行估算。

1) 单位建筑工程投资估算法,以单位建筑工程量投资乘以建筑工程总量计算。一般工业与民用建筑以单位建筑面积(平方米)的投资,工业窑炉砌筑以单位容积(立方米)的投资,水库以水坝单位长度(米)的投资,铁路路基以单位长度(公里)的投资,矿上掘进以单位长度(米)的投资,乘以相应的建筑工程量计算建筑工程费。

2) 单位实物工程量投资估算法,以单位实物工程量的投资乘以实物工程总量计算。土石方工程按每立方米投资,矿井巷道衬砌工程按每延米投资,路面铺设工程按每平方米投资,乘以相应的实物工程总量计算建筑工程费。

3) 概算指标投资估算法,对于没有上述估算指标且建筑工程费占总投资比例较大的项目,可采用概算指标估算法。采用此种方法,应占有较为详细的工程资料、建筑材料价格和工程费用指标,投入时间和工作量大。

(2) 设备及工器具购置费估算。设备购置费根据项目主要设备表及价格、费用资料编制,工器具购置费按设备费的一定比例计取。对于价值高的设备应按单台(套)估算购置费,价值较小的设备可按类估算,国内设备和进口设备应分别估算。

(3) 安装工程费估算。安装工程费通常按行业或专门机构发布的安装工程定额、取费标准和指标估算投资。具体可按安装费率、每吨设备安装费或单位安装实物工程量的费用估算,即

安装工程费=设备原价×安装费率;

安装工程费=设备吨位×每吨安装费;

安装工程费=安装工程实物量×安装费用指标。

(4) 工程建设其他费用估算。工程建设其他费用按各项费用科目的费率或者取费标准估算。

(5) 基本预备费估算。基本预备费在工程费用和工程建设其他费用基础之上乘以基本预备费率。

使用指标估算法,应注意以下事项:

(1) 使用估算指标法应根据不同地区、年代而进行调整。因为地区、年代不同,设备与材料的价格均有差异,调整方法可以按主要材料消耗量或"工程量"为计算依据;也可以按不同的工程项目的"万元工料消耗定额"而定不同的系数。在有关部门颁布有定额或材料价差系数(物价指数)时,可以据其调整。

(2) 使用估算指标法进行投资估算决不能生搬硬套,必须对工艺流程、定额、价格及费用标准进行分析,经过实事求是的调整与换算后,才能提高其精确度。

6.2.2 建设投资动态部分的估算

建设投资动态部分主要包括价格变动可能增加的投资额、建设期利息两部分内容,如果是涉外项目,还应该计算汇率的影响。动态部分的估算应以基准年静态投资的资金使用计划为基础来计算,而不是以编制的年静态投资为基础计算。这里主要介绍一下汇率变化对涉外项目的影响。

汇率是两种不同货币之间的兑换比率,或者说是以一种货币表示的另一种货币的价格。汇率的变化意味着一种货币相对于另一种货币的升值或贬值。在我国,人民币与外币之间的汇率采取以人民币表示外币价格的形式给出,如1美元=8.23元人民币。由于涉外项目的投资中包含人民币以外的币种,需要按照相应的汇率把外币投资额换算为人民币投资额,所以汇率变化就会对涉外项目的投资额产生影响。

(1) 外币对人民币升值。项目从国外市场购买设备材料所支付的外币金额不变,但换算成人民币的金额增加;从国外借款,本息所支付的外币金额不变,但换算成人民币的金额增加。

(2) 外币对人民币贬值。项目从国外市场购买设备材料所支付的外币金额

不变,但换算成人民币的金额减少;从国外借款,本息所支付的外币金额不变,但换算成人民币的金额减少。

估计汇率变化对建设项目投资的影响,是通过预测汇率在项目建设期内的变动程度,以估算年份的投资额为基数,计算求得。

6.2.3 流动资金估算方法

流动资金是指生产经营性项目投产后,为进行正常生产运营,用于购买原材料、燃料,支付工资及其他经营费用等所需的周转资金。流动资金估算一般采用分项详细估算法。个别情况或者小型项目可采用扩大指标法。

1. 分项详细估算法

流动资金的显著特点是在生产过程中不断周转,其周转额的大小与生产规模及周转速度直接相关。分项详细估算法是根据周转额与周转速度之间的关系,对构成流动资金的各项流动资产和流动负债分别进行估算。在可行性研究中,为简化计算,仅对存货、现金、应收账款和应付账款四项内容进行估算,计算公式为:

流动资金=流动资产-流动负债;

流动资产=应收账款+存货+现金;

流动负债=应付账款;

流动资金本年增加额=本年流动资金-上年流动资金。

估算的具体步骤,首先计算各类流动资产和流动负债的年周转次数,然后再分项估算占用资金额。

(1)周转次数计算。周转次数是指流动资金的各个构成项目在一年内完成多少个生产过程。周转次数可用1年天数(通常按360天计算)除以流动资金的最低周转天数计算,则各项流动资金年平均占用额度为流动资金的年周转额度除以流动资金的年周转次数。即:

周转次数=360/流动资金最低周转天数

存货、现金、应收账款和应付账款的最低周转天数,可参照同类企业的平均周转天数并结合项目特点确定。因为周转次数又可以表示为流动资金的年周转额除以各项流动资金年平均占用额度,所以:

各项流动资金年平均占用额=流动资金年周转额/周转次数

(2)应收账款估算。应收账款是指企业对外赊销商品、劳务而占用的资金。应收账款的年周转额应为全年赊销收入净额。在可行性研究时,用销售收入代替赊销收入。计算公式为:

应收账款=年销售收入/应收账款周转次数

(3)存货估算。存货是企业为销售或者生产耗用而储备的各种物资,主要有原材料、辅助材料、燃料、低值易耗品、维修备件、包装物、在产品、自制半成品和产成品等。为简化计算,仅考虑外购原材料、外购燃料、在产品和产成品,并分项进行计算。计算公式为:

存货=外购原材料+外购燃料+在产品+产成品

$$外购原材料 = 年外购原材料总成本/按种类分项周转次数$$

$$外购燃料 = 年外购燃料/按种类分项周转次数$$

$$在产品 = \frac{年外购原材料、燃料+年工资及福利费+年修理费+年其他制造费}{在产品周转次数}$$

$$产成品 = 年经营成本/产成品周转次数$$

(4) 现金需要量估算。项目流动资金中的现金是指货币资金，即企业生产运营活动中停留于货币形态的那部分资金，包括企业库存现金和银行存款。计算公式为：

$$现金需要量 = (年工资及福利费+年其他费用)/现金周转次数$$

年其他费用＝制造费用＋管理费用＋销售费用－（以上三项费用中所含的工资及福利费、折旧费、维简费、摊销费、修理费）

(5) 流动负债估算。流动负债是指在一年或者超过一年的一个营业周期内，需要偿还的各种债务。在可行性研究中，流动负债的估算只考虑应付账款一项。计算公式为：

$$应付账款 = (年外购原材料+年外购燃料)/应付账款周转次数$$

2. 扩大指标估算法

扩大指标估算法是根据现有同类企业的实际资料，求得各种流动资金率指标，亦可依据行业或部门给定的参考值或经验确定比率。将各类流动资金率乘以相对应的费用基数来估算流动资金。一般常用的基数有销售收入、经营成本、总成本费用和固定资产投资等，究竟采用何种基数依行业习惯而定。扩大指标估算法简便易行，但准确度不高，适用于项目建议书阶段的估算。扩大指标估算法计算流动资金的公式为：

$$年流动资金额 = 年费用基数×各类流动资金率$$

$$年流动资金额 = 年产量×单位产品产量占用流动资金额$$

3. 估算流动资金应注意的问题

(1) 在采用分项详细估算法时，应根据项目实际情况分别确定现金、应收账款、存货和应付账款的最低周转天数，并考虑一定的保险系数。因为最低周转天数减少，将增加周转次数，从而减少流动资金需用量，因此，必须切合实际地选用最低周转天数。对于存货中的外购原材料和燃料，要分品种和来源，考虑运输方式和运输距离，以及占用流动资金的比重大小等因素确定。

(2) 在不同生产负荷下的流动资金，应按不同生产负荷所需的各项费用金额，分别按照上述的计算公式进行估算，而不能直接按照100%的生产负荷下的流动资金乘以生产负荷百分比求得。

(3) 流动资金属于长期性（永久性）流动资产，流动资金的筹措可通过长期负债和资本金（一般要求占30%）的方式解决。流动资金一般要求在投产前一年开始筹措，为简化计算，可规定在投产的第一年开始按生产负荷安排流动资金需用量。其借款部分按全年计算利息，流动资金利息应计入生产期间财务费用，项目计算期末收回全部流动资金（不含利息）。

6.3 建设项目生产经营期成本费用估算

生产成本费用是指项目生产运营支出的各种费用。按成本与生产过程的关系分为制造成本和期间费用；按成本与产量的关系，分为固定成本和可变成本；按财务评价的特定要求分为总成本费用和经营成本。

6.3.1 总成本费用的估算

总成本费用是指在一定时期（如1年）内因生产和销售产品发生的全部费用。总成本费用的构成和估算通常采用以下两种方法。

1. 产品制造成本加期间费用估算法

总成本费用构成如图6-2所示，此方法按费用的经济用途将其分为直接材料、直接工资、其他直接支出、制造费用和期间费用，其中前四项计入产品制造成本，最后一项不计入产品成本。

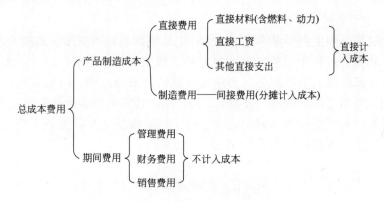

图 6-2 按制造成本法总成本费用的构成

按照制造成本法估算的总成本费用，编制见表 6-4 所列的总成本费用估算表。

采用产品制造成本法的总成本费用估算表　　　表 6-4

序号	项目	投产期		达产期				合计
		3	4	5	6	……	n	
	生产负荷	70%	90%	100%	100%	100%	100%	
1	原材料、燃料动力							
2	工资及福利费							
3	制造费用							
3.1	折旧费							
3.2	工资及福利费							
3.3	维简费							
3.4	其他制造费用							

续表

序号	项目	投产期		达产期				合计
		3	4	5	6	……	n	
4	产品制造成本（1+2+3）							
5	管理费用							
6	财务费用							
6.1	其中：利息支出							
7	销售费用							
8	期间费用(5+6+7)							
9	总成本费用(4+8)							
9.1	其中：(1)固定成本							
9.2	（2）可变成本							
10	经营成本							

2. 生产要素估算法

此法从各种生产要素的费用入手，汇总得到总成本费用，如图6-3所示。将生产和销售过程中消耗的外购原材料、辅助材料、燃料、动力，人员工资福利，外部提供的劳务服务，当期应计提的折旧和摊销，以及应付的财务费用相加，得出总成本费用。采用此方法，不必计算内部各生产环节成本转移，也较容易计算可变成本和固定成本。按生产要素法估算的总成本费用，其结果列入"总成本费用估算表"（图6-3，表6-5）。

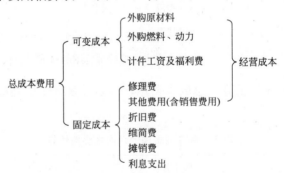

图6-3 按费用要素分类法总成本费用的构成

采用生产要素法的总成本费用估算表　　　　　表6-5

序号	项目	投产期		达产期				合计
		3	4	5	6	……	n	
	生产负荷	70%	90%	100%	100%	100%	100%	
1	外购原材料							
2	外购燃料及动力							
3	工资及福利费							
4	修理费							

续表

序号	项目	投产期		达产期				合计
		3	4	5	6	……	n	
5	折旧费							
6	摊销费							
7	维简费							
8	财务费用							
8.1	其中：利息支出							
9	其他费用							
	其中：土地使用税							
10	总成本 (1+2+…+9)							
	其中：1. 固定成本							
	2. 可变成本							
11	经营成本 (10-5-6-7-8.1)							

6.3.2 经营成本估算

经营成本是项目评价特有的概念，主要是为了满足项目财务现金流量的分析需要，以及对项目进行动态的经济效益分析。经营成本是指总成本费用扣除固定资产折旧费、维简费、摊销费和财务费用后的成本费用。计算公式为：

经营成本＝总成本费用－折旧费－维简费－摊销费－利息支出

6.3.3 固定成本与可变成本估算

为了进行盈亏平衡分析和不确定性分析，需将总成本费用分解为固定成本和可变成本。固定成本指成本总额不随产品产量和销量变化的各项成本费用，主要包括非生产人员工资、折旧费、摊销费、修理费、办公费和管理费等。可变成本指成本总额随产品产量和销量变化而发生同方向变化的各项费用，主要包括原材料、燃料、动力消耗、包装费和生产人员工资等。此外，长期借款利息应视为固定成本，短期借款如果用于购置流动资产，可能部分与产品产量、销量有关，其利息视为半可变半固定成本，需进行分解，但为简化计算，也可视为固定成本。

6.3.4 投资借款还本付息估算

1. 固定资产投资贷款还本付息估算

固定资产投资贷款还本付息估算主要是测算还款期的利息和偿还贷款的时间，从而观察项目的偿还能力和收益，为财务效益评价和项目决策提供依据。

(1) 还本付息的资金来源

根据国家现行财税制度的规定，贷款还本的资金来源主要包括可用于归还借款的利润、固定资产折旧、无形资产及递延资产摊销费和其他还款资金来源。

1) 利润。用于归还贷款的利润，一般应是经过利润分配程序后的未分配利润。如果是股份制企业需要向股东支付股利，那么应从未分配利润中扣除分配给投资者的利润，然后用来归还贷款。项目投产初期，如果用规定的资金来源归还贷款的缺口较大，也可暂不提取公积金，但这段时间不宜过长，否则将影响到企业的扩展能力。

2) 固定资产折旧。鉴于项目投产初期尚未面临固定资产更新的问题，作为固定资产重置准备金性质的折旧基金在被提取以后暂时处于闲置状态。因此，为了有效地利用一切可能的资金来源以缩短还贷期限，加强项目的偿债能力，可以使用部分新增折旧基金作为偿还贷款的来源之一。一般地，投产初期可以利用的折旧基金占全部折旧基金的比例较大，随着生产时期的延伸，可利用的折旧基金比例逐步减小。最终，所有被用于归还贷款的折旧基金，应由未分配利润归还贷款后的余额垫回，以保证折旧基金从总体上不被挪作它用，在还清贷款后恢复其原有的经济属性。

3) 无形资产及递延资产摊销费。摊销费是按现行的财务制度计入项目的总成本费用，但是项目在提取摊销费后，这笔资金没有具体的用途规定，具有"沉淀"性质，因此可以用来归还贷款。

4) 其他还款资金。是指按有关规定可以用减免的销售税金来作为偿还贷款的资金来源。进行预测时，如果没有明确的依据，可以暂不考虑。

项目在建设期借入的全部固定资产投资贷款本金及其在建设期的借款利息(即资本化利息)两部分构成固定资产投资贷款总额，在项目投产后可由上述资金来源偿还。

在生产期内，固定资产投资和流动资金的贷款利息，按现行的财务制度，均应计入项目总生产成本费用中的财务费用。

(2) 还款方式及还款顺序

项目贷款的还款方式应根据贷款资金的不同来源所要求的还款条件来确定。

1) 国外(含境外)借款的还款方式。按照国际惯例，债权人一般对贷款本息的偿还期限均有明确的规定。要求借款方在规定的期限内按规定的数量还清全部贷款的本金和利息。因此，需要利用资金回收系数计算出在规定的期限内每年需归还的本息总额，然后按协议的要求分别采用等额还本付息、或等额还本、利息照付两种方法。

① 等额还本付息。这种方法是指在还款期内，每年偿付的本金利息之和是相等的，但每年支付的本金数和利息数均不相等。计算步骤如下：

a. 计算建设期末的累计借款本金与资本化利息之和 i_c。

b. 根据等值计算原理，采用资金回收系数计算每年等值的还本付息额

度 A。

$$A = P \frac{i(1+i)^n}{(1+i)^n - 1}$$

c. 计算每年应付的利息。

$$\text{每年应支付的利息} = \text{年初借款余额} \times \text{年利率}$$

其中：年初借款余额 $= i_c -$ 本年之前各年偿还的本金累计

d. 计算每年偿还的本金。

$$\text{本年偿还本金} = A - \text{每年支付利息}$$

采用等额还本付息法，利息将随偿还本金后欠款的减少逐年减少，而偿还的本金恰好相反，将由于利息减少而逐年加大。此方法适用投产初期效益较差，而后期效益较好的项目。

【例题 6-5】 某项目建设期末贷款本利和累计为 1000 万元，按照贷款协议，采用等额还本付息的方法分 5 年还清，已知年利率为 6%，求该项目还款期每年的还本额、付息额和还本付息总额。

【解】 每年的还本付息总额

$$A = P \frac{i(1+i)^n}{(1+i)^n - 1} = 1000 \times \frac{6\% \times (1+6\%)^5}{(1+6\%)^5 - 1} = 237.40 \text{ 万元}$$

还款期各年的还本额、付息额和还本付息总额见表 6-6 所列。

等额还本付息方式下各年的还款数据（万元） 表 6-6

年份	1	2	3	4	5
年初借款余额	1000	822.60	634.56	435.23	223.94
利率	6%	6%	6%	6%	6%
年利息	60	49.36	38.07	26.11	13.46
年还本额	177.40	188.04	199.33	211.29	223.94
年还本付息总额	237.40	237.40	237.40	237.40	237.40
年末借款余额	822.60	634.56	435.23	223.94	0

② 等额还本、利息照付。这种方法是指在还款期内每年等额偿还本金，而利息按年初借款余额和利率的乘积计算，利息不等，而且每年偿还的本利和不等。计算步骤如下：

a. 计算建设期末的累计借款本金和未付的资本化利息之和 i_c。

b. 计算在指定偿还期内，每年应偿还的本金 A

$$A = i_c / n$$

其中 n 为贷款的偿还期（不包括建设期）。

c. 计算每年应付的利息额。

$$\text{年应付利息} = \text{年初借款余额} \times \text{年利率}$$

d. 每年的还本付息额总额。

$$\text{年还本付息总额} = A + \text{年应付利息}$$

此方法由于每年偿还的本金是等额的，计算简单，但项目投产初期还本付息的压力大。因此,此法适用于投产初期效益好,有充足现金流的项目。

【例题 6-6】 仍以【例题 6-5】为例,求在等额还本、利息照付方式下每年的还本额、付息额和还本付息总额。

【解】 每年的还本额 $A=1000/5=200$ 万元

还款期各年的还本额、付息额和还本付息总额见表6-7所列。

等额还本、利息照付方式下各年的还款数据(万元)　　表6-7

年份	1	2	3	4	5
年初借款余额	1000	800	600	400	200
利率	6%	6%	6%	6%	6%
年利息	60	48	36	24	12
年还本额	200	200	200	200	200
年还本付息总额	260	248	236	224	212
年末借款余额	800	600	400	200	0

2) 国内借款的还款方式

目前,虽然借贷双方在有关的借贷合同中规定了还款期限,但在实际操作过程中,主要还是根据项目的还款资金来源情况进行测算。一般情况下,先偿还当年所需的外汇借款本金,然后按照先贷先还、后贷后还,利息高的先还,利息低的后还的顺序归还国内借款。

固定资产投资贷款还本付息的计算结果编制"借款还本付息表"(表6-8)。

借款还本付息表　　表6-8

序号	项目	利率(%)	建设期		投产期		达产期			
			1	2	3	4	5	6	⋯⋯	n
1	借款还本付息									
1.1	年初借款本息累计									
1.1.1	本金									
1.1.2	建设期利息									
1.2	本年借款									
1.3	本年应计利息									
1.4	本年还本									
1.5	本年付息									
1.6	年末本息余额									
2	偿还本金的资金来源									
2.1	当年可用于还本的未分配利润									
2.2	当年可用于还本的折旧与摊销									
2.3	以前年度结余可用于还本资金									
2.4	用于还本的短期借款									
2.5	其他资金									

2. 流动资金借款还本付息估算

流动资金借款的还本付息方式与固定资产不同，因为流动资金是在企业的生产和销售环节中周转使用，虽然其物质形态不断发生转化，但其价值量具有长期的稳定性，通常不会因为生产经营的延续增加或减少。基于这一原因，流动资金借款在生产经营期内只计算每年所支付的利息，本金通常是在项目寿命期最后一年一次性支付的。利息计算公式为：

年流动资金借款利息＝流动资金借款额×年利率

6.4 销售收入、销售税金及附加的估算和利润估算

6.4.1 销售收入的估算

（1）确定销售量。明确产品销售市场，根据项目的市场调查和预测分析结果，分别测算出外销和内销的销售量。为计算简便，假定年生产量即为年销售量，不考虑库存。对于生产出口产品的项目，应根据有利于提高外汇效果的原则合理确定内销与外销的比例。年销售量还应按投产期与达产期分别测算。

（2）确定产品的销售价格。它取决于产品的销售去向和市场需求。并考虑国内外产品价格变化趋势，确定产品价格水平。产品销售价格一般采用出厂价。

（3）确定销售收入。销售收入是销售产品或提供服务取得的收入，为销售量和销售单价的乘积，即：

销售收入＝销售量×销售单价

6.4.2 销售税金及附加的估算

销售税金及附加的计征依据是项目的销售收入。销售税金及附加中不含有增值税，因为增值税是价外税，纳税人交税，最终由消费者负担，因此与纳税人的经营成本和经营利润无关，所以，增值税不在"销售（营业）税金及附加"科目中反映，在经营期间的现金流量系统中可以不考虑增值税。

对销售收入和销售税金及附加的估算结果应编制"销售收入和销售税金及附加估算表"（表 6-9）。

销售收入和销售税金及附加估算表　　　　表 6-9

序号	项目	合计	投产期		达产期			
			3	4	5	6	……	n
	生产负荷							
1	销售收入							
1.1	产品 A 销售收入							
	单价							

续表

序号	项目	合计	投产期		达产期			
			3	4	5	6	……	n
	销售量							
1.2	产品 B 销售收入							
	单价							
	销售量							
	……							
2	销售税金及附加							
2.1	营业税							
2.2	消费税							
2.3	城市维护建设税							
2.4	教育费附加							

6.4.3 销售利润的形成与分配

销售利润是指项目的销售收入扣除销售税金及附加和总生产成本费用后的盈余，它综合反映了企业生产经营活动的成果，是贷款还本付息的重要来源。企业销售利润除了交纳所得税外，在弥补以往亏损和提取公积金以后，才能作为偿还借款的资金来源。

思考题与习题

6-1 初步可行性研究阶段的投资估算与详细可行性研究阶段的投资估算有何区别？

6-2 工程投资估算的方法？

6-3 我国项目投资估算的阶段划分如何？

6-4 我国投资估算的阶段划分和精度要求是什么？

6-5 投资估算的含义及作用？

6-6 1997年建设污水处理能力10万立方米/日的污水处理厂的建设投资为16000万元，2005年拟建污水处理能力16万立方米/日的污水处理厂一座，工程条件与1997年已建项目类似，调整系数 f 为1.25，试估算该项目的建设投资。

6-7 已知建设年产15万吨聚酯项目装置的投资为20000万元，现拟建年产60万吨聚酯项目，工程条件与上述项目类似，生产能力指数 x 为0.8，调整系数 f 为1.1，试估算该项目的装置投资。

6-8 某拟建项目设备购置费为15000万元，根据已建同类项目统计资料，建筑工程费占设备购置费的23%，安装工程费占设备购置费的9%，该拟建项目的其他有关费用估计为2600万元，调整系数 f_1、f_2 均为1.1，试估算该项目的建设投资。

6-9 某建设项目，需要征收耕地 100 亩，该耕地被征收前三年，每年计息一次，平均每亩年产值分别为 2000 元、1900 和 1800 元，土地补偿费标准为前三年平均产值的 10 倍；被征收单位人均占有耕地 1 亩，每个人需要安置的农业人口的安置补助费标准为该耕地被征用前三年平均年产值的 6 倍；地上附着物共有树木 3000 棵，补偿标准为 40 元/棵，青苗补偿标准为 200 元/亩，试对未包括征地动迁费和其他税费在内的使用该土地的费用进行估算。

6-10 某新建项目，建设期为 3 年，第 1 年年初借款 200 万元，第 2 年年初借款 300 万元，第 3 年年初借款 200 万元，借款年利率为 6%，每年利息 1 次，建设期内不支付利息。试计算该项目的建设期利息。

6-11 某新建项目，建设期为 4 年，第一年借款 200 万元，第二年借款 300 万元，第三年借款 300 万元，第四年借款 200 万元，各年借款均在年内均衡发生，借款年利率为 6%，每年计息一次，建设期内按期支付利息。试计算该项目的建设期利息。

第7章 工程项目可行性研究

本章知识点

> 【知识点】
> 工程项目可行性研究的含义、作用，可行性研究报告的编制依据，可行性研究的程序及内容。
>
> 【重点与难点】
> 工程项目可行性研究阶段划分及其依据，可行性研究报告编写。

7.1 工程项目可行性研究概述

7.1.1 工程项目可行性研究的含义和目的

工程项目可行性研究，是在项目决策前，通过对拟建项目有关的工程、技术、经济、社会等各方面情况进行深入细致的调查、研究、分析，对各种可能拟定的技术方案和建设方案进行认真的技术经济分析和比较论证，对项目建成后的经济、环境和社会效益进行科学的预测和评价。在此基础上，综合研究项目在技术上的先进性和适用性，经济上的合理性和有效性，以及建设上的可能性和可行性。由此确定该项目是否应该投资和为何投资，或就此终止投资等结论性意见，为项目投资决策者提供可靠的科学决策依据，并作为开展下一步工作的基础。

可行性研究的主要任务，是根据国民经济发展规划和地区、行业规划的要求，从市场需求的预测开始，通过多方案比较，论证项目建设规模、使用规模、使用功能、建设地址选择的合理性，交通、水、电、燃料、市政等建设条件的可靠性，并对项目投资方案进行详细规划，最后通过分析项目投资、经营成本，评价项目在财务上的生存能力、偿还能力和经济合理性，提出项目可行与否的结论。由此可见，工程项目可行性研究是保证建设项目以最少的投资取得最佳经济、社会效果的科学手段，也是实现建设项目在技术上先进、经济上合理和建设上可行的科学分析方法。

一个建设项目一般要经历投资前期、建设期及生产经营期三个时期，其全过程如图 7-1 所示。

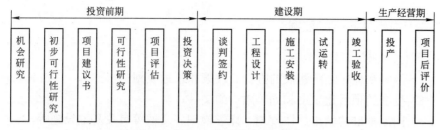

图 7-1 建设项目投资决策和建设全过程

可行性研究的根本目的,是实现项目决策的科学化、民主化,减少或避免投资决策的失误,提高项目开发建设的经济、社会和环境效益。

7.1.2 工程项目可行性研究的作用

投资前期是决定工程项目经济效果的关键时期,是研究和控制的重点。如果在项目实施中才发现工程费用过高,投资不足,或原材料不能保证等问题,将会给投资者造成巨大的损失。因此,无论是工业发达国家还是发展中国家,都把可行性研究视为工程建设的首要环节。投资者为了排除盲目性,减少风险,在竞争中取得最大利润,宁肯在投资前花费一定的代价,也要进行投资项目的可行性研究,以提高投资获利的可靠程度。

总的来说,可行性研究的作用归纳起来有以下几点:

1. 可行性研究是项目投资决策的依据

一个工程建设项目,特别是大中型项目,花费的人力、物力、财力很多,不是只凭经验或感觉就能确定的,而是要通过投资决策前的可行性研究,明确该项目的建设地址、规模、建设内容与方案等是否可行,从而得出这项工程应不应该建或建设时应按哪种方案会取得最佳的效果,作为投资建设项目投资决策的依据。国家规定,凡是没有经过可行性研究的工程建设项目,不能批准设计任务书,不能进行设计,不能列入计划。

2. 可行性研究是筹集建设资金的依据

银行等金融机构都把可行性研究报告作为建设项目申请贷款的先决条件。他们对可行性研究报告进行全面、细致的分析评估后,才能确定是否给予贷款。

3. 可行性研究是开发商与有关各部门签订协议、合同的依据

项目所需的建筑材料、协作条件以及供电、供水、供热、通讯、交通等很多方面,都需要与有关部门协作。这些供应的协议、合同都需根据可行性研究报告进行商谈。有关技术引进和建筑设备进口必须在可行性研究报告审查批准后,才能据以同国外厂商正式签约。

4. 可行性研究是编制下阶段规划设计的依据

在可行性研究报告中,对项目的规模、地址、建筑设计方案构想、主要设备造型、单项工程结构形式、配套设施和公用辅助设施的种类、建设速度等等都进行了分析和论证,确定了原则,推荐了建设方案。可行性研究报告批准后,规划设计工作就可据此进行,不必另作方案比较选择和重新论证。

7.1.3 可行性研究的依据

可行性研究依据主要有：
1) 国家和地区经济建设的方针、政策和长远规划；
2) 批准的项目建议书和同等效力的文件；
3) 国家批准的城市总体规划、详细规划、交通等市政基础设施等；
4) 自然、地理、气象、水文地质、经济、社会等基础资料；
5) 有关工程技术方面的标准、规范、指标、要求等资料；
6) 国家所规定的经济参数和指标；
7) 开发项目备选方案的土地利用条件、规划设计条件以及备选规划设计方案等。

7.1.4 可行性研究的工作阶段

可行性研究是在投资前期所做的工作。它分为四个工作阶段，每阶段的内容逐步由浅到深。

1. 投资机会研究

该阶段的主要任务是对投资项目或投资方向提出建议，即在一定的地区和部门内，以自然资源和市场的调查预测为基础，寻找最有利的投资机会。投资机会研究分为一般投资机会研究和特定项目的投资机会研究。前者又分为三种：地区研究、部门研究和以利用资源为基础的研究，目的是指明具体的投资方向。后者是要选择确定项目的投资机遇，将项目意向变为概略的投资建议，使投资者可据以决策。

投资机会研究的主要内容有：地区情况、经济政策、资源条件、劳动力状况、社会条件、地理环境、国内外市场情况、工程项目建成后对社会的影响等。投资机会研究相当粗略，主要依靠笼统的估计而不是依靠详细的分析。该阶段投资估算的精确度为 $\pm 30\%$，研究费用一般占总投资的 $0.2\% \sim 0.8\%$。

如果机会研究认为是可行的，就可以进行下一阶段的工作。

2. 初步可行性研究

初步可行性研究亦称"预可行性研究"，在机会研究的基础上，进一步对项目建设的可能性与潜在效益进行论证分析。主要解决的问题包括：
1) 分析机会研究的结论，在详细资料的基础上作出是否投资的决定；
2) 是否有进行详细可行性研究的必要；
3) 有哪些关键问题需要进行辅助研究。

在初步可行性研究阶段，需对以下内容进行粗略的审查：市场需求与供应、建筑材料供应状况、项目所在地区的社会经济情况、项目地址及其周围环境、项目规划设计方案、项目进度、项目销售收入与投资估算、项目财务分析等。

初步可行性研究阶段投资估算的精度可达 $\pm 20\%$，所需费用约占总投资的 $0.25\% \sim 1.5\%$。所谓辅助研究是对投资项目的一个或几个重要方面进行单独研究，用作初步可行性研究和详细可行性研究的先决条件，或用以支持这两项研究。

3. 详细可行性研究

即通常所说的可行性研究。详细可行性研究是开发建设项目投资决策的基础，是在分析项目技术、经济可行性后作出投资与否决策的关键步骤。

这一阶段对建设投资估算的精度在±10%，所需费用：小型项目约占投资的 1.0%～3.0%，大型复杂的工程约占 0.2%～1.0%。

4. 项目的评估和决策

按照国家有关规定，对于大中型和限额以上的项目及重要的小型项目，必须经有权审批单位委托有资格的咨询评估单位就项目可行性研究报告进行评估论证。未经评估的建设项目，任何单位不准审批，更不准组织建设。

项目评估是由决策部门组织或授权于建设银行、投资银行、咨询公司或有关专家，代表国家对上报的建设项目可行性研究报告进行全面审核和再评估阶段。

7.1.5 可行性研究的工作程序

可行性研究是一次系统工程，其内容涉及的学科较多，工作任务很重，其中既有工程技术问题，又涉及经济、财务、评价系统分析等各方面的问题。要选择技术力量强、实践经验丰富的咨询公司、设计单位、监理单位承担。参加编制的专业一般有工业经济、市场分析、企业管理、营销、规划、财会、经济、法律、工艺、机械、土建、文秘等，另可根据具体情况请诸如地质勘探、地球物理、实验研究、通信等专业人员协助工作。

国家有关部门发布的文件、条例中明确指出可行性研究的程序如下(图 7-2)。

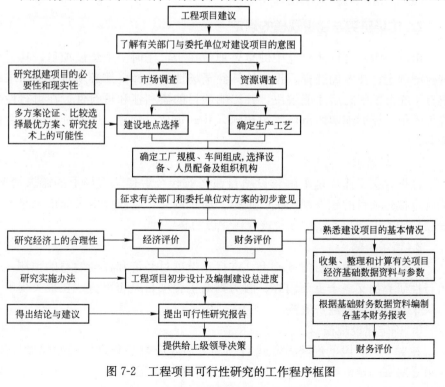

图 7-2 工程项目可行性研究的工作程序框图

7.2 工程项目可行性研究的内容

7.2.1 项目背景和历史

在这里，主要介绍该项目与其他经济部门的关系，对经济发展的影响，说明项目成立的必要性，具体有以下几点：

1. 项目背景

介绍该项目的设想打算；列出与项目有关的各项主要参数，作为编制可行性研究报告时的指导原则，例如，工程项目建设进度等；概述经济、工业、财政、社会以及其他有关政策；说明该项目的地位，如国际的、区域的、国家的、地区的，或者地方等的各种级别；说明本项目对国民经济部门及有关经济方面的影响等。

2. 项目历史

对这一项目，需要列出在本项目历史中发生过的重大事件、发生日期及当时情况；叙述已经进行过哪些调查研究，写明调查题目、作者和完成日期，以及从调查研究中得出的，并拟在可行性研究中采用的某些结论和决定。

3. 项目主办人或发起人

说明项目主办人或发起人的姓名、住址，是否有可能为项目提供资金以及他们在项目中所起的作用等。

7.2.2 市场研究与建设规模的确定

市场分析在可行性研究中的重要地位在于，任何一个建设项目，其建设规模的确定、技术的选择、投资估算甚至场址的选择，都必须对市场需求情况有了充分了解之后才能解决，并影响项目的盈利性和可行性。在可行性研究报告中，要详细阐述市场需求预测，并确定建设规模。这一阶段的主要内容是：

1. 市场需求

这里的主要任务是了解建设项目在当前和今后建筑市场上的需求情况，为确定拟建项目的建设规模提供依据。通过调查，应该提出当前市场对本建设项目的需求情况和结构以及该项目建设的必要性。

2. 市场预测

在对市场需求分析的基础上，进行建设项目经济和社会效益的预测，是可行性研究的又一个重要内容。因为判断工程项目是否可行，在很大程度上取决于建设项目的经济效益。

3. 确定建设规模

在对不同阶段的经济效益进行预测之后，应着手制定详细的建设计划，也就是对在一定时期内所要达到的建设水平加以确定。

7.2.3 场区及场址的选择

在对市场需求、项目的建设规模、生产规划和投入需要等作出估算以后，必须确定适于该项目建设的场址。也就是通过对该项目建设经营与场址周围环境的相互影响的研究，进行场址选择。场址选择包括选择项目的坐落地点和确定具体场址两项内容。选择地点是指在相当广阔的范围内，在一个地区、或省、或某段河岸等范围内选择适宜的区域；然后在已选择的区域内考虑几个可供选择的场址。

场址选择应主要研究场址的位置、占地面积、地形地貌、气象条件、地震情况、工程地质与水文地质条件、征地拆迁及移民安置条件、交通运输条件、水电供应条件、环境保护条件、法律支持条件、生活设施依托条件、施工条件等内容。

在确定工业项目地点时，应该考虑以下几个方面的因素：

1. 国家的方针政策

在选择建厂地区时，应考虑力求合理地配置工业，减少在工业城市建设大型工业企业的必要性；考虑国防要求；考虑禁止在风景区建设工厂的政策要求；还应考虑鼓励和帮助兄弟民族地区和边远落后地区发展工业等政策。

2. 当地的社会、经济条件

建厂地区必须考虑地区的基础结构和社会经济环境。基础结构主要是指该地区的能源、运输、水源、通信、工业结构的状况，因为它们对项目选址的影响很大。如果某一地区供电不足或单位电费很高，那么，对那些在建设过程中需要大量耗电的项目，就无法将该地区作为建厂地区来加以考虑。

7.2.4 建设方案、设备方案和工程方案

项目的建设规模与建设方案确定以后，应进行技术方案、设备方案和工程方案的具体研究论证工作。

1. 建设方案的选择

建设方案主要指项目使用功能的确定、建筑设计方案、结构设计方案、公用设施方案等。建设方案的选择要体现先进性、适用性、可靠性、安全性和经济合理性的要求。

2. 主要设备方案选择

设备方案选择是在研究和初步确定技术方案的基础上，对所需主要设备的规格、型号、数量、来源、价格等进行研究比选。

设备方案的选择，首先要根据建设规模、建设方案和技术方案，研究提出所需主要设备的规格、型号和数量，然后通过调查和询价，研究提出项目所需主要设备的来源、投资方案和供应方式。对于超大、超重、超高设备，还应提出相应的运输和安装的技术措施方案。

设备方案主要是比选各设备方案对建设规模的满足程度，对项目建设质量和生产工艺要求的保证程度，设备的使用寿命和物料消耗指标，备品备件

保证程度，安装试车技术服务以及所需设备投资等。

3. 工程方案选择

工程方案选择是在已选定项目建设规模、建设方案和设备方案的基础上，研究论证主要建筑物、构筑物的建造方案。包括主要建筑物、构筑物的建筑特征、建筑结构及建筑面积；建筑安装工程量及"三材"用量估算；技术改造项目原有建筑物、构筑物的利用情况以及主要建筑物、构筑物工程一览表等。

工程方案的选择，要满足生产使用功能要求，适应已选定的场址，符合工程标准规范要求，并且经济合理。

7.2.5 原材料供应

原材料是项目运营中的投入品，是保证项目正常进行的重要因素。在项目可行性研究中，对项目的主要原材料情况要进行详细的研究和调查。尤其是项目的原料，一定要有可靠的原料基地和稳定的原料供应。对可供原料的数量、质量、距离及其可用的运输工具都要调查清楚和表明，对不清楚或拿不准的疑点问题，应采用专题研究或委托权威部门研究。对于需要大量原料的项目，原料价格及运输费用是项目经济型的决定因素，原材料可能供应的数量也是确定合理规模的重要因素。对需要进口原料的项目，对进口地、进口数量、进口质量、运输费用等要进行研究和经济比较。在进行项目原材料的路线选择时应遵循以下原则：

第一，可用性。即用所选原材料符合项目的预定要求。

第二，可供性。即项目原材料有稳定可靠的供应来源。

第三，经济性。即用所选原材料所需投资与成本在经济上应该合算。

第四，合理性。即从国民经济角度对资源的利用是充分的，配置是合理的。

7.2.6 投资估算

投资估算是在对项目的建设规模、技术方案、设备方案、工程方案及项目实施进度等进行研究并基本确定的基础上，估算项目投入总资金，并测算建设期内分年资金需要量，作为制定融资方案、进行经济评价以及编制初步设计概算的依据。对于建设项目而言，投资估算包括建设投资估算和流动资金估算两部分，其中建设投资估算包括：建筑工程费、设备及工器具购置费、安装工程费、工程建设其他费、基本预备费、涨价预备费和建设期利息等七项。

在此阶段，需要编制投资估算表，包括项目投入总资金估算汇总表、单项工程投资估算表、分年投资计划表和流动资金估算表等。

7.2.7 融资方案

一个建设项目所需要的投资资金，可以从多个来源渠道获得，项目可行性研究阶段，资金筹措工作是根据对建设项目固定资产投资估算和流动资金估算的结果，研究落实资金的来源渠道和筹措方式，从中选择条件优惠的资金。可行性研究报告中，应对每一种来源渠道的资金及其筹措方式逐一论述。并附有必要的计算表格和附件。可行性研究中，应对下列内容加以说明。

1. 资金来源

筹措资金首先必须了解各种可能的资金来源，如果筹集不到资金，投资方案再合理也不能付诸实施，可能的资金渠道有：

1）国家预算内拨款；

2）国内银行贷款（包括拨改贷、固定资产贷款、专项贷款等）；

3）国外资金（包括国际金融组织贷款、国外政府贷款、赠款、商业贷款、出口借贷、补偿贸易等）；

4）自筹资金（包括部门、地方、企业自筹资金）；

5）其他资金来源。

可行性研究中，要分别说明各种可能的资金来源、资金使用条件，利用贷款的，要说明贷款条件、贷款利率、偿还方式、最大偿还时间等。

2. 项目融资方案

融资方案要在对项目资金来源、建设进度进行综合研究后提出。为保证项目有适宜的融资方案，要对可能的融资方式进行比选。

可行性研究中，要对各种可能的融资方式的融资成本、资金使用条件、利率和汇率风险等进行比较，寻求财务费用最经济的融资方案。

7.2.8 项目的财务评价

1. 财务评价的概念

财务评价是根据国家现行财税制度和价格体系，分析、计算项目直接发生的财务效益和费用，编制财务报表，计算评价指标，考察项目盈利能力、清偿能力以及外汇平衡等财务状况，据以判别项目的财务可行性。财务评价是建设项目经济评价中的微观层次，它主要从微观投资主体的角度分析项目可以给投资主体带来的效益以及投资风险。作为市场经济微观主体的企业进行投资时，一般都进行项目财务评价。

2. 财务评价的作用

1）考察项目的财务盈利能力。

2）用于制定适宜的资金规划。

3）为协调企业利益与国家利益提供依据。

3. 财务评价的内容

（1）财务盈利能力评价

财务盈利能力评价主要考察投资项目的盈利水平，为此目的，需编制项目投资现金流量表、项目资本金现金流量表和利润与利润分配表三个基本财务报表。计算财务内部收益率、财务净现值、投资回收期、投资收益率等指标。

(2) 项目的偿债能力分析

投资项目的资金构成一般可分为借入资金和自有资金。自有资金可长期使用，而借入资金必须按期偿还。项目的投资者自然要关心项目偿债能力；借入资金的所有者——债权人也非常关心贷出资金能否按期收回本息。项目偿债能力分析可在编制贷款偿还表的基础上进行。为了表明项目的偿债能力，可按尽早还款的方法计算（表 7-1）。

财务评价的内容与评价指标　　　　　表 7-1

评价内容	基本报表	评价指标	
		静态指标	动态指标
盈利能力分析	项目投资现金流量表	投资回收期	财务内部收益率 财务净现值
	项目资本金现金流量表		财务内部收益率 财务净现值
	利润与利润分配表	投资利润率 投资利税率 资本金利润率	
偿债能力分析	财务计划现金流量表	借款偿还期	
	资产负债表	资产负债率 流动比率 速动比率	
外汇平衡分析	财务外汇平衡表		

(3) 外汇平衡分析

外汇平衡分析主要是考察涉及外汇收支的项目在计算期内各年的外汇余缺程度，在编制外汇平衡表的基础上，了解各年外汇余缺状况，对外汇不能平衡的年份根据外汇短缺程度，提出切实可行的解决方案。

7.2.9　项目的国民经济评价

项目建设的最终目的是实现国民经济的真正增长，因此，在对建设项目进行经济评价时，除了要从投资者的角度考察项目的盈利状况及借款偿还能力外，还应从国家整体的角度考察项目对国民经济的贡献和需要国民经济付出的代价，后者称为国民经济评价。它是项目经济评价的核心部分，是决策部门考虑项目取舍的重要依据。

在项目的国民经济评价中，常用影子价格代替财务价格，以反映资源对国民经济的真实价值。主要指标是经济内部收益率和经济净现值，它们是在编制经济现金流量表的基础上计算得出的。

以上介绍了可行性研究的基本内容，但对每一个具体项目，其内容则不同，根据项目的性质而有所增减和侧重。例如，对于轻纺工业项目，首先应考虑产品的销售条件；对于宾馆饭店的建设，重点应考虑客源，分析其数量和特点，以确定建设项目的规模等级等。总之，在进行可行性研究论证工作时，必须采取认真客观的态度，还要根据建设项目的特点，实事求是地进行分析。

7.3 案例

××写字楼项目可行性研究报告

7.3.1 概论

1. 可行性研究报告编制依据

1)《投资项目可行性研究指南》，2002，国家计委计办投资［2002］15号文件，中国电力出版社

2)《建设项目经济评价方法与参数(第三版)》，2006，中国计划出版社

3) 房地产开发机构发布的工程建设方面的标准、规范、定额

4) 项目周边地区市场调研和现场勘察资料

5) 投资项目方签订的协议书或意向书

6) 其他有关依据资料

7) 项目批复文件

2. 项目的提出

随着A省对内对外的不断发展，现有××公司写字楼其规模、功能越来越不能适应需要，为改善办公条件，增强服务功能，树立城市形象，×年，中共A省委、省政府研究决定，在×市适当位置选址，新建一处规模较大、综合性、多功能的写字楼大厦。A省政府办事处聘请×××市建筑设计院进行规划论证，提出了可行性研究报告。

3. 项目建议书的批复意见

×年×月×日，A省计划委员会回复《××写字楼项目建议书的批复》，主要内容如下："经研究同意，建设××市××写字楼"，总建筑面积46192平方米，项目总投资控制在20256.19万元。

4. 合作方概况(略)

5. 项目概况

(1) 项目名称

××写字楼项目

(2) 项目申办单位

××有限公司

(3) 项目拟选场址

××市××区商业大街

(4) 技术经济指标

项目总建筑面积46192平方米，共有四个部分组成：自用办公部分、经营办公部分、经营网点部分、地下面积(车库和仓储)。地上两幢28层高层，4层裙房，地下两层，具体技术经济指标见表7-2所列：

××写字楼项目技术经济指标　　　　　　　　　表 7-2

序号	项　目	技术经济指标	单位
1	规划用地面积	0.81	hm²
2	总建筑面积	46192	m²
3	自用办公面积	15585	m²
4	经营办公面积	14401	m²
5	经营网点面积	7880	m²
6	地下面积	8326	m²
7	容积率（地上部分）	4.67	
8	建筑密度	35.4	％

(5) 可行性研究报告工作范围

1) 项目建设的必要性

2) 项目市场前景分析

3) 项目选址的可行性

4) 总平面布局的可行性

5) 建筑工程的可行性

6) 公用工程的可行性

7) 消防、节能、抗震、劳动安全与卫生防疫等方面的可行性

8) 项目实施进度

9) 投资估算及经济可行性

10) 结论与建议

(6) 主要经济指标与研究结论

××写字楼项目经测算，预计总投资为 20256.19 万元，预计销售收入达到 6984 万元，经营收入 146400 万元（经济寿命期 30 年），税后内部收益率达到 16.85％，税后净现值（基准收益率 8％）达到 16659 万元，税后静态投资回收期为 7.3 年（含 2 年建设期），该项目的盈利水平较高，销售收入及建设投资等不确定性因素基本处于可控范围之内，因此，项目可行，值得投资（表 7-3）。

××项目主要经济指标表　　　　　　　　　表 7-3

序　号	项　目	经济指标
1	总投资	20256 万元
2	内部收益率（所得税前）	20.58％
3	内部收益率（所得税后）	16.85％
4	净现值（所得税前）	24993 万元
5	净现值（所得税后）	16659 万元
6	投资回收期（税前）	6.17 年
7	投资回收期（税后）	7.30 年

6. 项目建设必要性

(1) 是推动××市政府城区经济发展战略的需要

改革开放以来,××城区经济发展持续增长,目前已经到了一个能否再上新台阶的关键时期。××写字楼项目建设将为该地区经济发展,乃至全市经济建设起到推动作用。

(2) 是实施行业精品战略,进行结构调整的需要

目前该区各类写字楼数量并不少,但软硬件设施堪称一流、服务水平高、各消费者满意的高档写字楼并不多,且存在布局过于集中、经营结构不尽合理的问题。××写字楼项目的建立将对缓解此类矛盾起到应有的作用。

(3) 商务活动的发展需要

本项目紧邻该市的金融与商业中心,建成后可为周边各大金融及其他机构公务人员提供商务活动场所。

7.3.2 项目选址及建设条件

1. 项目区域分析

××写字楼项目所在地某市是中国交通最发达地区之一,已形成陆海空立体交通网络。以该市为中心,至各地的高速公路网已经建成。该项目所在城区是一个具有两千多年历史的古老城区,更是一个充满活力的现代化城区,是该市的政治中心、商贸中心、金融中心、文化中心、旅游胜地以及开放门户。

2. 项目建设地点

××写字楼项目所占地块原为某公司办公旧址,原有建筑物包括办公楼、车库、食堂、礼堂、独身楼和住宅等,总建筑面积约 $15003m^2$,需要支付拆迁费用的面积为 $4075m^2$。原有建筑年代久远,并多次发生火灾及漏雨现象。该地块原有居民超过80%系建设单位职工,拆迁意愿强烈,能够保证项目拆迁工作顺利实施。

建设单位与该区政府初步达成了建设意向,按照建设单位长期与当地政府建立的融洽关系,该项目扩建计划将会得到政府支持,顺利实施。

3. 建设条件

(1) 自然环境条件

该项目位于城区的东部和东北部,位于北温带亚洲季风气候区的边缘,属受季风影响的温带半湿润气候。据统计资料,市区最高气温年平均为13.7℃,最低气温年平均为2.6℃,全年平均温度为7.9℃,极端最高气温32.3℃,极端最低气温−24.7℃。市内平均降雨量为734.5mm,最多年降水量1055.3mm(1953年),最少为445mm(1965年),降水日数历年平均是92.8天,日最大降水量为215.4mm(1973年8月21日),霜期开始于10月上旬,结束于4月下旬,平均210天左右,无霜期平均155天左右。气候主要特征是:冬寒时间较长少雪,夏季时间较短多雨,春秋两季气温变化迅速,春季

多风，秋季晴朗。

(2) 工程地质条件

该项目选址处经工程地质初勘，地基岩土稳定、无不良地质现象，适宜工程建设，一般高层均可采用常规基础。

(3) 基础设施条件

该项目选址地城市基础设施较为完善，给水排水、电力设施、燃气管线、城市热网及通讯设施环绕周边，且有能力为本工程提供完善的服务。且区域环境良好，无噪声源及污染源。

给水排水：由附近道路上的市政给水管道分别引入两条独立的输水管线，其管径均为DN300，供水压力>0.20MPa。

电力：自建一座公用的35kV变电站，从不同的上级电网引入两路来电。并设自备柴油发电机作为备用电源，以满足一级负荷供电可靠性的要求及甲级写字楼和底层商铺的要求。

暖通：本项目拟采用地源热泵技术，通过输入少量的高品位能源（如电能），实现低温位热能向高温位转移。地能分别在冬季作为热泵供暖的热源和夏季空调的冷源。通常地源热泵消耗1kW的能量，用户可以得到4kW以上的热量或冷量。地源热泵要比电锅炉加热节省2/3以上的电能，比燃料锅炉节省约1/2的能量；由于地源热泵的热源温度全年较为稳定，一般为10～25℃，其制冷、制热系数可达3.5～4.4，与传统的空气源热泵相比，要高出40%左右，其运行费用为普通中央空调的50%～60%。

7.3.3 市场分析

1. ××写字楼项目市场现状分析

对于××写字楼项目，从直观上看主要集中在……

2. 项目影响因素分析（略）

3. 项目SWOT分析

(1) SWOT分析简介

SWOT分析即态势分析，用来确定项目本身的竞争优势(strength)，竞争劣势(weakness)，机会(opportunity)和威胁(threat)。按照项目竞争战略的完整概念，战略应是一个项目"能够做的"（即强项和弱项）和"可能做的"（即机会和威胁）之间的有机组合（图7-3）。

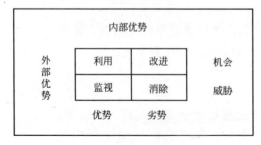

图7-3 SWOT综合分析结果

(2) 优势

1) 地理位置优越

××写字楼项目地理位置绝佳，区位优势明显，市场预期好。项目周边有多条公交线路，交通十分便利，未来成为枢纽地带潜力大，区域的辐射能力将大幅提升。

2) 绿化与景观

××写字楼项目地处南运河北岸，环境优美，眼前展现密集而有序的绿化景观。

3) 成熟的环境配套

××写字楼项目的周边过去是老城区的传统小商业，经过近几年现代生活区的开发，现代商业已经形成；而这里的文化氛围是久已形成的，有省市的重点学校、专业医院、国家重点研究所等；邮政、银行、商业、宾馆和商务公寓等环境配套逐渐积聚和发展起来。深厚的文化积淀、雄厚的科技实力、完善的基础设施，可满足多方面需求，形成良好的投资创业环境。××写字楼项目的开发建设必将成为这里的亮点。

4) 项目的建筑质量和内在环境

发展商丰富的开发经验，严谨的施工管理，先进的建筑技术，低能耗的功能设计，楼宇智能化的引入，生态环境的构建，是××写字楼项目的质量保证和内涵所在。

5) 购买前景

××写字楼项目立足于系统行业优势，面向配套服务，并获得了众多潜在客户的支持，达成初步意向，购买前景看好。

(3) 劣势

1) 临时停车受到限制

由于临近马路，临时停车量有一定局限。

2) 商住氛围不明显

目前项目区域内未形成成熟的商住氛围，是销售不可忽略的难点。

3) 物业要求高

本项目定位为甲级办公中心，对物业管理要求较高。

(4) 机会

1) 地理位置具有发展潜力

××写字楼项目是位于地理位置极具发展潜力和投资升值空间的多功能建筑。项目周边正在建设或拟建多个建筑，形成了集聚效应，提升项目自身的价值。

2) 项目顺应建筑潮流

"××写字楼项目"是具有高品位、高素质、高智能、高质量、低能耗的生态建筑。本项目依托良好的市场环境，发展机遇巨大。

3) 项目适应办公居住需求

"××写字楼项目"在空间划分上具有灵活性，即同一楼层中单元格局的处理可按需间隔，以适应不同买家的规模需要；提出"整合型商务楼"概念。引入"整合型商务楼"的理念，更具市场竞争优势。

4) 行业优势

××写字楼项目主要面向系统内部及配套服务，具有准确行业定位，将有利于宣传推广。

(5) 威胁

1) 周边有类似销售项目

项目对面是正在销售中的商务公寓，对项目的销售有一定的影响，但由于这些项目楼盘供不应求，短时间内不会形成市场需求风险。

2) 商住楼有集中趋势

全市的行政办公楼盘、商务公寓楼盘项目大多处于地理位置优越、保有量丰富的状态。

3) 缺乏商务氛围

区域内没有商务氛围，写字楼、商务公寓的原有量和现有量几乎为零，没有集中商务广场的优势。

4) 商业贷款政策调整

项目的公建属性，给销售过程中的银行按揭带来局限，不利于销售。

5) 政策

随着国家对房地产市场的调整，本项目面临一定的政策风险。土地增值税清算会对开发商施压，可能影响价格决策。两税合并，可能减少开发商的利润。

(6) 项目 SWOT 的综合分析

通过以上 SWOT 分析，得出只要策略处理得当，不利因素完全可以转化为对本项目有利的因素。特别在劣势威胁中，只要控制、引导得当，这些影响不至于成为本项目的硬伤。其他几点只能根据市场及项目实施进行修正。综合以上分析，得到表 7-4。

SWOT 综合分析表　　　　表 7-4

	优势(strength)	劣势(weakness)
机会 (opportunity)	SO 战略 1. 项目应尽快动工，以赶在 2013 年前全盘推向市场，以合理利用下一个需求高峰； 2. 充分利用交通和区位的优势，宣传以写字楼供应为主，提高项目的知名度	WO 战略 1. 物业交由高质量的专业物业管理公司进行管理； 2. 学习、借鉴成功经验，例如国际知名品碑的统一招商、管理等； 3. 把握机会做好宣传，提高影响，突出该项目楼盘的优势，以降低竞争对手给予的写字楼的租售压力
威胁 (threat)	ST 战略 1. 营销和宣传是关键，要把握好尺度，促进租售及资金回笼； 2. 做好融资相关工作，保证项目按规定进度进行； 3. 尽量提升使用价值； 4. 为弱化不确定因素带来的影响，按月进行滚动预算，不断修正项目管理的细部	WT 战略 1. 注意品质，保证达到甲级写字楼的标准； 2. 密切关注写字楼市场的供需、价格等情况； 3. 保证资金链的连续性； 4. 注意宏微观及区域市场的定期和不定期分析，以降低风险

从市场消化能力来看，销售、租赁都会有一定的空间。但从资金回笼的角度看，则应利用好优势，引入新的主题概念和卖点，以缩短销售周期、提高项目附加值。

从以上的分析可以看出，此项目有较大的优势，虽然也有自身的不足，面临一些威胁，但如能发扬自身优势，将不利因素化为最小，结合当前市场形势，利用优势回避威胁的ST战略，建立自己的竞争优势，在设计、开发、管理上突出自身特点，运用科学的营销理论，制定有效的营销策略，克服房地产营销中容易产生的一些问题，则将事半功倍。所以从理论上来看，只要方法到位，本项目是完全可以成功的。

7.3.4 项目建设方案

1. 使用功能确定

根据市场调研情况及对周边地区已建建筑类别，性质、规模分析，并充分考虑到该市建设持续发展的需要，本项目的使用功能确定为集自用办公楼、甲级写字楼、人才科技交流、金融服务产业于一体的大型综合建筑。每项使用功能的确定均源自市场需求，其功能的配置齐全，在建筑群体内可满足各种人群不同的使用要求，这里既有标准办公楼供某公司自用，又有高档甲级写字楼供该地区行业人员办公使用，还有高档的商业设施配套相关金融服务设施。因此项目功能的多样化、专业化，使该地区的功能配套更趋完美，同时项目功能定位的准确性，也为项目建设成功打下良好的基础。

2. 建筑设计方案

(1) 建筑面积和内容

1) 建筑面积

本项目的基本功能由行政办公楼、甲级写字楼、商业店铺及地下停车场等组成。地块规划面积 $46192m^2$，建筑形式为一组双高层建筑综合体（两幢28层高层，4层裙房，地下两层），共有四个部分组成：自用办公部分、经营办公部分、经营网点部分、地下面积（车库和仓储）。

各功能分区面积如下：

总建筑面积 $46192m^2$：其中地下两层，建筑面积 $8326m^2$，

地上 $37866m^2$；

行政办公楼建筑面积 $15585m^2$；

写字楼地上建筑面积 $14401m^2$；

商业店铺建筑面积 $7880m^2$。

地下一、二层，每层建筑面积 $4163m^2$；地下一层车库可向外出租150辆机动车停车位，地下二层车库可向外出租150辆机动车停车位，合计300辆。

2) 建筑高度

共28层。

3) 建筑群组成

① 行政办公楼部分

行政办公楼供某公司办公使用，设四层对内外服务综合交流商务区。首层设有大堂，二层为大型综合对外办公区，三层为职工餐厅，四层设有多功能报告厅。五层以上为办公部分，标准层建筑面积 $500m^2$。考虑到只有一个

单位使用，因此避免了在内部交通组织上采用电梯分设的方式，电梯设置成并排形式，这样便于管理、流线清晰。办公标准层布局灵活，可适应不同的办公需求布局方式。

② 写字楼部分

写字楼是一个 28 层建筑物，与相邻 2 栋 4 层裙房建筑物贴建，中间设抗震缝分隔，标准层建筑面积合计 600m²。由于写字楼单层面积适中，且应能根据市场需求进行灵活划分空间，故不将其再进行划分，届时将按照客户具体需求灵活划分。在首层设独立的出入口及交通厅，从五层以上相对独立设置，并在四层设有统一的交易多功能厅，为写字楼部分使用。

③ 商业店铺部分

商业店铺部分分布在写字楼的底部一至四层和两栋裙房内，商铺的基本形式为跃层式布置，每个商铺均有独立的出入口。每个店铺建筑面积约 500m²。根据该地区已经形成的商业氛围，将商业设施定位在冶金行业相关仪器销售、技术服务和其他金融服务上。

④ 地下部分

地下一层为地下停车库及洗衣房，中、西餐厨房、库房等；

地下二层为地下停车库，人防、各类设备用房。

(2) 总体规划设计

1) 总体平面布局

项目将各不同使用功能的单体建筑有机的组合朝正南向并列布置。

2) 道路系统的规划与设计

根据整体的规划要求，主要的出入口设计在车流量压力相对较小的南面，在两栋高层之间空白区域，节省了空间的同时又保证了人流和物流路线的明确分开，路线清晰。道路等级明确区分，标识性强。

3) 功能分区设计

本项目以主入口经线方向分成两个部分，东侧为自用办公区域，西侧为写字楼商务区。

4) 景观与视觉设计

园区在南主入口的内部设计了大面积的内庭院，用于集中绿化，不仅可以形成良好的景观效果，而且可以达到良好的视觉效果，不仅和建筑的对话关系形成良好的关系，并且注重了建筑群体的视觉景观协调性。

(3) 建设标准

1) 大堂装修/门柱

地面及墙面铺砌优质进口大理石，做艺术吊顶及艺术灯饰。

柱面为磨光花岗石踏步板（或不锈钢材料）。

2) 电梯厅/电梯间

办公楼和写字楼均同时配备六组电梯，垂直交通直达地下一层，地下一层设通往地下车库的出入口；

电梯间内地面采用优质花岗石，墙面采用优质大理石，电梯厅吊顶主要以不锈钢及玻璃为主，配发光灯槽；

商务楼标准层地面为优质大理石，墙面为高能环保涂料，所有楼层电梯间均采用大理石门套，顶棚造型吊顶；

地下一层电梯厅吊顶为轻钢龙骨石膏板，刷白色乳胶漆。

3）楼道/楼梯间

公共部分墙面为刷高级乳胶漆，吸声吊顶；

标准层楼道地面为地面石材，高能环保涂料墙面；

楼梯间地下一层采用花岗石踏步及踢脚，墙面为高级环保涂料；

标准层楼梯间采用水泥踏步及踢脚，墙面为高级环保涂料；

车库地面为水泥压光，墙面为白色乳胶漆，顶棚为白色乳胶漆。

4）办公楼交房标准

办公楼按照中档标准，以满足日常办公需求为原则进行简单装修。

地面为中档大理石石材；

隔墙为轻钢龙骨双面双层石膏板隔声隔墙，使用高能环保涂料。

5）写字楼清水房交房标准

大部分写字楼的使用面积仅粗装修，由未来的入驻商户进一步装修。

地面水泥找平，预留客户自装面层空间，不刷墙、不吊顶；

隔墙为轻钢龙骨双面双层石膏板隔声隔墙；

洁具预留客户自装。

6）写字楼精装房交房标准（待确定后编制交房手册）

考虑公用面积精装修，同时预留一定面积的高档次精装写字间。

隔声吊顶，高级木地板，墙面乳胶漆、艺术照明灯、高级开关（品牌）；

卫生间配套精装修，墙地面为高级瓷砖、高级卫生洁具（品牌）、高级照明灯、玻璃淋浴间隔断。

(4) 外观形象

1）外立面风格

现代风格，色调整体统一的通透落地玻璃窗，结构凸出部分配饰高级外立面贴砖；周围裙房单元外立面保证整体风格的统一和谐，突出裙房之间的独特性，从而达到相互独立而又整体协调的效果。

2）外立面色系

以冷色调通透感强的玻璃窗为主，辅以浅色（暖色）高档贴面砖墙面，以达到稳重、高档的效果。

3）外立面材料

外墙玻璃窗为高档中空双层隔音保温玻璃，贴面砖采用质地密实、釉面光亮、耐磨、防水、耐腐和抗冻性好的品牌外墙面砖。

4）静音设计

选用低噪声设备，并采用减震基础，在各类机房墙面建筑均做专业吸声处理；并采用隔声门；采用中空玻璃，外片为反射玻璃，内片为低辐射玻璃，具有良好的热工性能，防止外来噪声干扰及光污染。

(5) 楼层功能设计

1) 办公楼层与商务楼层规划

两楼首层入口大堂层高均为4.2m(二层)，标准层高为3.15m。主入口均设在南面，临东滨河路；地下停车场入口设于两楼之间。

每层办公楼层面积约为500m^2，标准层使用率在100%以上。

每层商务楼层面积约为600m^2，标准层使用率在70%以上。

2) 室内厨、卫功能设置

办公楼与写字楼每层设置公用卫生间、通风换气管道及上下水管道；

写字楼部分独立单元设置厨房区域，不设管道煤气；

每层防火通道前厅，设立为楼层的公共吸烟区。

3) 主体楼与附楼地下一层利用

办公楼地下一层设立物业办公室、设备间。

附楼地下一、二层为地下车库，与两高层地下一、二层相通，设三个独立入口，电梯直接可从地下一层直达顶层。

3. 结构设计方案

1) 工程概况及结构设计要求

××大厦项目总建筑面积46192m^2，其中地下建筑面积8326m^2，地上建筑面积37866m^2。

本工程为甲类建筑；建筑结构的安全等级为一级；框架及剪力墙的抗震等级均为一级；地基基础设计等级为甲级；桩基础的安全等级为一级。

本地区抗震基本烈度7度，设计基本地震加速度值0.15g。由于本项目属于甲类建筑，按照《建筑抗震设计规范》，应提高一度，按8度(设计基本地震加速度值0.20g)采取抗震构造措施。

2) 结构选形

上部结构为东西两个高层，均为28层。两者之间通过地下基础相连，之间设抗震缝，各自成抗震体系，在平面布置上有利于提高建筑物的抗震能力。两楼平面抗震体系利用大体均匀布置的楼梯间、电梯间墙体剪力墙，以及框架梁柱，组成现浇钢筋混凝土框架——剪力墙抗震体系。

裙房采用全现浇钢筋混凝土框架结构。

3) 基础形式

基础采用箱形基础，将各塔楼和裙房基础连为一体。基础下采用钻孔灌注桩。提高基础的承载力并减小建筑物沉降量。

综上所述，本工程结构和抗震设计可行。

4. 公用设施方案(略)

(1) 给水排水(略)

1) 生活给水(略)

2) 生活排水(略)

(2) 暖通(略)

1) 设计参数(略)

2) 空调系统(略)

3) 通风及防排烟设计(略)

4) 自控设计(略)

(3) 电气(略)

(4) 弱电(略)

7.3.5 专篇设计

(1) 消防(略)

(2) 节能(略)

(3) 防雷(略)

(4) 环保(略)

(5) 智能配套方案(略)

7.3.6 项目组织机构与进度计划

1. 组织机构与人力资源

(1) 组织机构

本项目是既有项目法人项目,因此,项目组织机构不需重新设立,只需在公司成立本项目管理部,负责本项目实施的组织和管理。

为了加强对本建设项目的管理,确保工程质量、工期和控制造价,应按项目管理模式组织工程建设。考虑到国家对建设工程有专门的法律规定,由公司履行项目法人职责,全面负责基础设施项目的规划、筹资、建设管理、协调和决策,具体负责工程项目的规划、设计、招标、施工的组织管理和办理各种建设手续。选调有经验和管理能力强的技术人员承担项目的管理工作,保证工程项目在质量、进度和造价三个方面按预定目标建成投入使用。

(2) 项目管理人力资源配置

本项目人力资源配备的主要任务是在项目管理部内配备土建、电气、水暖、造价等方面的专业技术人员从事工程项目管理;项目运行后实行物业管理。

2. 项目招投标管理(略)

3. 项目实施进度安排

(1) 建设工期

经过论证,本项目总的周期约为 24 个月(包括项目的立项申请)。自 2011 年 1 月起至 2012 年 12 月止。其中,建设工期约为 16 个月。

2011 年 11 月一期工程竣工并投入使用。

2012 年 12 月二期工程竣工并投入使用。

(2) 项目实施进度安排

根据建设程序的要求,结合本项目的特点和工程量以及对项目的使用要求,确定本项目实施进度安排如下(表 7-5):

项目进度计划表　　　　　　　　　表7-5

序号	工作名称	持续时间	开始时间	结束时间
1	立项申请与审批	3个月	2011.1	2011.4
2	场地拆迁	5个月	2011.1	2011.6
3	初步设计及审批	1个月	2011.2	2011.3
4	施工图设计与审查	2个月	2011.3	2011.5
5	施工招投标	1个月	2011.5	2011.6
6	平整场地	1个月	2011.5	2011.6
7	一期主体施工工程	4个月	2011.6	2011.10
8	一期装修与设备安装工程	2个月	2011.10	2011.12
9	一期室外配套工程	2个月	2011.10	2011.12
10	一期竣工验收交付使用	1个月	2011.12	2012.1
11	二期主体施工工程	4个月	2012.5	2012.9
12	二期装修与设备安装工程	2个月	2012.9	2012.11
13	二期室外配套工程	2个月	2012.9	2012.11
14	二期竣工验收交付使用	2个月	2012.11	2013.1
15	项目销售与运营	18个月	2012.07	2014.1

7.3.7 投资估算与资金筹措

1. 投资估算的依据及说明

（1）土地费用

本项目共占土地面积$6105.3m^2$，土地用途为商业，以出让方式取得，取得土地过程所支付的费用包括土地使用权出让金、动迁及安置补助费、契税及其他费用，按照目前该市土地出让的基本制度及公司实际投入情况，可确定此项费用约为$5020元/m^2$。

（2）前期费用

××写字楼项目的主要前期工作费用，包括政府收费、社会费用等两大部分，其中政府收费包括工程定额编制测定费、建设工程质量监督费、规划服务费、卫生设施审查费等；社会费用包括勘察规划设计费、工程监理费和建筑工程保险费等，大约为每平方米建筑面积180元。

（3）建筑安装工程

根据国家建设部、财政部2003年10月15日联合发布的关于印发《建筑安装工程费用项目组成》的通知(建标［2003］206号)，结合该地区的有关工程、设备及材料等的市场行情，并适当考虑《建设工程工程量清单计价规范》(GB 50500—2003)的有关精神，估算得出本项目的建筑安装工程费(含土建、水电、设备等)及装修费的估算结果，大约为$3556元/m^2$。

（4）园区配套费

包括园区内场地平整、路面、软制环境及硬制环境建设等相关费用，大约为300元/m²。

(5) 项目开发费用

××写字楼项目的开发费用包括管理费用、销售费用、财务费用等，其主要估算过程如下：

1) 管理费用

包括管理人员的工资、办公费及差旅费等，预计为1~5项投资总和的3%。

2) 销售费用

由于该公建类房地产市场的竞争日趋激烈，××写字楼项目也应采取科学的营销策略、有效的营销手段，进而在市场上赢得主动。

因此，本报告将销售费用划分为营销费用(例如，广告宣传、售楼员工薪金等)和其他费用两大部分，大约的费用标准预计为销售收入的2%。

3) 建设期利息

全部自筹资金。

(6) 预备费

包括基本预备费和涨价预备费。基本预备费，又称不可预见费，是指在项目实施中难以预料的支出。它需要事先预留，并主要用于设计变更和施工过程中可能增加工程量的费用。涨价预备费是指针对建设期内由于可能的价格上涨引起投资增加，需要事先预留的费用。

对于××写字楼项目及工期，上两项费用根据估算大概为总投资的4%。

2. 总投资估算及投资计划

(1) 总投资估算

依据投资估算的依据及说明，项目总投资20256.19万元，见表7-6所列：

总投资估算表　　　　　　　　　　　　　　　　　表7-6

序号	类别	计算基数	单位	技术经济指标	单位	金额(万元)	备注
1	土地取得费用	4075	平方米	7500	元/m²	3056.25	
2	前期费用	37866	平方米	180	元/m²	681.59	
3	城市基础设施配套费	37866	平方米	148	元/m²	560.42	
4	建筑安装工程费	37866	平方米	3556	元/m²	13465.15	
5	园区配套费	37866	平方米	300	元/m²	1135.98	
6	管理费用	14601	万元	3.00%		438.03	
7	销售费用	6984	万元	2.00%		139.69	
8	财务费用		万元	7.47%	/年	0.00	
9	预备费	19477	万元	4.00%		779.08	
合计			万元			20256.19	

(2) 投资计划

依据投资估算的依据及说明与总投资估算结果，结合项目进度计划，可以得到项目投资计划，见表7-7所列：

投 资 计 划 表　　　　　　　　表 7-7

序号	类别(万元)	2011	2012	2013	合计(万元)
1	土地取得费用	3056			3056
2	前期费用	682			682
3	城市基础设施配套费	287	273		560
4	建筑安装工程费	6905	6560		13465
5	园区配套费	583	553		1136
6	管理费用	225	213		438
7	销售费用		112	28	140
8	财务费用				0
9	预备费	470	308	1	779
合计		12207	8020	29	20256

7.3.8 经济效益分析

1. 营业收入

(1) 销售价格的确定

根据××写字楼项目地块周边楼盘的情况分析,结合该地区房地产市场发展的趋势,本报告认定的××写字楼项目各类物业的平均售价为:

1) 写字间租金 1100 元/年/m²；售价 12000 元/m²；

2) 网点平均租金 3000 元/年/m²；不出售；

3) 车位 18 万元/个。

(2) 销售与经营计划

根据各类房地产项目的面积以及相应的销售均价,将"××写字楼项目"的出租经营收入情况汇总于表 7-8。

项目出租经营收入汇总表　　　　　　　　表 7-8

项目	数量	单价	年收入(万元)
经营办公面积	10081	1100 元/年/m²	1108.9
经营网点面积	7880	3000 元/年/m²	2364
地下车库	200	10000 元/个	200
合计			3672.9

项目销售收入见表 7-9 所列:

项目销售收入汇总表　　　　　　　　表 7-9

项目	数量	单价	收入(万元)
经营办公面积	4320	12000 元/m²	5184.4
地下车库	100	180000 元/个	1800
合计			6984.4

(3) 营业税金

1) 项目缴纳的营业税及附加综合税率5.55%；

2) 企业预交土地增值税暂定为销售收入的1.5%，待项目清盘后按增值的30%计，多退少补；

3) 企业所得税税率25%。

2. 财务及经济效益分析

(1) 财务现金流量分析(表7-10～表7-12)

现金流量表(全部投资)　　　　　　　　　表7-10

序号	年　度	2011	2012	2013	2014	2015	2016	2017
1	现金流入			10657	3765	3859	3955	4054
1.1	销售收入			6984	0			
1.2	经营收入			3673	3765	3859	3955	4054
2	现金流出	12207	8020	1019	510	523	536	549
2.1	建设投资	12207	8020	29				
2.2	经营成本			294	301	309	316	324
2.3	预交土地增值税			105	0			
2.4	营业税及附加			591	209	214	220	225
3	净现金流量	-12207	-8020	9638	3255	3336	3419	3505
4	累计所得税前净现金流量	-12207	-20227	-10589	-7334	-3998	-579	2926
5	所得税			1395	570	590	611	633
6	所得税后净现金流量	-12207	-8020	8243	2685	2746	2808	2872
7	累计所得税后净现金流量	-12207	-20227	-11984	-9300	-6554	-3746	-873

现金流量表(全部投资)续表1　　　　　　　表7-11

序号	年　度	2018	2019	2020	2021	2022	2023	2024
1	现金流入	4156	4259	4366	4475	4587	4702	4819
1.1	销售收入							
1.2	经营收入	4156	4259	4366	4475	4587	4702	4819
2	现金流出	563	577	592	606	622	637	653
2.1	建设投资							
2.2	经营成本	332	341	349	358	367	376	386
2.3	预交土地增值税							
2.4	营业税及附加	231	236	242	248	255	261	267
3	净现金流量	3592	3682	3774	3869	3965	4065	4166
4	累计所得税前净现金流量	6518	10200	13975	17843	21809	25873	30039
5	所得税	654	677	700	723	748	849	874
6	所得税后净现金流量	2938	3005	3074	3145	3218	3216	3292
7	累计所得税后净现金流量	2065	5070	8145	11290	14507	17723	21015

现金流量表(全部投资)续表2　　　　　　　表7-12

序号	年　度	2025	2026	2027	2028	2029	2030	2031
1	现金流入	4940	5063	5190	5319	5452	5589	5728
1.1	销售收入							
1.2	经营收入	4940	5063	5190	5319	5452	5589	776
2	现金流出	669	686	703	721	739	757	
2.1	建设投资							
2.2	经营成本	395	405	415	426	436	447	458
2.3	预交土地增值税							
2.4	营业税及附加	274	281	288	295	303	310	318
3	净现金流量	4270	4377	4486	4599	4714	4831	4952
4	累计所得税前净现金流量	34310	38687	43173	47772	52486	57317	62269
5	所得税		927	954	982	1011	1041	1071
6	所得税后净现金流量		3450	3532	3616	3703	3791	3881
7	累计所得税后净现金流量	27835	31367	34984	38686	42477	46358	

(2) 资产负债分析(表7-13~表7-15)

资　产　负　债　表　　　　　　　　表7-13

序号	年　度	2011	2012	2013	2014	2015	2016	2017
1	资产	20227	20227	24413	26123	27893	29727	31624
1.1	流动资产总额	8020	0	8243	10928	13673	16481	19354
1.1.1	累计盈余资金	8020	0	8243	10928	13673	16481	19354
1.2	在建工程	12207	20227					
1.3	固定资产及无形资产净值				16170	15195	14220	13245	12270
2	负债及所有者权益	20227	20227	24413	26123	27893	29727	31624
2.1	负债	0	0	0	0	0	0	0
2.2	所有者权益	20227	20227	24413	26123	27893	29727	31624
2.2.1	资本金	20227	20227	20227	20227	20227	20227	20227
2.2.3	累计盈余公积金	0	0	165	336	513	696	886
2.2.4	累计盈余公益金	0	0	83	168	257	348	443
2.2.5	累计未分配利润	0	0	3938	5391	6897	8455	10068

资产负债表续表1　　　　　　　　表7-14

序号	年　度	2018	2019	2020	2021	2022	2023	2024
1	资产	33587	35618	37718	39888	42131	44678	47300
1.1	流动资产总额	22292	25297	28372	31517	34735	37950	41242

续表

序号	年 度	2018	2019	2020	2021	2022	2023	2024
1.1.1	累计盈余资金	22292	25297	28372	31517	34735	37950	41242
1.2	在建工程							
1.3	固定资产及无形资产净值	11296	10321	9346	8371	7396	6727	6058
2	负债及所有者权益	33587	35618	37718	39888	42131	44678	47300
2.1	负债	0	0	0	0	0	0	0
2.2	所有者权益	33587	35618	37718	39888	42131	44678	47300
2.2.1	资本金	20227	20227	20227	20227	20227	20227	20227
2.2.3	累计盈余公积金	1083	1286	1496	1713	1937	2192	2454
2.2.4	累计盈余公益金	541	643	748	856	968	1096	1227
2.2.5	累计未分配利润	11737	13463	15247	17092	18999	21163	23392

资产负债表续表2   表 7-15

序号	年 度	2025	2026	2027	2028	2029	2030	2031
1	资产	500001	52782	55645	58592	61625	64747	67959
1.1	流动资产总额	44612	48062	51594	55211	58913	62704	66586
1.1.1	累计盈余资金	44612	48062	51594	55211	58913	62704	66586
1.2	在建工程							
1.3	固定资产及无形资产净值	5389	4720	4050	3381	2712	2043	1374
2	负债及所有者权益	500001	52782	55645	58592	61625	64747	67959
2.1	负债	0	0	0	0	0	0	0
2.2	所有者权益	500001	52782	55645	58592	61625	64747	67959
2.2.1	资本金	20227	20227	20227	20227	20227	20227	20227
2.2.3	累计盈余公积金	2724	3002	3288	3583	3886	4198	4520
2.2.4	累计盈余公益金	1362	1501	1644	1791	1943	2099	2260
2.2.5	累计未分配利润	25688	28052	30485	32990	35569	38222	40953

(3) 财务指标分析

1) 静态指标

① 静态投资利润率

本项目年均利润额为 5478 万元，项目静态投资利润率为 27.04%。

② 静态投资回收期

项目投资回收期(所得税前)=6.17 年

项目投资回收期(所得税后)=7.30 年

2) 动态指标

① 净现值

根据银行贷款利率及风险因素，本项目采用银行贷款利率加风险调整值合计为8%的财务基准收益率。

净现值（所得税前，全部投资，$i_c=8\%$）=24993 万元

净现值（所得税后，全部投资，$i_c=8\%$）=16659 万元

② 内部收益率

项目投资财务内部收益率（所得税前，全部投资）=20.58%

项目投资财务内部收益率（所得税后，全部投资）=16.85%

7.3.9 风险分析

1. 敏感性分析

敏感性分析是指从众多不确定性因素中找出对投资项目经济效益指标有重要影响的敏感性因素，并分析、测算其对项目经济效益指标的影响程度和敏感性程度，进而判断项目承受风险能力的一种不确定性分析方法。

以项目土地价格、建造成本和销售价格为影响因素，进行敏感性分析。经过计算，敏感性分析结果如图7-4、图7-5所示。

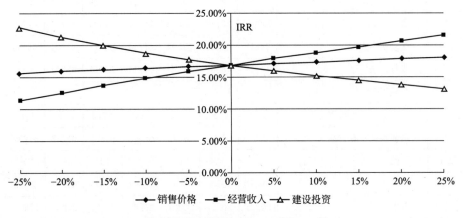

图7-4 IRR敏感性分析变动幅度图

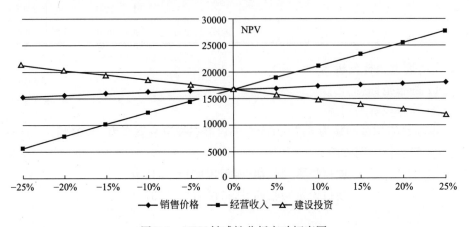

图7-5 NPV敏感性分析变动幅度图

从上图可以看出：

经营收入为最敏感因素，在项目运行过程中需要密切关注，但是当经营收入降低 20% 时，项目净现值为 7859 万元，内部收益率为 12.59%，说明该项目抗风险能力比较强。另外，项目建设投资规模为次敏感因素，在项目建设过程中也要给予相对重视。

综上所述，本项目具有非常好的抗风险能力。

2. 市场风险（略）

3. 经营管理风险（略）

4. 财务风险（略）

7.3.10 综合评价及结论建议

1. 结论

经过论证，可以认为本项目将推动该地区经济的快速发展、完善，促进地区产业结构升级，该项目的建设是十分必要的。

本项目拟定的建设规模和建设方案科学合理，经市场调查和预测分析，本项目的开发与建设符合所在地区的发展目标和方向，同时，由于该项目所处的地理位置优越，因此招商引资的市场前景比较乐观。本项目的各项技术经济指标比较理想。

敏感性分析表明该项目在土地价格、建造成本和销售价格变化时，经济效益指标（IRR 和 NPV）变化不明显，说明项目具有较强的抗风险能力。

综上所述，可以认定该项目是可行的。

2. 建议

本项目的各项经济指标说明项目在经济上是可行的，并且具有较强的抗风险能力。建议严格控制建设期，尽量使各项工程按期完工，以保证项目的整体经济效益。

随着环境保护意识的提高，企业对生态环境的要求也越来越高。因此，项目应注重健全法律和法规体系，提高地区整体的生态意识，营造良好的生态氛围；同时，应该加快区域环境建设步伐，改善投资环境，提高区域招商形象和吸引力。

综上，本研究报告认为，项目在总体上应积极采取增长性战略，抓紧落实项目融资、施工单位选择等事宜，以利于本项目的尽快全面正式启动。进而，在该市房地产市场形势大好的机遇中，获得更大的经济与社会效益。

思考题与习题

7-1 工程项目可行性研究的内容有哪些？

7-2 可行性研究报告的编制依据有哪些？

7-3 可行性研究的作用是什么？

7-4 建设可行性研究的基本工作程序？

7-5 可行性研究报告的工作范围有哪些?
7-6 可行性研究中如何进行风险分析?
7-7 初步可行性研究与详细可行性研究有何区别?
7-8 可行性研究中如何确定项目厂区及厂址选择?
7-9 项目融资方案中资金来源有哪些?
7-10 财务评价在可行性研究中的作用如何?
7-11 谈谈你身边接触过的项目的可行性研究。

第8章 设备更新

本章知识点

> 【知识点】
> 设备磨损、磨损的补偿方式及经济寿命，设备大修理，设备更新的技术经济分析及其基本原则，原型更新、新型更新及现代化改装的分析决策方法，建筑企业根据现有设备的技术状态采用与之相宜的设备更新政策。
>
> 【重点与难点】
> 设备磨损规律、特点及度量，各种磨损的区别及补偿方式，设备经济寿命及计算方法，设备更新方案的经济分析、设备现代化改装的经济分析和设备租赁的经济分析。

8.1 设备的磨损及其补偿

随着新工艺、新技术、新器具、新材料的不断涌现，工程施工在更大的深度和广度上实现了机械化，施工机械设备已成为施工企业生产力不可缺少的重要组成部分。因此，建筑施工企业都存在着如何使企业的技术结构合理化，如何使企业设备利用率、机械效率和设备运营成本等指标保持在良好状态的问题，要解决这些问题，就必须对设备磨损的类型及补偿方式、设备更新方案的比选进行科学的技术经济分析。

8.1.1 设备磨损的类型

设备是企业生产的重要物质条件，企业为了进行生产，必须花费一定的投资，用以购置各种机器设备。设备购置后，无论是使用还是闲置，都会发生磨损。设备磨损分为两大类，四种形式。

1. 有形磨损（又称物理磨损）

有形磨损包括两种形式：

（1）设备在使用过程中，在外力的作用下实体产生的磨损、变形和损坏，称为第一种有形磨损。

（2）设备在闲置过程中受自然力的作用而产生的实体磨损，称为第二种有形磨损。

以上两种有形磨损都造成设备的性能、精度等的降低,使得设备的运行费用和维修费用增加,效率低下,反映了设备使用价值的降低。

2. 无形磨损(又称精神磨损、经济磨损)

无形磨损是技术进步的结果,无形磨损又有两种形式。

(1) 设备的技术结构和性能并没有变化,但由于技术进步,设备制造工艺不断改进,社会劳动生产率水平的提高,同类设备的再生产价值降低,致使原有设备相对贬值。这种磨损称为第一种无形磨损。

(2) 第二种无形磨损是由于科学技术的进步,不断创新出结构更先进、性能更完善、效率更高、耗费原材料和能源更少的新型设备,使原有设备相对陈旧落后,其经济效益相对降低而发生贬值。

有形和无形两种磨损都会引起机器设备原始价值的贬值,这一点两者是相同的。不同的是,遭受有形磨损的设备,特别是有形磨损严重的设备,在修理之前,常常不能工作;而遭受无形磨损的设备,即使无形磨损很严重,其固定资产物质形态却可能没有磨损,仍然可以使用,只不过继续使用它在经济上是否合算,需要分析研究。

3. 设备的综合磨损

设备的综合磨损是指同时存在有形磨损和无形磨损的损坏和贬值的综合情况。对任何特定的设备来说,这两种磨损必然同时发生和同时相互影响。某些方面的技术进步可能加快设备有形磨损的速度,例如高强度、高速度、大负荷技术的发展,必然使设备的物理磨损加剧。同时,某些方面的技术进步又可提供耐热、耐磨、耐腐蚀、耐振动、耐冲击的新材料,使设备的有形磨损减缓,但是其无形磨损加快。

8.1.2 设备磨损的补偿方式

设备发生磨损后,需要进行补偿,以恢复设备的生产能力。由于机器设备遭受磨损的形式不同,补偿磨损的方式也不一样。补偿分局部补偿和完全补偿。设备有形磨损的局部补偿是修理,设备的无形磨损的局部补偿是现代化改装。有形磨损和无形磨损的完全补偿是更新,如图 8-1 所示。

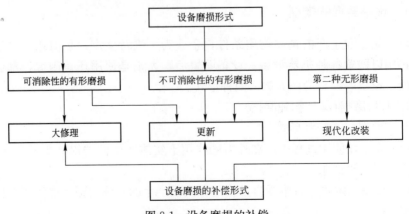

图 8-1 设备磨损的补偿

大修理是更换部分已磨损的零部件和调整设备，以恢复设备的生产功能和效率为主；现代化改造是对设备的结构作局部的改进和技术上的革新，如增加新的、必需的零部件，以增加设备的生产功能和效率为主。这两者都属于局部补偿。更新是对整个设备进行更换，属于完全补偿。

由于设备总是同时遭受到有形磨损和无形磨损，因此，对其综合磨损的补偿形式应进行更深入的研究，以确定恰当的补偿方式。

8.1.3 设备维修

1. 设备大修理及其经济界限

（1）大修理的经济实质

设备在使用过程中不断地经受着有形磨损。设备的零件、部件是由各种不同性质的材料制成的，它们的使用条件也各不相同，因此设备的零件、部件有着不同的服务期限。

修理就是恢复设备在使用过程中局部丧失的工作能力的过程。其中大修理是通过调整修复或更新磨损的零部件的办法恢复设备的精度、生产率，恢复零部件及整机的全部或接近全部的所有功能，以达到设备原有出厂水平。而日常修理是通过调整、修复或更换易损零部件的办法，保持设备在使用过程中的工作能力。

大修理能够利用被保存下来的零部件，这一点与购置新设备相比具有很大的优越性，因而它成为修理存在的经济前提。

（2）长期的大修理所引起的弊端

设备使用过程中，由于各部分之间的摩擦及材料的疲劳和老化，性能也是逐渐劣化的。这种物理的劣化或者性能的劣化，可以借助修理的方法得到全面或局部补偿。但是，修理是有限度的。

1）严重阻碍技术进步。一个企业如果不及时更换技术上陈旧的设备，靠修理来维持生产，设备水平至多能维持出厂时的精度和效率。可是设备技术的发展很快，设备水平没有提高，就意味着落后。

2）对技术上陈旧的设备，长期进行修理在经济上是不合理的。尽管设备在大修理中可利用原有设备零件的大部分，但大修的成本是很高的，而且是一次比一次高，即越修越贵。

3）长期地进行修理，并不能保持设备的原有性能。其精度、效率总是越来越低，性能总是越来越差的，其修理周期是越来越短的。这样，设备就成了提高产量和加速产品更新换代的最大障碍，成了阻碍生产发展的重要因素。

4）多次大修过的设备，其使用费将随之增加。由于设备使用时间的加长，设备保养、维护、中小修费用也随之增大。技术故障所造成的停工损失和废次品损失越来越大，这种设备的劣化程度就使设备的使用费用剧烈增加，因而继续使用旧设备，是十分不经济的。

综合以上几点可以看出，随着技术进步的加快，修理的经济性质将发生变化。我们必须打破传统观念，不能认为修理总是经济的。对于现有设备，不能总是靠修理。尤其是靠大修来维持生产，设备只能越修越贵、越修越落后。设备现代化靠修理是实现不了的，不应长期实行无止境修理的方针。

(3) 确定设备大修理的经济界限

大修理的经济界限是一次大修理所用的费用(R)必须小于在同一年份该种设备的再生产价值(K_n)，即：

$$R < K_n$$

采用这一评价标准时，还应该考虑大修理时设备的残值因素，如果设备在该时期的残值加上大修理费用等于或大于新设备价值时，则大修理费用在经济上是不合理的，此时宁可去买新设备也不进行大修，所以大修理的经济界限条件为：

$$R > K_n - K_L$$

符合上述条件的大修理，在经济上是不是最佳方案呢？

如果设备在大修理后，生产技术特性与同种新设备没有区别，则修理的经济性便是合理的。但实际情况并非如此。设备大修之后，常常缩短了到下一次大修理的间隔期。同时，修理后的设备与新设备相比，技术上的故障多，设备停歇时间长，日常维护和小修理的费用多，与设备使用有关的费用增加，因此修理的质量对于单位产品成本的大小有很大影响。

只有大修后使用该设备生产的单位产品的成本，在任何情况下，都不超过用相同新机器生产的单位产品的成本时，这样的大修理经济上才是合理的。即：

$$C_n - C_r \geqslant 0 \quad \text{或} \quad \frac{C_r}{C_n} \leqslant 1$$

式中　C_n——在新设备上加工单位产品成本；

C_r——在大修过的设备上加工单位产品的成本。

8.1.4　设备现代化改装及其技术经济分析

1. 设备现代化改装的概念和意义

设备超过最佳使用期限之后，就存在更换问题。但是，这里有两个问题尚需研究，第一，国家能否及时提供国民经济各部门更换所需的新设备？第二，陈旧设备一律更换是否最佳？

一种设备从构思、设计、研制到成批生产，一般要经历较长的时间。随着技术进步的加快，这个周期在不断地缩短。例如，在发达的工业国家，从构思、设计、试制到商业性生产，其周期在第二次世界大战前为 40 年左右，到 20 世纪 60 年代中期缩短到 20 年，70 年代缩短到 10 年，最快的仅 5 年。要按这个周期更换掉所有的陈旧设备是不可能的。何况我国设备制造部门的产品更新换代缓慢，用相同结构的新设备去更换现有设备，也体现不出设备更新的优越性。

解决这个矛盾的有效途径是现有设备的现代化改装。所谓设备的现代化改装，是指应用现代的技术成就和先进经验，适应生产的具体需要，改变现有设备的结构,给旧设备换上新部件、新装置、新附件,改善现有设备的技术性能,使之全部达到或局部达到新设备的水平。设备现代化改装是克服现有设备的技术陈旧状态,消除第二种无形磨损,促进现有设备技术进步的方法之一,也是扩大设备生产能力、提高设备质量的重要途径。

在多数情况下,通过设备现代化改装使陈旧设备达到需要的水平,所需的投资往往比用新设备更换为少。因此在不少情况下,设备现代化改装在经济上有很大的优越性。

设备现代化改装具有很大的针对性和适应性。经过现代化改装的设备更能适应生产的具体要求,在某些情况下,其适应具体生产需要的程度,甚至可以超过新设备。有时设备经过现代化改装,其技术特性比新设备水平还高。所以,在个别情况下,对新设备也可以进行改装。这在我国产品更新换代缓慢的情况下,有其特定的意义。

2. 设备现代化改装的技术可能性

设备的现代化改装并不是在任何情况下都是可行的。当出现完全不同于现有方法的新方法而且这种新的加工方法比老方法又有很大的优越性时,通常要求采用另一种设备,这时现代化改装的技术可能性就不存在了。此外,还有一种情况:加工工艺虽然没有变化,但为了进行现代化改装,设备结构要有重大改动,最后保留的可能仅剩机座,有时甚至连机座也要重新加工,这时,对设备进行现代化改装也可以理解为是不可能的。

但是机械加工技术发展最典型、最普遍的情况,并不是从根本上改变设备的结构,而是在原来的基础上建立较完善的结构,使之具有较好的技术特性。因此,对过去生产的设备完全可以通过周期性的现代化改装使之达到或接近先进的技术水平。如果设备机构的完善化是按上述过程在制造厂进行,那么现有旧结构设备的完善化同样可以通过现代化改造的方法在使用厂进行。

据此,现有设备现代化改装在技术上可能做到:①提高设备所有技术特性使之达到现代新设备的水平;②改善设备某些技术特性,使之局部达到现代新设备的水平。

设备的役龄对设备的现代化改装的技术可能性有具体影响。现有设备技术特性的完善程度与役龄有很大关系。对役龄大的特别陈旧的设备进行现代化改装,技术上常常是很困难的,所需费用也较高,对这类设备尽量采取更换的方针。役龄较小的设备进行现代化改装,技术上较容易。一般说来,役龄 10~20 年的设备应是现代化改装的主要对象。

3. 设备现代化改装的技术经济分析

设备现代化改装是广义设备更新的一种方式,因此,研究现代化改装的经济性应与设备更新的其他方法相比较。一般情况下,与现代化改装并存的可行方案有:旧设备原封不动地继续使用,旧设备的大修理,用相同结构新设备更换旧设备或用效率更高、结构更好的新设备更换旧设备。决策的任务就在于从中选择总是成本最小的方案。

8.1 设备的磨损及其补偿

8.2 设备更新的方案比选原则

8.2.1 设备更新的概念

设备更新就是用新设备去替换由于各种原因不宜继续使用的旧设备。就实物形态而言,设备更新是用新的设备代替旧的设备;就价值形态而言,它使设备在运转中消耗掉的价值重新得到补偿。设备更新有以下两种形式:

(1) 用相同的设备去更新有形损耗严重、不能继续使用的旧设备。这种更新只是解决设备的损坏问题,不具有更新技术的性质,不能促进技术的进步。

(2) 用较经济和完善的新设备,即用技术更先进、结构更完善、效率更高、性能更好、耗费能源和原材料更少的新型设备来更换那些技术上不能继续使用或经济上不宜继续使用的旧设备。这种更新不仅能解决设备损坏问题,而且能解决设备技术落后的问题。在当今技术进步很快的条件下设备更新应该主要是第二种。

8.2.2 设备更新的客观必然性

设备需要不断地更新,这是由以下三类矛盾所引出的必然结果。

(1) 社会需要不断发展与现有设备的功能不能相适应之间的矛盾。人们的需求是不断发展变化的,并且越来越多样化、高功能化,但是,作为物质化了的科学技术—设备,一经形成,其功能就被限定。因此,当企业的产品要求改变时,就必须对相应的设备进行更新与改造,以满足生产发展的新需要。

(2) 科学技术不断发展与"凝结"的科学技术水平固定不变的矛盾。技术与产品一样有其经济寿命周期,一项新技术的出现,开始不太完善,经济效益也不高,但经过不断改进,经济效益会越来越高;当技术发展到一定程度后,改进的速度趋向缓慢;当新的、更先进的技术被发现后,旧的技术就开始被淘汰。这是一项技术从生产、发展、成熟直至衰亡的过程,表现为典型的"S"形曲线。实际的技术在不断发展,而已经固化的技术却失去了发展的能力,并逐渐走向灭亡,旧设备被新设备替代就是必然的。

(3) 设备维修的局限性和要求提高综合经济效益的矛盾。设备的修理固然可以使大量的零部件继续使用,但修理往往是单件小批作业,成本高、效率低,而且修理后设备的生产费用往往比新设备高;设备更新一次性投资大,而且旧设备的废弃也会给企业造成一定的损失。但设备更新能提高企业生产的现代化水平,尽快形成新的生产能力。因此,当设备使用了一定年限后,修理的经济效益比更新差时,就应当进行设备更新。

8.2.3 设备寿命期的类型

(1) 设备的自然寿命(物质寿命)

设备的自然寿命,又称物质寿命。它主要是由设备的有形磨损所决定的。

做好设备维修和保养可延长设备的物质寿命,但不能从根本上避免设备的磨损,任何一台设备磨损到一定程度时,都必须进行更新。因为随着设备使用时间的延长,设备不断老化,维修所支出的费用也逐渐增加从而出现恶性使用阶段,即经济上不合理的使用阶段,因此,设备的自然寿命不能成为设备更新的估算依据。

(2) 设备的技术寿命

由于科学技术迅速发展,一方面,对产品的质量和精度的要求越来越高;另一方面,也不断涌现出技术上更先进、性能更完善的机械设备,这就使得原有设备虽然还能继续使用,但已不能保证产品的精度,质量和技术要求而被淘汰。因此,设备的技术寿命就是指设备从投入使用到因技术落后而被淘汰所延续的时间,也即是指设备在市场上维持其价值的时间,故又称为有效寿命。例如一台挖土机,即使完全没有使用过,它也会被功能更完善、技术更为先进的挖土机所取代,这时它的技术寿命可以认为等于零。由此可见,技术寿命主要是由设备的无形磨损所决定的,它一般比自然寿命要短,而且科学技术进步越快,技术寿命越短。所以,在估算设备寿命时,必须考虑设备技术寿命期限的变化特点及其使用的制约或影响。

(3) 设备的经济寿命

经济寿命是指设备从投入使用开始,到继续使用在经济上不合理而被更新所经历的时间。它是维护费用的提高和使用价值的降低决定的。设备使用年限越长,所分摊的设备年资产消耗成本越少。但是随着设备使用年限的增加,一方面需要更多的维修费维持原有功能;另一方面机器设备的操作成本及原材料、能源耗费也会增加,年运行时间、生产效率、质量将下降。因此,年资产消耗成本的降低,会被年度运行成本的增加或收益的下降所抵消。在整个变化过程中存在着某一年份,设备年平均使用成本最低,经济效益最好,如图 8-2 所示。

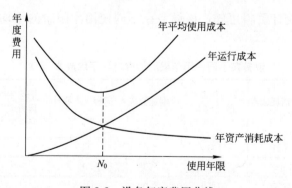

图 8-2 设备年度费用曲线

在 N_0 年时,设备年平均使用成本达到最低值。我们称设备从开始用到其年平均使用成本最小(或年盈利最高)的使用年限 N_0 为设备的经济寿命。所以,设备的经济寿命就是从经济观点(即成本观点或收益观点)确定的设备更新的最佳时刻。

8.2.4 设备经济寿命的估算

确定设备经济寿命期的原则是：
(1) 使设备在经济寿命内平均每年净收益(纯利润)达到最大；
(2) 使设备在经济寿命内年平均使用成本达到最小。

确定设备经济寿命的方法可以分为静态模式和动态模式两种。

(1) 静态模式下设备经济寿命的确定方法

静态模式下设备经济寿命的确定方法，就是在不考虑资金时间价值的基础上计算设备年平均使用成本 $\overline{C}_N$。使 $\overline{C}_N$ 为最小的 N_0 就是设备的经济寿命。

$$\overline{C}_N = \frac{P - L_N}{N} + \frac{1}{N}\sum_{t=1}^{N} C_t \tag{8-1}$$

式中 $\overline{C}_N$——N 年内设备的年平均使用成本；
P——设备目前实际价值；
C_t——第 t 年的设备运行成本；
L_N——第 N 年末的设备净残值。

在式(8-1)中，$\dfrac{P-L_N}{N}$ 为设备的平均年度资产消耗成本，而 $\dfrac{1}{N}\sum_{t=1}^{N}C_t$ 为设备的平均年度运行成本。

【例题 8-1】 某设备目前实际价值为 30000 元，有关统计资料见表 8-1 所列，求其经济寿命。

设备有关统计资料(元)　　　　　　　　　表 8-1

年继续使用年限 t	1	2	3	4	5	6	7
年运行成本(元)	5000	6000	7000	9000	11500	14000	17000
年末残值(元)	15000	7500	3750	1875	1000	1000	1000

【解】 由统计资料可知，该设备在不同使用年限时的平均成本如表 8-2 所示。

设备在不同使用年限时的静态年平均成本(元)　　　表 8-2

使用年限 N	资产消耗成本 $(P-L_N)$	平均年资产消耗成本 (3)=(2)/(1)	年度运行成本 C_t	运行成本累计 $\sum C_t$	平均年度运行成本 (6)=(5)/(1)	年平均使用成本 $\overline{C}_n$ (7)=(3)+(6)
(1)	(2)	(3)	(4)	(5)	(6)	(7)
1	15000	15000	5000	5000	5000	20000
2	22500	11250	6000	11000	5500	16750
3	26250	8750	7000	18000	6000	14750
4	28125	7031	9000	27000	6750	13781
5	29000	5800	11500	38500	7700	13500
6	29000	4833	14000	52500	8750	13583
7	29000	4143	17000	69500	9929	14072

由计算结果可以看出，该设备在使用 5 年时，其平均使用成本 13500 元为最低。因此，该设备的经济寿命为 5 年。

由于设备使用时间越长，设备的有形磨损和无形磨损越加剧，从而导致设备的维护修理费用越增加，这种逐年递增的费用 ΔC_t 称为设备的低劣化。用低劣化数值表示设备损耗的方法称为低劣化数值法。如果每年设备的劣化增量是均等的，即 $\Delta C_t = \lambda$，每年劣化呈线性增长。假设评价基准年（即评价第一年）设备的运行成本为 C_1，则平均每年的设备使用成本 $\overline{C}_N$ 可用下式表示：

$$C = \frac{P - L_N}{N} + \frac{1}{N}\sum_{t=1}^{N} C_t$$

$$= \frac{P - L_N}{N} + C_1 + \frac{1}{N}[\lambda + 2\lambda + 3\lambda + \cdots + (N-1)\lambda]$$

$$= \frac{P - L_N}{N} + C_1 + \frac{1}{2N}[N(N-1)\lambda]$$

$$= \frac{P - L_N}{N} + C_1 + \frac{1}{2}[(N-1)\lambda]$$

要使 $\overline{C}_N$ 为最小，对上式的 N 进行一阶求导，并令其导数为零，据此，可以简化经济寿命的计算，即：

$$N_0 = \sqrt{\frac{2(P - L_N)}{\lambda}} \qquad (8\text{-}2)$$

式中　N_0——设备的经济寿命；
　　　λ——设备的低劣化值。

【例题 8-2】　设有一台设备，目前实际价值 $P = 8000$ 元，预计残值 $L_N = 800$ 元，第一年的设备运行成本 $Q = 600$ 元，每年设备的劣化增量是均等的，年劣化值 $\lambda = 300$ 元，求该设备的经济寿命。

【解】　设备的经济寿命 $N_0 = \sqrt{\frac{2 \times (8000 - 800)}{300}} = 7$ 年

将各年的计算结果列表（表 8-3），进行比较后，也可得到同样的结果（表 8-3）。

用低劣化数值法计算设备经济寿命（单位：元）　　　表 8-3

使用年限 N	平均年资产消耗成本 $(P-L_N)/N$	年度运行成本 C_t	运行成本累计 $\sum C_t$	平均年度运行成本 (5)=(4)/(1)	年平均使用成本 C_N (6)=(2)+(5)
(1)	(2)	(3)	(4)	(5)	(6)
1	7200	600	600	600	7800
2	3600	900	1500	750	4350
3	2400	1200	2700	900	3300
4	1800	1500	4200	1050	2850
5	1440	1800	6000	1200	2640

续表

使用年限 N	平均年资产消耗成本 $(P-L_N)/N$	年度运行成本 C_t	运行成本累计 $\sum C_t$	平均年度运行成本 (5)=(4)/(1)	年平均使用成本 C_N (6)=(2)+(5)
(1)	(2)	(3)	(4)	(5)	(6)
6	1200	2100	8100	1350	2550
7	1029	2400	10500	1500	2529
8	900	2700	13200	1650	2550
9	800	3000	16200	1800	2600

(2) 动态模式下设备经济寿命的确定方法

动态模式下设备经济寿命的确定方法，就是在考虑资金的时间价值的情况下计算设备的净年值 NAV 或年成本 AC，通过比较年平均效益或年平均费用来确定设备的经济寿命 N_0。其计算见下式，即：

$$NAV(N) = \sum_{t=0}^{N}(CI-CO)_t(P/F, i_c, t)(A/P, i_c, N) \tag{8-3}$$

或

$$AC(N) = \sum_{t=0}^{N}CO_t(P/F, i_c, t)(A/P, i_c, N) \tag{8-4}$$

在上式中，如果使用年限 N 为变量，则当 $N_0(0<N_0\leqslant N)$ 为经济寿命时，应满足：

$$NAV(N_0) \rightarrow 最大(\max)$$

$$AC(N_0) \rightarrow 最小(\min)$$

如果设备目前实际价值为 P，使用年限为 N 年，设备第 N 年的净残值为 L_N，第 t 年的运营成本为 C_t，基准折现率为 i_c，其经济寿命为年成本 AC 最小时所对应的 N_0，即：

$$AC_{\min} = P(A/P, i_c, N_0) - L_{N_0}(A/F, i_c, N_0) \\ + \sum_{t=0}^{N_0}C_t(P/F, i_c, t)(A/P, i_c, N_0) \tag{8-5}$$

或

$$AC_{\min} = (P-L_{N_0})(A/P, i_c, N_0) + L_{N_0}i_c \\ + \sum_{t=0}^{N_0}C_t(P/F, i_c, t)(A/P, i_c, N_0) \tag{8-6}$$

由式(8-5)和(8-6)可以看到用净年值或年成本估算设备的经济寿命的过程是：在已知设备现金流量和折现率的情况下，逐年计算出从寿命1年到 N 年全部使用期的年等效值，从中找出平均年成本的最小值(仅考虑项目支出时)，或是平均年盈利的最大值(全面考虑项目收支时)，及其所对应的年限，从而确定设备的经济寿命。

【例题 8-3】 假设折现率为 6%，计算 [例题 8-1] 中设备的经济寿命。

【解】 计算设备不同使用年限的年成本 AC，见表 8-4 所列。可以看出，第 6 年的年成本最小值为 14405.2 元，因此该设备的经济寿命为 6 年。

设备在不同使用年限时的动态年平均成本（单位：元）　　表 8-4

N	$P-L_N$	$(A/P, 6\%, t)$	$L_N \times 6\%$	$(2)\times(3)+(4)$	C_t	$(P/F, 6\%, t)$	$[\sum(6) (7)]\times(3)$	$AC= (5)+(8)$
(1)	(2)	(3)	(4)	(5)	(6)	(7)	(8)	(9)
1	15000	1.0600	900	16800	5000	0.9434	5000	21800
2	22500	0.5454	450	12721.5	6000	0.8900	5485.1	18206.6
3	26250	0.3741	225	10045.1	7000	0.8396	5961.0	16006.1
4	28125	0.2886	112.5	8229.4	9000	0.7921	6656.0	14885.4
5	29000	0.2374	60	6944.6	11500	0.7473	7515.4	14460.0
6	29000	0.2034	60	5958.6	14000	0.7050	8446.6	14405.2
7	29000	0.1791	60	5253.9	17000	0.6651	9462.5	14716.4

8.2.5 设备更新方案的比选

设备更新方案的比选就是对新设备方案与旧设备方案进行比较分析，也就是决定现在马上购置新设备、淘汰旧设备，还是至少保留使用旧设备一段时间，再用新设备替换旧设备。新设备原始费用高，营运费和维修费低；旧设备目前净残值低，营运费和维修费高；必须进行权衡判断，才能做出正确的选择，一般情况是要进行逐年比较的。

由于新设备方案与旧设备方案的寿命在大多数情况下是不等的，各方案在各自的计算期内的净现值不具有可比性。因此，设备更新方案的比选主要应用的仍然是净年值或年成本。

在进行设备更新方案比选时，可按如下步骤进行：

（1）按表 8-4（或表 8-2）计算新旧设备方案不同使用年限的动态（或静态）年平均成本和经济寿命。

（2）设备更新即便在经济上是有利的，却也未必应该立即更新。换言之，设备更新分析还包括一种所谓的更新实际选择问题。现有已用过一段时间的旧设备究竟在什么时候更新最经济？

如果旧设备继续使用 1 年的年成本低于新设备的年成本，即 $AC(旧)<AC(新)$ 时，不更新旧设备，继续使用旧设备 1 年。

当新旧设备方案出现 $AC(旧)>AC(新)$ 时，应更新现有设备，这即是设备更新的时机。

总之，以经济寿命为依据的更新方案比较，使设备都使用到最有利的年限来进行分析。

8.2.6 设备费用要素的确定

设备更新经济分析的核心问题是经济寿命，而经济寿命确定的是否符合实际，依赖于对设备各项费用要素的正确估计。设备费用要素有设备投资、折旧费和维持费。下面介绍设备费用要素的确定和计算方法。

8.2.7 设备投资的确定

对一项新设备而言，设备投资就是设备的购置费，它包括设备价格、运输费、安装及试运转费用，但对运行中旧设备价值的确定，却不断引起人们的争论。旧设备的价值有原始价值和扣除历年折旧后的账面价值，如果将其出售或转让，可以得到其实际价值，如果以旧换新还可以得到其抵扣价值。更新经济分析是从现在状态来研究使用现有设备的经济合理性问题，因此不应以原始价值作为它的投资是显而易见的。抵扣价值往往随着夸大了新设备价格而被扭曲，不能反映现有设备的真实价值。至于账面价值要作分析，要看它是否符合实际情况而定，要正确地确定现有设备正常运行追加的投资。账面价值高出实际价值的部分叫沉没成本，它是过去的支出，现在和将来都不能复得的价值损失，在设备更新经济分析时，不应把沉没成本计入现有设备的投资中。因为更新时现有设备只能以市场价格出售，不更新时，表面上看来似乎可以通过提取折旧费的方式把这部分损失全部收回，但从机会成本的观点来看，企业失掉了采用新设备获得较多收益的机会，事实上也是一种损失，所以若账面价值高于实际价值时不应按账面价值估计现有设备的投资。

8.2.8 设备折旧费的计算

1. 设备折旧费的概念

设备在长期参加生产过程中，虽然能保持其实物状态，但要产生损耗。损耗是消耗设备的过程，也是其价值逐渐地、一部分一部分地转移到由它生产的产品中去的过程。为了补偿设备的损耗，保持设备价值摊入成本，并在产品销售出去后及时提取出来，以便维持设备简单再生产的顺利进行。这部分补偿设备损耗的价值叫作设备折旧，它是设备使用费用的一部分。

通常用折旧率的形式来计算折旧费的大小，折旧率大小反映设备折旧费占设备价值的百分比。

合理制定设备的折旧率不仅是正确计算成本的依据，而且是促进技术进步，有利设备更新的政策问题。正确的折旧率应该既反映设备的有形损耗，又反应设备的无形损耗，应该与设备的实际损耗相符合。如果折旧率规定得太低，则设备使用期满还没有把设备的价值全部转移到产品中去，也就是提取的折旧费不足以抵偿设备的损耗，使生产的资产受到侵蚀，设备更新就会受到影响。这样会使企业设备得不到及时更新，影响企业生产的正常进行。相反，如果折旧率规定得太高，使折旧费抵偿设备实际损耗而有余，就会人为的增加成本而缩小企业盈利。

设备折旧费是设备的大修理、更新和现代化改装的主要资金来源，合理的折旧制度对加速资金周转，增强企业自我改造、自我发展的能力，促进技术进步、提高竞争能力和经济效益都有着重要的意义。

2. 设备折旧费的计算方法

折旧率是按年分摊设备价值的比率，年折旧费的大小与设备本身的价值及其使用年限有密切关系。设备价值是个常数，而折旧率的大小则主要取决于设备的使用期限。折旧率之所以难确定，其原因主要是难以准确地估计设备的折旧年限。常用的折旧方法有以下几种。

(1) 直线法

又称平均年限法，它是最简单，也是最常用的一种方法。该法是将设备原始值减去预估净残值（最终残值扣除清理费的余额），求得应折旧的价值，然后再除以折旧寿命，即得每年的折旧额。因此，用直线法计算的各年折旧额是完全相等的。

若设备的原始价值为 K_0，预估的设备净残值为 K_L，设备的折旧年限为 N，则年折旧额 D 的计算公式为：

$$D=\frac{K_0-K_L}{N} \tag{8-7}$$

年折旧率 γ 的计算公式为：

$$\gamma=\frac{K_0-K_L}{NK_0} \tag{8-8}$$

【例题 8-4】 一台设备原始价值为 16000 元，预计折旧年限为 5 年，净残值为 1000 元，则该设备按直线计算的折旧额为

$$D=\frac{16000-1000}{5}=3000 \text{ 元}$$

(2) 余额递减法

这种折旧方法的特点是折旧率不变，而作为计算折旧依据的折旧价值不是设备的原始价值，是逐年减少的折旧余值，即原值扣除折旧额后的剩余值。其计算方法如下。

设 K_0 为设备的原始价值，K_L 为设备的净残值，γ 为固定的年折旧率，C_1，C_2，C_3，…，C_n 分别为第 1，2，3，…，n 年末的账面价值。则：

$$C_1=K_0(1-\gamma)$$
$$C_2=C_1(1-\gamma)=K_0(1-\gamma)^2$$
$$C_3=C_1(1-\gamma)=K_0(1-\gamma)^3$$
$$\cdots$$
$$C_n=K_0(1-\gamma)^n$$

由于最后一年，即第 n 年末的残值应等于预计的净残值 K_L。于是：

$$K_L=C_n=K_0(1-\gamma)^n$$

由此可以求得固定的年折旧率公式为：

$$\gamma=1-\sqrt[n]{\frac{K_L}{K_0}} \quad (K_L>0) \tag{8-9}$$

第 m 年折旧额的计算公式如下：

$$D_m=K_0(1-\gamma)^{m-1}\gamma \tag{8-10}$$

【例题 8-5】 仍采用【例题 8-4】数据，余额递减法的年折旧率为：

$$\gamma=1-\sqrt[5]{\frac{1000}{16000}}=1-0.5743=0.4257$$

设备各年的折旧额见表 8-5 所列。

余额递减法计算表 表 8-5

使用年数 N	折旧额/元	折旧额累计/元	折旧余值/元
0	—	—	16000
1	6811	6811	9189
2	3912	10732	5277
3	2246	12969	3031
4	1290	14259	1741
5	741	15000	1000

(3) 双倍余额递减法

这种方法所用的折旧率是残值为零时直线折旧率的两倍,逐年折旧的基数是按原始价值扣除累计折旧额计算的。该法于折旧年限终了时,设备的折旧余值并不等于残值,为此到最后两年用直线法计算。

第 m 年折旧额的计算公式如下:

$$D_m = \frac{2K_0}{N}\left(1-\frac{2}{N}\right)^{m-1}$$

【例题 8-6】 仍采用【例题 8-4】的数据,这时折旧率为 0.4,改用直线法的年度为第四、第五年,则各年折旧额的计算见表 8-6 所列。

双倍余额递减法计算表 表 8-6

N	折旧额/元	折旧额累计/元	折旧余值/元
0	—	—	16000
1	6400	6400	9600
2	3840	10240	5760
3	2304	12544	3456
4	1228	13772	2228
5	1228	15000	1000

(4) 年数总和法

这种折旧方法的折旧率是逐年变化的,它可用从 1 到 n 的年度数字之和为分母,以包括欲求折旧额当年在内的剩余年数作分子求得,折旧的基数与直线法一样,是设备原始价值扣除残值后的折旧价值。

第 m 年折旧额的计算公式如下:

$$D_m = \frac{N-(m-1)}{\sum_{j=1}^{N} j}(K_0 - K_L) \tag{8-11}$$

式中

$$\sum_{j=1}^{N} j = 1+2+3+4+\cdots+(N-1)+N = \frac{N(N+1)}{2} \tag{8-12}$$

【例题 8-7】 仍采用【例题 8-4】的数据，用年数总和法求各年折旧额，利用式(8-11)可求

年的折旧额如下：

$$D_1 = \frac{5}{15} \times (16000 - 1000) = 5000$$

$$D_2 = \frac{4}{15} \times (16000 - 1000) = 4000$$

$$D_3 = \frac{3}{15} \times (16000 - 1000) = 3000$$

$$D_4 = \frac{2}{15} \times (16000 - 1000) = 2000$$

$$D_5 = \frac{1}{15} \times (16000 - 1000) = 1000$$

余额递减法、双倍余额递减法和年数总和法又称快速折旧法。采用这些方法的理由是：设备在整个使用过程中，其效能是变化的，其使用的前几年设备处在较新状态，效能较高，可为企业提供较多的经济效益；后几年特别是接近更新前夕，效能较低，为企业提供的经济效益相对减少，因此前几年分摊的折旧费应比后几年多一些。

3. 设备维持费用

设备维持正常运行，要支出营运费，它包括操作人员工资、燃料和动力费、保险费、税金等。除此之外，设备旧的时候和新的时候相比较，有两点明显差异：一是产量下降，二是品质不良率上升。品质不良率的上升，不但影响产品的销售收入，也使返工费用增加，所有上述原因都会使产品成本提高。因此，因产品质量下降造成的损失，也应包含在设备维持费之中。

8.3 设备租赁

8.3.1 设备租赁的概念

租赁，从字面上讲就是租用他人的物件。设备租赁是设备使用者（承租人）按照合同规定，按期向设备所有者（出租人）支付一定费用而取得设备使用权的一种经济活动。设备租赁一般有融资租赁和经营租赁两种方式。在融资租赁中，租赁双方承担确定时期的租让和付费义务，而不是任意终止和取消租约，贵重的设备（如重型机械设备等）宜采用这种方法；在经营租赁中，租赁双方的任何一方可以随时以一定方式在通知对方后的规定期限内取消或终止租约，临时使用的设备（如车辆、仪器等）通常采用这种方式。

由于租赁具有把融资和融物结合起来的特点，这使得租赁能够提供及时而灵活的资金融通方式，是企业取得设备进行生产经营的一个重要手段。

1. 对于承租人来说，设备租赁与设备购买相比的优越性在于：

(1) 在资金短缺的情况下，既可用较少资金获得生产急需的设备，也可以

引进先进设备，加速技术进步的步伐；

(2) 可获得良好的技术服务；

(3) 可以保持资金的流动状态，防止呆滞，也不会使企业资产负债状况恶化；

(4) 可避免通货膨胀和利率波动的冲击，减少投资风险；

(5) 设备租金可在所得税前扣除，能享受税费上的利益。

2. 设备租赁的不足之处在于：

(1) 在租赁期间承租人对租用设备无所有权，只有使用权，故承租人无权随意对设备进行改造，不能处置设备，也不能用于担保、抵押贷款；

(2) 承租人在租赁期间所交的租金总额一般比直接购置设备的费用要高；

(3) 长年支付租金，形成长期负债；

(4) 融资租赁合同规定严格，毁约要赔偿损失，罚款较多等。

正是由于设备租赁有利有弊，故在租赁前要进行慎重的决策分析。

8.3.2 影响设备租赁与购买的主要因素

企业在决定进行设备投资之前，必须进行多方面考虑。因为，决定企业租赁或购买的关键在于能否为企业节约尽可能多的支出费用，实现最好的经济效益。为此，首先需要考虑影响设备投资的因素。

1. 影响设备投资的因素

影响设备投资的因素较多，其主要包括：

(1) 项目的寿命期；

(2) 企业是否需要长期占有设备，还是只希望短期占有这种设备；

(3) 设备的技术性能和生产率；

(4) 设备对工程质量(产品质量)的保证程度，对原材料、能源的消耗量，以及设备生产的安全性；

(5) 设备的成套性、灵活性、耐用性、环保性和维修的难易程度；

(6) 设备的经济寿命；

(7) 技术过时风险的大小；

(8) 设备的资本预算计划、资金可获得量(包括自由资金和融通资金)，融通资金时借款利息或利率高低；

(9) 提交设备的进度。

2. 影响设备租赁的因素

对于设备租赁，除考虑上述因素外，还应考虑如下影响因素：

(1) 租赁期长短；

(2) 设备租金额，包括总租金额和每租赁期租金额；

(3) 租金的支付方式，包括租赁期起算日、支付日期、支付币种和支付方法等；

(4) 企业经营费用减少与折旧费和利息减少的关系；租赁的节税优惠；

(5) 预付资金(定金)、租赁保证金和租赁担保费用；

(6) 维修方式,即是由企业自行维修,还是由租赁机构提供维修服务;

(7) 租赁期满,资产的处理方式;

(8) 租赁机构的信用度、经济实力,与承租人的配合情况。

3. 影响设备购买的因素

对于设备购买,除考虑前述 1 的因素外,也应该考虑如下影响因素:

(1) 设备的购置价格、设备价款的支付方式,支付币种和支付利率等;

(2) 设备的年运转费用和维修方式、维修费用;

(3) 保险费,包括购买设备的运输保险费,设备在使用过程中的各种财产保险费。

总之,企业是否做出租赁与购买决定的关键在于技术经济可行性分析。因此企业在决定进行设备投资之前,必须充分考虑影响设备租赁与购买的主要因素,才能获得最佳的经济效益。

8.3.3 掌握设备租赁与购买力方案的分析方法

采用购置设备或是采用租赁设备应取决于这两种方案在经济上的比较,比较的原则和方法与一般的互斥投资方案的比选方法相同。

1. 设备租赁与购买方案的步骤

(1) 根据企业生产经营目标和技术状况,提出设备更新的投资建议。

(2) 拟定若干设备投资、更新方案,包括:购置(有一次性付款和分期付款购买),租赁。

(3) 定性分析筛选方案,包括分析企业财务能力,分析设备技术风险、使用维修特点。

① 分析企业财务能力,如果企业不能一次筹集并支付全部设备价款,则去掉一次付款购置方案。

② 分析设备技术风险、使用维修特点,对技术过时风险大、保养维护复杂、使用时间短的设备,可以考虑租赁方案;对技术过时风险小、使用时间长的大型专用设备则融资租赁方案或购置方案均是可以考虑的方式。

(4) 定量分析并优选方案,结合其他因素,作出租赁还是购买的投资决策。

2. 设备经营租赁与购置方案的经济比选方法

进行设备经营租赁与购置方案的经济比选,必须详细地分析各方案寿命期内各年的现金流量情况,据此分析方案的经济效益,确定以何种方式投资才能获得最佳收益。

(1) 设备经营租赁方案的净现金流量

采用设备经营租赁的方案,租赁费可以直接计入成本,其净现金流量每期为:

净现金流量=销售收入-经营成本-租赁费用-与销售相关的税金-所得税率
    ×(销售收入-经营成本-租赁费用-与销售相关的税金) (8-13)

式中,租赁费用主要包括:租赁保证金、租金、担保费。

1) 租赁保证金

为了确认租赁合同并保证其执行,承租人必须先交纳租赁保证金。当租赁合同结束时,租赁保证金将被退还给承租人或在偿还最后一期租金时加以抵消。保证金一般按合同金额的一定比例计,或是某一期数的金额(如一个月的租金额)。

2) 担保费

出租人一般要求承租人请担保人对该租赁交易进行担保,当承租人由于财务危机付不起租金时,由担保人代为支付租金。一般情况下,承租人需要付给担保人一定数目的担保费。

3) 租金

租金是签订租赁合同的一项重要内容,直接关系到出租人与承租人双方的经济利益。出租人要从取得的租金中得到出租资产的补偿和收益,即要收回租赁资产的购进原价、贷款利息、营业费用和一定的利润。承租人则要比照租金核算成本。影响租金的因素很多,如设备的价格、融资的利息及费用、各种税金、租赁保证金、运费、租赁利差、各种费用的支付时间,以及租金采用的计算公式等。

对租金的计算主要有附加率和年金法。

① 附加率法

附加率法是在租赁资产的设备货价或概算成本上再加上一个特定的比率来计算租金。每期租金 R 表达式为:

$$R = P\frac{(1+N\times i)}{N} + P\times r \tag{8-14}$$

式中　P——租金资产的价格;

　　　N——租赁期数,可按月、季、半年、年计;

　　　i——与租赁期数相对应的利率;

　　　r——附加率。

【例题 8-8】 租赁公司拟出租给某企业一台设备,设备的价格为 68 万元,租期为 5 年,每年年末支付租金,折现率为 10%,附加率为 4%,问每年租金为多少?

【解】　$R = 68\times\dfrac{(1+5\times 10\%)}{5} + 68\times 4\% = 23.12$ 万元

② 年金法

年金法是将一项租赁资产价值按相同比率分摊到未来各租赁期间内的租金计算方法。年金法计算有期末支付和期初支付租金之分。

期末支付方式是在每期期末等额支付租金。每期租金 R 的表达式为:

$$R = P\frac{i(1+i)^N}{(1+i)^N - 1} \tag{8-15}$$

式中　P——租赁资产的价格;

　　　N——租赁期数,可按月、季、半年、年计;

　　　i——与租赁期数相对应的利率或折现率。

期初支付方式是在每期期初等额支付租金，期初支付要比期末支付提前一期支付租金。每期租金 R 的表达式为：

$$R = P \frac{i(1+i)^{N-1}}{(1+i)^N - 1} \tag{8-16}$$

【例题 8-9】 折现率为 12%，其余数据与【例题 8-8】相同，试分别按每年年末、每年年初支付方式计算租金。

【解】 若按年末支付方式：

$$R = 68 \times \frac{12\% \times (1+12\%)^5}{(1+12\%)^5 - 1} = 68 \times 0.2774 = 18.86 \text{ 万元}$$

若按年初支付方式：

$$R = 68 \times \frac{12\% \times (1+12\%)^{5-1}}{(1+12\%)^5 - 1} = 68 \times 0.2477 = 16.84 \text{ 万元}$$

(2) 购买设备方案的净现金流量

与租赁相同条件下的购买设备方案的净现金流量每期为：

净现金流量＝销售收入－经营成本－设备购置费－贷款利息－与销售相关的税金
　　　　　－所得税率×(销售收入－经营成本－折旧－贷款利息
　　　　　－与销售相关的税金)　　　　　　　　　　　(8-17)

(3) 设备租赁与购买方案的经济比选

对于承租人来说，关键的问题是决定租赁，还是购买设备。而设备租赁与购置的经济比选也是互斥方案选优问题，一般寿命相同时可以采用净现值法，设备寿命不同时可以采用年值法。无论用净现值法，还是年值法，均以收益效果较大或成本较少的方案为宜。

在工程经济互斥方案分析中，为了简化计算，常常只需比较它们之间的差异部分。而设备租赁与购置方案经济比选，最简单的方法是在假设所得到设备的收入相同的条件下，将租赁方案和购买方案的费用进行比较。根据互斥方案比选的增量原则，只需比较它们之间的差异部分。从式(8-15)和式(8-16)两式可以看出，只需比较：

设备租赁：所得税率×租赁费－租赁费；
设备购置：所得税率×(折旧＋贷款利息)－设备购置费－贷款利息。

由于每个企业都要依利润大小缴纳所得税，按财务制度规定，租赁设备的租金允许计入成本；购买设备每期计提的折旧费也允许计入成本；若用借款购买设备，其每期支付的利息也可以计入成本。在其他费用保持不变的情况下，计入成本越多，则利润总额越少，企业交纳的所得税也越少。因此在充分考虑各种方式的税收优惠影响下，应该选择税后收益更大或税后成本更小的方案。

【例题 8-10】 某企业需要某种设备，其购置费为 20 万元，可贷款 10 万元，贷款利率为 8%，在贷款期 3 年内每年年末等额还本付息。设备试用期为 5 年，期末设备残值为 5000 元。这种设备也可以租赁到，每年末租赁费为 56000 元。企业所得税税率为 33%，采用直线折旧，基准折现率为 10%，试为企业选择方案。

第 8 章 设 备 更 新

【解】 1) 企业若采用购置方案

a. 计算年折旧费

$$年折旧费 = \frac{200000-5000}{5} = 39000 \text{ 元}$$

b. 计算年借款利息

各年支付的本利和 A 按下式计算，则各年的还本付息见表 8-7 所列。

各年支付的利息（单位：元）　　　　　表 8-7

年份	期初剩余本金	本期还款金额	其中本期支付本金	其中本期支付利息
1	1000000	38803	30803	8000
2	69197	38803	33267	5536
3	35930	38803	35929+1	2874

注：第 3 年剩余本金 "+1" 是约去尾数误差的累计值

c. 计算设备购置方案的净现值 NPV(购)

当贷款购买时，企业可以将所支付的利息及折扣从成本中扣除而免税，并且可以回收残值。

$$\begin{aligned}
NPV(购) &= 0.33 \times (39000+8000)(P/F, 10\%, 1) + (39000+5536)(P/F, 10\%, 2) \\
&\quad + (39000+2874)(P/F, 10\%, 3) + 39000(P/F, 10\%, 4) \\
&\quad + 39000(P/F, 10\%, 5) - 200000 + 2000(P/F, 10\%, 5) \\
&\quad - 8000(P/F, 10\%, 1) - 5536(P/F, 10\%, 2) \\
&\quad - 2874(P/F, 10\%, 3) \\
&= 0.33 \times (47000 \times 0.9091 + 44536 \times 0.8264 + 41874 \times 0.7513 \\
&\quad + 39000 \times 0.6830 + 39000 \times 0.6209) - 200000 + 5000 \times 0.6209 \\
&\quad - 8000 \times 0.9091 - 5536 \times 0.8264 - 2874 \times 0.7513 \\
&= -157493.87 \text{ 元}
\end{aligned}$$

2) 计算设备租赁方案的现值 NPV(租)

当租赁设备时，承租人可以将租金计入成本而免税。

$$\begin{aligned}
NPV(租) &= 0.33 \times 56000(P/A, 10\%, 5) - 56000(P/A, 10\%, 5) \\
&= 0.33 \times 56000 \times 3.7908 - 56000 \times 3.7908 \\
&= -142230.82 \text{ 元}
\end{aligned}$$

因为，NPV(租) > NPV(购)，所以从经济角度出发，应该选择租赁设备的方案。

8.4　案例分析

8.4.1　原型设备更新分析

在现实中存在着很多将来用以更新的设备购置价格和净收益与现有设备大致相同的情况。由于物价上升，越是未来的设备，其投资额及净收益值就越大。因此，此时如果按实质价值计算将来的投资额、各种收入和支出，资本的利率也按实质价值计算的话，则将这种更新过程看作是周期性的更新，在很多情况下不会有太大的出入。

假设某设备的购置价格为 C_0，此后，随着设备使用年数的增加，维修、保养等费用也在增加，由于设备故障渐增、不合格品率增加，因而销售收益逐年减少，造成投资后每年的净收益渐减。令第 $1, 2, \cdots, j, \cdots$ 年末的渐减的净收益分别为 $R1, R2, \cdots, Rj$；该设备使用 n 年后的处理价格 L_n 将随着使用年数的增加而减少。令资本的利率为 i，该设备在使用的 n 年内净等额年值的计算公式如下：

$$AC(n) = \left[C_0 + \sum_{j=1}^{n} \frac{E_j}{(1+i)^j} - \frac{L_n}{(1+i)^n} \right] \times (A/P, i, n)$$

由于前面已经假定为周期性更新问题，因而在周而复始地使用的整个期间内，净年值与第一周期的净年值是完全相等的，所以只要找到使上式值为最大的 n 值，就等于找到了最佳经济寿命，即更新间隔的年数。

如所生产产品的收益一定，可以用每年年末的作业费用 $E1$、$E2$ 代替每期期末的净收益值。则依据下式求出的使总费用年值为最小的年数，即为经济寿命：

$$AW(n) = \left[\sum_{j=1}^{n} \frac{R_j}{(1+i)^j} + \frac{L_n}{(1+i)^n} - C_0 \right] \times (A/P, i, n)$$

【例题 8-11】 某污水处理设备投资额为 3000 万元，估计其在运行时的作业费用为：第 1 年 500 万元，第 2 年 600 万元，$\cdots$，即逐年以 100 万元的速度递增，设备的处理价值：第 1 年年末为 2100 万元，第 2 年年末为 1470 万元，$\cdots$，即处理价值每年为前一年的 70%。该设备预计将周期性的更新，资本的利率 $i = 12\%$。那么每隔多少年更新一次有利？此时年平均费用为多少？

【解】 该设备的使用目的也已确定，因此多少年更新并不由收益所左右。该问题是已知 C_0、E_j 和 L_N 的类型，因此只要求出使年等额费用为最小的年数即可。为了计算方便，可采用列表的形式求解，见表 8-8 所列。

列 表 求 解 法　　　　　　　　表 8-8

① 年数	② 作业费用	③ ②×(P/F, i, n)	④ ③的累计值	⑤ ④×(A/P, i, n)	⑥ 300×(A/P, i, n)	⑦ 处理价值	⑧ ⑦×(A/F, i, n)	⑨ ⑤+⑥−⑧
1	500	446.5	446.5	500	3360	2100	2100	1760
2	600	478.3	924.8	547.2	1775.1	1470	693.4	1629
3	700	498.3	1423.1	592.6	1249.2	1029	305.0	1537
4	800	508.4	1931.5	635.8	987.6	720	150.7	1473
5	900	510.7	2442.2	677.5	832.2	504	79.3	1430
6	1000	506.6	2948.8	717.1	729.6	353	43.5	1403
7	1100	497.6	3446.4	755.8	657.3	247	24.5	1388
8	1200	484.7	3931.1	791.3	603.9	173	14.1	1381.1
9	1300	468.8	4399.9	825.9	563.1	121	8.2	1380.8
10	1400	450.8	4850.7	858.6	531.0	85	4.8	1384.8
11	1500	431.3	5282.0	889.5	505.2	60	2.9	1391.8

第8章 设 备 更 新

在实际应用时,如果根据经验即可大致估计出经济寿命的范围,则只需计算在此范围内各年的总费用的年值,然后加以比较也是可以的。例如,估计该题设备的经济寿命可能在7～10年间,则只需计算4个年份的总费用年值,找出最小值所在的年数即可。这样做可以减少有些栏目数值计算的工作量。在很多情况下设备的处理价值很小,可以忽略,此时即可以省略表8-3中的⑦栏和⑧栏;在第⑨栏中,只需计算⑤栏与⑥栏数值之和即可。

8.4.2 新设备与现有设备的比较

经济寿命的概念经常提醒人们是否应该将现有设备更新的问题。此时所谓"不更新",准确地说是"现时点不更新",因此就意味着是否将现有设备更新成新设备的互斥方案有如下数种:

(1) 方案 0:现时点更换成新设备,此后每隔 n 年更新一次;

(2) 方案 1:现有设备再使用 1 年,1 年后更新成新设备,此后每隔 n 年更新一次;

(3) 方案 2:现有设备再使用 2 年,2 年后更新成新设备,此后每隔 n 年更新一次;

(4) 方案 m:现有设备再使用 m 年,m 年后更新成新设备,此后每隔 n 年更新一次。

在现实经济生活中,经常会发生下述情况:虽然存在有利的投资方案,但是,由于无法筹措所需的资金或者由于其他原因而不得不将这种投资机会推迟1年或1年以上;有时由于种种原因还不得不从几个有利的投资方案中确定哪些方案推迟进行。对于设备的更新方案也是如此。因而就需要研究上述情况下的净收益(或损失)的数值。那么,如何评价提前(或推迟),用新设备更换现有设备所产生的收益(或损失)值呢?

提前(或推迟)更新时的净收益(或损失)值的计算可按下述定理进行。

定理 1 若新设备的投资额为 C_0,此后由此而产生的每年净收益分别为 $R_1, R_2, \cdots, R_n$,假设上述过程周期性出现;现有设备的投资额(如改造、大修理等)为 C_0',净收益每年分别为 $R_1', R_2', \cdots, R_n'$,则提前(或推迟)k 年更新时的净收益(或损失)值为新设备尾年时的净年值的现值与现有设备的净现值的差。

当需要更新的设备有几个,或者将更新方案与其他投资方案混杂在一起进行方案的选择和投资分配时,往往要求出更新方案的效率以便确定优先选择的顺序。应该注意的是:更新的决策是进行立即更新还是推迟 k 年(通常为1年)更新的互斥方案选择问题,因此效率的尺度必须是追加投资收益率。

定理 2 若新设备的现金流量是周期性反复,则立即更换新设备与推迟 k 年更新的追加投资收益率是新设备的净年值与现有设备的净年值相等时的 r 值。

【**例题 8-12**】 为了使 X 产品商品化,除了利用现在正在使用的 A 设备之外,还需要投资购置新设备。设备的购置价格为 3000 万元,可以使用 10 年。

A设备当初是以2000万元购置的,如果不生产X产品,则剩余寿命为4年,此后预计每隔8年更新一次;但是,如果生产X产品,则现有的A设备的寿命尚有2年,此后每隔6年将更新一次。两设备按实质价值皆可看作是周期性更新,由于开发X产品,则每年的净收益按实质价值计算平均每年较现在增加620万元。实质的资本利率$k=7\%$,试求该投资计划的净收益是多少?

【解】 使X产品商品化时,除了投资购置B设备外,还将影响现有的A设备。因而,这两种情况合在一起相当于商品化时的投资状况。上述投资状况与不使X产品商品化,即按预定使用年限继续使用A设备的情况相比,就可以判断执行哪个方案为好。

1. 采用投资额的年值进行比较。投资额的年值分别为:
$$A_{a1}^c = 3000 \times (A/P, 7\%, 10) = 427.1 \text{ 万元}$$
$$A_{a2}^c = 2000 \times (A/P, 7\%, 6) \times \frac{1}{0.07} \times (P/F, 7\%, 2) \times 0.07 = 366.5 \text{ 万元}$$
$$A_b^c = 2000 \times (A/P, 7\%, 8) \times \frac{1}{0.07} \times (P/F, 7\%, 4) \times 0.07 = 255.5 \text{ 万元}$$

2. 因此,X产品商品化与不商品化时投资年值差为:
$$A^c = A_{a1}^c + A_{a2}^c - A_b^c = 538.1 \text{ 万元}$$

3. 年净收益值是620万元,因此,净年值A为:
$$A = 620 - 538.1 = 81.9 \text{ 万元}$$

4. 设备A寿命内造成的损失值是:
$$A_{a2}^c - A_b^c = 366.5 - 255.5 = 111 \text{ 万元}$$

思考题与习题

8-1 什么是有形磨损?什么是无形磨损?什么是综合磨损?

8-2 怎样对设备磨损进行补偿?

8-3 简述设备的磨损及补偿方式。

8-4 设备的物理寿命、技术寿命、折旧寿命和经济寿命分别指什么?

8-5 设备更新的概念及其意义是什么?

8-6 设备更新途径有几种?分别是什么?

8-7 怎样选择设备更新时机?

8-8 普通型的设备价格是20万元,使用寿命预计为10年;如果增加5万元就可以购买一台节能型的同类设备,寿命也为10年,寿命期内每年可以节约能源使用费1.2万元。假设基准收益率为15%,试问选择哪种设备更加合理?

8-9 某公司现有设备可以市价4000元转让,如不转让,尚可继续服务10年,年使用费用为15000元,10年后残值为零。如果花费5000元对现有设备进行大修和改造,将使年使用费减为12000元,经济寿命仍为10年,到时的净残值为1000元。如购置同类新机器,价格为15000元,经济寿命为

10年，到时的净残值为2000元，年使用费用为10000元。最低希望收益率为10%，该公司应如何决策。

8-10 某机械加工设备原始价值70000元，预计残值6000元，年运行成本劣化增加值2000元/年，试求该设备的经济寿命。

8-11 某企业用1000元购置一台仪器，计划使用10年，该企业同型号一期的逐年运行费用及残值统计资料见表8-9所列，请计算该仪器的最佳更新期。

同型号仪器的逐年运行费及设备净残值　　　　表8-9

年份	1	2	3	4	5	6	7
运行费	700	600	500	400	350	350	300
设备净残值	280	300	330	360	400	440	490

8-12 设备初始投资为 I，第 t 年的残值为 L，第1年运行费用为 C_1，以后每年递增，若考虑 L，则设备的经济寿命应怎样求出？写出思路即可。

8-13 某工程设备原始价值为8000元，每年低劣化值为320元。设该设备使用到任何时候的残值都为零，那么求该设备的经济寿命及最小年费用？

8-14 某厂压缩机的购置价为6000元，第1年的运营成本为1000元，以后每年以300元定额递增。压缩机使用一年后的余值为36000元，以后每年以400元定额递减，压缩机的最大使用年限为8年。若基准折现率为15%，试用动态方法计算压缩机的经济寿命。

8-15 某企业希望继续实施某项生产业务9年，8年后就要停止这项业务，现有的旧设备可以立即以5000元出售，该设备从现在起预计的残值和设备使用成本见表8-10所列。目前市场上出现的新设备的购置投资为9000元，服务期中每年的设备使用成本和年末残值资料见表8-10所列。试问旧设备继续使用几年再更新较经济？

某设备有关情况　　　　表8-10

年限	旧设备资料					新设备资料							
	1	2	3	4	5	1	2	3	4	5	6	7	8
成本	1500	1800	2000	2400	2800	1000	1400	1800	2000	2400	2800	3200	3600
残值	4500	4000	3500	3000	2500	4800	4600	4400	4000	4000	3800	3600	3400

第9章 价 值 工 程

本章知识点

> 【知识点】
> 价值工程的基本原理，价值工程涉及功能、寿命周期成本和价值三个基本概念，最低的寿命周期成本，价值工程的组织与对象选择、功能分析与评价、方案创造评价与实施。
>
> 【重点与难点】
> 价值工程的含义，价值工程的组织、方法以及在建设项目中的应用。价值工程的基本原理。

9.1 价值工程的基本原理

9.1.1 价值工程的产生和发展

价值工程（Value engineering，简称 VE），1947 年前后起源于美国。第二次世界大战期间，美国的军事工业获得很大发展，但同时也出现了原材料供应紧张的问题。设计工程师 L.D 麦尔斯当时在美国通用电气公司采购部门工作。战争期间，他的工作就是为通用电气公司寻找取得军事生产中的短缺材料和产品。由于材料采购困难，麦尔斯认为如果得不到所需要的材料和产品，同样可以利用其他材料和产品代替从而获得相同的功能，于是他就开始研究材料替代问题。当时，通用电气公司需要购买的石棉板，价格成倍地增长，给采购工作和财务预算带来很大困难。麦尔斯就提出一个问题：为什么要使用石棉板，它的功能是什么。经过调查，原来他们在给产品上涂料时，容易把地板弄脏，要在地板上铺一层东西。涂料的溶剂是易燃品，消防法规定要垫石棉板。由于石棉板奇缺且价格飞涨，他们就想使用代用材料。后来麦尔斯在市场上找到一种货源充足，价格也只有石棉板的 1/4 的不燃烧的纸来代替石棉板，解决了生产问题，并为通用电气公司节约了大量的费用，但是违反了美国的消防法。这件事引起了社会舆论的广泛关注与讨论，最终导致了消防法的修改，才被允许代用。这就是引发价值工程产生的"石棉事件"。通过这次事件，麦尔斯想到，如果有组织地进行这种物质代用的话，就可以大幅度地降低成本，也就是有效的利用资源。

1947年，麦尔斯以《价值分析》（Value analysis，简称VA）。为题，发表了研究、实践的成果。因此，国际上把1947年作为价值工程的正式产生年。

1954年，美国海军舰船员在确认了价值分析的成效之后，决定加以采用，并改称为"价值工程"（Value engineering，简称VE）。

价值工程首先在美国得到了广泛重视和推广，由于麦尔斯《价值分析程序》的发展，1955年价值工程传入日本后，他们把价值工程与全面质量管理结合起来，形成具有日本特色的管理方法，取得了极大的成功。

1978年以后，价值工程传入我国。1984年国家经委将价值工程作为18种现代化管理方法之一，向全国推广。1987年国家标准局颁布了第一个价值工程标准《价值工程基本术语和一般工作程序》。到目前为止，价值工程这一理论和方法已被广大学术界，尤其是企业界所认可，成为改进产品质量、降低产品成本，提高经济效益的有效方法之一。

9.1.2 价值工程的基本概念

价值工程是指以产品或作业的功能分析为核心，以提高产品或作业的价值为目的，力求以最低寿命周期成本实现产品或作业使用所要求的必要功能的一项有组织的创造性活动。价值工程由功能、寿命周期成本和价值三个基本要素构成。

(1) 功能

功能是指产品或作业的性能或用途，即对象能够满足某种需求的一种属性。产品的功能实际上是指产品的具体用途。用价值工程的观点就是：它是干什么用的。从而也可以把功能理解为作用、效能等。例如，电灯的功能就是发光，水杯的功能就是盛水等。功能一般用F表示。对一个特定的产品或作业来说，其功能并不是越高越好，应视用户情况而定。价值工程追求的是满足用户需求的必要功能。

(2) 寿命周期成本

产品寿命周期成本就是产品在整个寿命周期内所发生的全部费用。这些费用大致分为两部分，即生产成本C_1和使用成本C_2。产品的生产成本C_1是企业生产产品必须付出的费用，包括科研、设计、试制、制造及销售过程中的费用。产品的使用成本C_2是指产品在整个使用过程中支出的费用。

一般来说，产品或作业的功能越高，生产成本就越高，但是用户的使用成本就越低。反之，如果产品或作业的功能越低，生产成本就越低，但是用户在使用过程中的费用支出就越高。也就是说，在技术经济条件不变的情况下，随着产品功能水平的提高，生产成本C_1和使用成本C_2，有不同的变化。即生产成本一般随着功能水平（技术性能）的提高有所增长，而使用成本则往往朝相反的方向变化。寿命周期成本C与功能F的关系如图9-1所示。

价值工程的目的就是以最低的寿命周期成本 C_{min}，可靠地实现用户所要求的功能 F_0。即达到用户要求的功能时，应满足寿命周期成本最小。

(3) 价值

价值工程中的"价值"，是指研究对象所具有的必要功能与取得该功能的寿命周期成本的比值。价值一般用 V 表示，它是对研究对象的功能和成本进行的一种综合评价。价值 V 与功能 F 和寿命周期成本 C 之间的关系表达式为

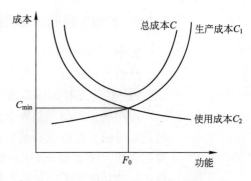

图 9-1　寿命周期成本与功能的关系图

$$V = \frac{F}{C} \tag{9-1}$$

上式表明，在寿命周期成本不变的情况下，产品或作业的价值与功能成正比，即功能越大价值越大、功能越小价值越小。在功能不变的情况下，产品或作业的价值与寿命周期成本成反比，即成本越低价值越大、成本越高价值越小。

9.1.3 提高产品价值的途径

根据价值、功能、成本的上述关系，提高价值的途径总体上可以分为两类：一类是以提高功能为主的途径，一类是以降低成本为主的途径。既提高功能，又降低成本，则是一种理想途径。提高价值的基本途径具体表现在以下 5 个方面，见表 9-1 所列。

提高价值的五种途径　　　　　　　　　　表 9-1

提高价值途径	表达式	侧重点
功能不变，成本降低	$V\uparrow = F\rightarrow /C\downarrow$	侧重点在降低成本
成本不变，功能提高	$V\uparrow = F\uparrow /C\rightarrow$	侧重点在提高功能
功能提高，成本降低	$V\uparrow\uparrow = F\uparrow /C\downarrow$	最理想状态
成本略增，功能大幅度提高	$V\uparrow = F\uparrow\uparrow /C\uparrow$	侧重点在提高功能
功能略减，成本大幅度下降	$V\uparrow = F\downarrow /C\downarrow\downarrow$	侧重点在降低成本

(1) 功能不变，成本降低；
(2) 成本不变，功能提高；
(3) 功能提高，成本降低；
(4) 成本略增，功能大幅度提高；
(5) 功能略减，成本大幅度下降。

上述 5 种基本途径，仅是依据价值工程的基本关系式 $V = F/C$，从定性的角度所提出来的一些思路。在价值工程活动中，具体选择提高价值途径时，则须进一步进行市场调查，依据用户的要求，按照价值分析的重点，针对不同途径的适用特点和企业的实际条件进行具体的选择。

9.1.4 价值工程的特点和作用

1. 价值工程的特点

价值工程具有以下几个特点：

(1) 价值工程的核心是功能分析。

用户购买产品不是为了获得产品本身，而是为了获得产品所具有的功能，因此，价值工程的核心是对产品进行功能分析，通过功能分析找出哪些是必要的功能、哪些是不必要的功能、什么是不足的功能、什么是多余的功能，使产品的功能既无不足也不浪费，从而更好地为使用者服务。

(2) 价值工程的目标是追求寿命周期成本最低。

产品的寿命周期成本包括产品的生产成本和产品的使用成本。对用户来讲，购买产品不仅要考虑一次性支付的购买费用，而且要考虑在使用过程中支出的使用费用。因此，价值工程对降低成本的考虑着眼于寿命周期成本，不仅要降低产品的生产成本，而且要降低产品的使用成本。只有这样才能满足用户的需要，才能具备更强的竞争力。

(3) 价值工程的关键是创造。

产品功能的提高需要有具体的技术，创造新的技术对于提高产品功能有着重要作用。因此，价值工程强调不断创新，获得尽可能多的提高功能的技术，从而简化产品结构、节约原材料、提高产品的技术经济效益。

(4) 价值工程是一项有组织的活动。

价值工程强调有组织地进行，这是实践经验总结出来的。因为提高产品的价值涉及产品的设计、制造、采购和销售等过程，为此必须集中各个方面的人才，依靠集体的智慧和力量，调动各个环节的积极性，有计划、有组织地开展活动。

2. 价值工程的作用

价值工程的作用具体体现在以下几个方面：

(1) 可以有效地提高经济效益。

价值工程的核心是功能分析，通过功能分析，在保证产品必要功能的基础上，剔除不必要功能和过剩功能，从而可以减少不必要的成本支出、降低产品的成本，提高产品的经济效益。

(2) 可以有效地提高竞争力。

在实施价值工程的过程中，通过功能分析，不仅可以剔除不必要功能和过剩功能，而且可以补充用户需要的功能，从而完善产品的功能结构。同时，通过开展价值工程活动，还可以改进产品的式样、结构、质量，延长产品的市场寿命，使产品在市场上具有更强的竞争力。

(3) 有利于提高管理水平。

价值工程活动涉及范围广，贯穿于企业生产的各个环节。通过开展价值工程活动，可以对企业各方面的管理起到推动作用，促进企业管理水平的提高。

(4) 有利于推动技术与经济的结合。

技术与经济是既有区别又有联系的统一体，但在实际中许多企业往往将两者隔离开。价值工程强调要对产品的技术方案进行经济效益评价，既考虑了技术上的先进性和可行性，又考虑了经济上的合理性和现实性，完美的将技术与经济结合在一起。

9.2 价值工程的组织与对象选择

9.2.1 价值工程的组织

价值工程已发展成为一个比较完善的管理技术，在实践中已经形成了一套科学的实施程序。它解决问题有完整的步骤和严密的组织。价值工程的进行过程实质上就是分析问题、发现问题和解决问题的过程。具体地说，即分析产品在功能上和成本上存在的问题，提出切实可行的方案来解决这些问题，通过问题的解决而提高产品的价值。价值工程的程序构成了一个完整的系统，各程序步骤环环紧扣，衔接明确，具有很强的逻辑性。

价值工程的工作程序可分为两个阶段七个步骤进行。

1. 价值工程的两个阶段

(1) 分析问题阶段

1) 选择对象。确定价值工程的研究对象，即要找出有待改进的产品或问题。

2) 收集资料。围绕所选定的对象，为开展价值工程活动而收集一切必要的情报资料。

3) 功能分析。对选定的对象进行功能分析。搞清分析对象有哪些功能，这些功能是否都是必要的，功能之间的关系如何。

4) 功能评价。在功能分析的基础上进行功能评价。

(2) 解决问题阶段

1) 创造方案。依靠集体智慧，尽可能提出各种改进方案和设想。

2) 方案评价与选择。对提出的各种改进方案和设想，进行技术经济、社会各方面的综合评价，选出有价值的方案，并使其具体化。

3) 试验与提案。通过试验后证实的最优方案，可作为正式提案送交有关方面审批。

2. 整个价值工程围绕着以下七个问题开展。

(1) 这是什么？

(2) 这是干什么用的？

(3) 它的成本多少？

(4) 它的价值多少？

(5) 有其他方法能实现这个功能吗？

(6) 新的方案成本多少？功能如何？

(7) 新的方案能满足要求吗？

按顺序回答和解决这七个问题的过程，就是价值工程的工作程序和步骤。价值工程的实施步骤见表9-2所列。

价值工程的实施步骤以及对应问题　　　　　表 9-2

构思一般过程	价值工程实施步骤		主要内容和要求	对应问题
	基本步骤	详细步骤		
分析	功能定义	(1) 对象选择	① 生产经营上迫切要求改进的产品 ② 改进潜力比较大的产品	(1) 这是什么？
		(2) 收集情报	① 围绕价值工程对象调查 ② 企业经营目标、方针、策略 ③ 用户反映、要求 ④ 生产、销售、成本、价格、利润情况 ⑤ 同行业情况 ……	
		(3) 功能定义	① 对象的功能是什么 ② 怎样实现这个功能	(2) 这是干什么用的？
		(4) 功能整理	① 有无多余功能 ② 有无不足功能 ③ 绘出功能系统图	
	功能评价	(5) 功能成本分析	① 确定功能现实成本 ② 计算功能的目标成本	(3) 它的成本多少？
		(6) 功能评价	① 计算功能的重要度系数 ② 计算功能的价值或价值系数	(4) 它的价值多少？
		(7) 选定功能改进对象	① 根据功能价值选定 ② 根据功能机制系数选定	
研究综合		(8) 方案创造	按照价值工程活动原则，充分发挥集体智慧和创造精神，多提各种设想	(5) 有其他方法能实现这个功能吗？
评价	制定改善方案	(9) 概略评价	初选改善方案，剔除那些不能满足功能要求、成本太高的方案	(6) 新的方案成本多少？功能如何？
		(10) 具体化	① 方案具体化，使其详细完整 ② 进一步开展调研	
		(11) 详细评价	① 从技术、经济两方面进行详细评价 ② 方案优选	(7) 新的方案能满足要求吗？
		(12) 提案	① 制定提案书 ② 上报提案	

9.2.2 价值工程对象选择的原则和方法

选择价值工程的研究对象，就是要具体确定进行功能成本分析的产品与零部件。这是决定价值工程活动收效大小的第一个步骤。一个企业往往生产许多产品，一个产品往往又是由许多零部件组成的。因此，企业在开展价值工程活动时,必须要选择一定的对象。一般地说,选择价值工程活动的对象,必须遵循一定的原则,运用适当的方法保证对象选择得合理。

1. 选择对象的原则

企业所处的行业、生产环境和生产条件不同,其经营目标的侧重点也必然有异。企业可以根据一定时期内的主要经营目标,有针对性地选择价值工程的改进对象。

一般说来,对象的选择有以下几个原则:

(1) 与企业生产经营发展相一致的原则

由于行业、部门不同,环境、条件不同,企业经营目标的侧重点也必然不同。企业可以根据一定时期的主要经营目标,有针对性地选择价值工程的改进对象。通常企业经营目标有如下四个方面。

1) 社会利益方面

应选择国家计划内的重点产品、重点工程建设项目中的短缺产品以及社会需求量大的产品、公害、污染严重的产品。

2) 企业发展方面

应选择市场潜力大的产品、有发展前途的产品、正在研制中的产品、对企业有重大影响的更新改造项目。

3) 企业竞争方面

应选择用户意见大的产品、竞争激烈的产品、市场占有率需要扩大的产品、需要开拓新市场的产品。

4) 扩大利润方面

应选择企业主导产品、利润低的产品、原材料耗用高以及利用率低、能耗高、生产周期长的产品。

(2) 潜力大、易于提高价值的原则

对象选择要围绕提高经济效益这个中心,选择价值低、潜力大并和企业人力、设备、技术条件相适应,在预定时间能取得成功的产品或零部件作为价值工程活动对象。具体可以从下列几个方面分析和选择。

1) 从设计方面看,对产品结构复杂、性能和技术指标差距大、体积大、重量大的产品、部件进行价值工程活动,可使产品结构、性能、技术水平得到优化,从而提高产品价值。

2) 从生产方面看,对数量多、工艺复杂的关键部件以及原材料消耗高、废品率高,特别是对量多、产值比重大的产品,如果把成本降下来,所取得的总效果会比较大。

3) 从市场销售方面看,选择用户意见多、系统配套差、维修能力低、竞争力差、利润率低的,或者选择市场上畅销但竞争激烈的产品。对于新产品、新工艺和寿命周期比较长的产品也可以列为重点。

4) 从成本方面看,选择成本高于同类产品、成本比重大的,如材料费、管理费、人工费等。推行价值工程就是要降低成本,以最低的寿命周期成本可靠地实现必要的功能。

2. 选择对象的方法

(1) 百分比分析法

这是一种通过分析某种费用或资源企业的某个技术经济指标的影响程度的大小(百分比)，来选择价值工程对象的方法。

(2) 经验分析法

经验分析法是价值工程对象选择的最简单方法。所谓经验分析法，是指由专家根据经验分析生产、经营状况和实施价值工程的影响因素，选择急需改进而且经济效果好的项目作为价值工程实施的对象。采用经验分析法主要从以下几个方面考虑：

1) 社会角度：对国计民生影响较大的产品，耗能量高、"三废"问题严重的产品。

2) 市场角度：市场需求量大或潜在需求量大的产品；用户意见大、使用成本高以及性能需要提高的产品；正在研制的市场急需的新产品。

3) 设计角度：结构复杂、技术落后、零部件多、工艺性差、工艺复杂落后的产品；体积大、重量大、材料贵、性能差的产品。

4) 生产角度：产量多、批量大的产品；原材料消耗高、返工率高、废品率高的产品。

5) 成本角度：成本高、利润低、经济效益差的产品。

6) 销售角度：市场竞争激烈的产品；已经进入衰退期的老产品。

7) 实施角度：情报资料易于收集齐全的产品；在技术、人才方面有优势的产品；改进牵扯面不需要大量人力、物力的产品；易于成功的产品。

(3) ABC 分类法

ABC 分类法，是应用统计分析方法来选择分析的对象。意大利经济学家帕雷特在研究资本主义国民财富分配不均的状况时，发现占人口比例不大的少数人，占有大部分社会财富；而占人口比例很大的多数人，却只占有小部分社会财富。这种资本主义财富分配不均的规律，后来用到了成本分析等经济问题的研究上。发现在产品成本分析中，占总数 20% 左右的零部件(或费用)，其成本往往占整个产品的 80% 左右，这类零部件(费用)可列为 A 类；占总数 30% 左右零部件(费用)，其成本约占总成本的 15%，这类零部件(费用)可列为 B 类；占总数 50% 的零部件(费用)，约占总成本的 5% 左右，这类零部件(费用)列为 C 类。这种按局部成本在总成本中所占比重的大小来选择分析对象的方法，称为 ABC 分类法，如图 9-2 所示。

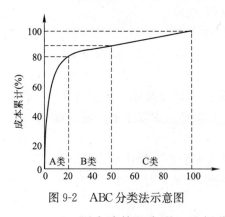

图 9-2 ABC 分类法示意图

图中清楚地表明，选择分析对象时，首先应分析 A 类，其次是 B 类，C 类一般不作为分析对象。

(4) 强制确定法

强制确定法(简称 FD 法),是以功能重要程度作为选择价值工程对象决策指标的一种分析方法。它的出发点是:功能重要程度高的零部件,是产品中的关键,因此,应当是重点分析对象。强制确定法不仅能用于产品,也可用于工程项目、工序、作业、服务项目或管理环节的分析上。强制确定法分为 0~1 评分法和 0~4 评分法两种,评分时由熟悉产品的专家 5~15 人参加,各自独立打分,不讨论,不干扰。

1) 0~1 评分法

0~1 评分法是先将各构成要素排列成矩阵,并站在用户的角度按功能重要程度进行一对一循环对比,两两打分,功能相对重要的要素得 1 分,不重要的得 0 分,每做一次比较有一个得 1 分,另一个得 0 分,合计各要素的得分值(取人均值)后除以全部要素的得分值总和,就得出各要素的功能评价系数,系数大者,表明此要素重要,应该列为重点。

有时某一要素的得分总值为 0,但实际上该要素不能说是没有价值,为了避免这种误差,往往可对评分值加以修正,修正的方法是在全部要素得分基础上都各加 1 分,用修正后的得分值作为计算功能重要系数的参数。具体做法见表 9-3 所列。

0~1 评分表　　　　　　　　　　　表 9-3

名称	两两对比评分					得分值	修正值	功能重要度系数
	A	B	C	D	E			
A	×	1	1	1	1	4	5	0.333
B	0	×	1	1	1	2	3	0.2
C	0	0	×	1	1	1	2	0.133
D	0	1	1	×	1	3	4	0.266
E	0	0	0	0	×	0	1	0.066
合计						10	15	1.000

2) 0~4 评分法

0~1 评分法虽然能判别各要素的功能重要程度,但评分规定过于绝对,准确度不高,可以采用 0~4 评分法来计算功能重要系数,见表 9-4 所列。

功能评价系数表　　　　　　　　　　　表 9-4

评分者 零部件 名称	甲	乙	丙	丁	戊	总得分	平均值分值	功能评价系数	VE 选择
	评分值								
A	3	4	4	4	4	19	3.8	0.38	√
B	2	3	2	3	2	12	2.4	0.24	
C	0	1	1	2	3	7	1.4	0.14	
D	4	2	3	1	1	11	2.2	0.22	
E	1	0	0	0	0	1	0.2	0.02	
合计	10	10	10	10	10	50	10	1.00	

9.2　价值工程的组织与对象选择

0～4 评分法的步骤、方法与 0～1 评分法基本相同，它也是采用一对一比较打分的方法，但两要素得分之和为 4 分。

0～4 评分法的评分规则如下。

功能非常重要的得 4 分，另一个相对很不重要的得 0 分。

功能比较重要的得 3 分，另一个功能比较不重要的得 1 分。

功能相同的两个各得 2 分。

功能很不重要的得 0 分，另一个相对很重要的得 4 分。

各要素的得分值除以总得分值，就得到该要素的功能评价系数。

强制确定法是国内外应用得十分广泛的方法之一，它虽然在逻辑上不十分严密，又含有定性分析的因素，但却有一定的实用性，只要运用得当，在多数情况下所指示的方向与实际大致相同。

9.2.3 情报收集的方法

情报收集的方法很多，有询问法、查阅法、购买法和实验法等。

(1) 询问法。询问法是指通过向被调查对象提出问题获得所需情报资料的方法。询问法包括直接询问、电话询问和信函询问。

(2) 查阅法。查阅法是指通过翻阅各种公开出版的书籍、报刊、广告、报纸等获得所需情报资料的方法。

(3) 购买法。购买法是指通过支付一定的费用获得所需情报资料的方法。

(4) 实验法。实验法是指通过产品试销的方法收集用户对产品的反应等有关情报的方法。

9.3 功能分析与评价

价值工程旨在提高研究对象的价值，其目的是以对象的最低寿命周期成本可靠地实现使用者所需功能，以获取最佳的综合效益。显然，要想提高对象价值，获取最佳的综合效益，必须抓住对象的本质——功能。功能分析是价值工程的核心内容。功能分析是对所选择的价值工程对象进行系统的功能分析，科学地评价其重要性，并通过功能与成本的匹配关系定量计算价值工程对象的价值大小，确定价值工程改进的重点对象的过程。功能分析包括功能定义、功能整理以及功能评价三个步骤。

功能分析包含功能定义和功能整理，进行功能系统分析的基础是功能分类。功能系统分析是价值工程的核心。

9.3.1 功能定义

1. 功能分类

为了弄清所定义功能的特性，以便进一步进行功能整理，有必要对功能的分类加以研究。功能可以按照不同的标志进行分类。

(1) 按照功能的重要性可将功能分为基本功能和辅助功能。基本功能是产品的主要功能，是用户购买产品的原因，也是企业生产产品的依据。辅助功能则是次要功能，是为了更好地实现基本功能，或者是由于设计、制造的需要而附加的功能。

（2）按照功能的性质可将功能分为使用功能和美学功能。使用功能是指具有实际用途的功能，包括产品的可用性、可靠性、安全性和易维修性等。美学功能是指满足用户审美需要的功能，包括产品的造型、色彩、图案、包装和装潢等。

（3）按照功能的有用性可将功能分为必要功能和不必要功能。必要功能是指用户需要的、不能缺少的功能。不必要功能是指用户不需要的功能，主要表现为多余功能、重复功能和过剩功能。

（4）按照功能的目的和手段可将功能分为上位功能和下位功能。上位功能是目的性功能，下位功能是实现上位功能的手段性功能。值得注意的是，上位功能和下位功能在功能分析中是相对而言的。

2. 功能定义的含义

所谓功能定义是指用最简明的语言，对产品的功能加以描述。对功能下的定义要说明功能的实质，限定功能的内容，并能与其他功能概念区别开，明确表达出来。显然，功能定义的过程，就是将实体结构向功能结构抽象化的过程，即透过现象看本质的过程。

通过对功能下定义，可以加深对产品功能的理解，并为以后提出功能待用方案提供依据。功能定义一定要抓住问题的本质，头脑里要问几个为什么。如这是干什么用的，为什么一定要用它，没有它行不行等等。功能定义通常用一个动词和一个名词来描述，不宜太长，以简洁为好。动词是功能承担体发生的动作，而动作的对象就是作为宾语的名词。例如，基础的功能是"承受荷载"，这里基础是功能承担，"承受"是表示功能承担体发生动作的名词。"荷载"则是作为动词宾语的名词。但是，并不是只要动词加名词就是功能定义。对功能所下的定义是否准确，对下一步工作影响很大。因此，对功能进行定义需要反复推敲，既简明准确，便于测定，又要系统全面，一一对应。

9.3.2 功能整理

一个产品的全部功能明确定义后，还要加以分析和整理。目的是分清哪些是基本功能、哪些是必要的辅助功能、哪些是不必要的可以取消的功能、还应补充哪些功能，同时要明确各个功能之间的相互关系。功能整理是在功能定义的基础上，从系统的角度出发，按照一定的逻辑分析各功能之间的相互关系。功能整理的方法如下：

（1）制作功能卡片。功能卡片是记录功能及实现功能的零部件的名称和功能成本的卡片，一张卡片记录一个零部件的一个功能。功能与零部件不是一一对应的关系，一个零部件可以实现多个功能、一个功能也可能由多个零部件实现。此时，将相同功能的卡片集中形成一组，将每组卡片（或单张卡片）

都视为一个功能。

(2) 寻找上位、下位功能。任取一组卡片（或单张卡片），按照"目的和手段"的关系，追问其目的，可找到上位功能。逐一追寻各组卡片（或单张卡片），将具有相同目的的功能放在一起，组成一大组，这就是上一级功能，大组中的各小组和单张卡片的功能则是同位功能。仿照上述办法逐级进行组合，直到追问到零级功能为止。

(3) 绘制功能系统图。将上述上位功能、下位功能进行排列，明确功能之间的关系，便可得到研究对象完整的功能系统图。如图9-3所示，经过上述过程整理得到的屋顶的功能系统图。

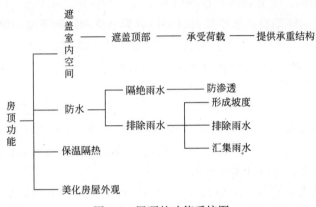

图9-3 屋顶的功能系统图

9.3.3 功能评价

功能评价是功能分析的重要步骤，是整个价值工程活动的中心环节。通过功能定义和功能整理只搞清了功能系统和范围，只是定性地说明了功能是什么，还不能定量地表达功能，也没有确定出哪一个功能区域或零部件应该改进。这些正是功能评价要解决的问题。

功能评价工作可以更准确地选择价值工程的研究对象，同时，通过制定目标成本，有利于提高价值工程的工作效率，并增加工作人员的信心。功能评价程序如图9-4所示。

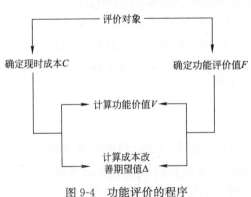

图9-4 功能评价的程序

1. 功能现实成本 C 的计算

(1) 功能现实成本的计算

功能现实成本的计算与一般传统成本核算既有相同之处，也有不同之处。两者相同之处是指它们在成本费用的构成项目上是完全相同的，如建筑产品的成本费用都是由人工费、材料费、施工机械使用费、其他直接费、现场经费、企业管理费等构成；而两者的不同之处在于功能现实成本的计算是以对象的功能为单位,而传统的成本核算是以产品或零部件为单位。因此,在计算功能现实成本时,就需要根据传统的成本核算以产品或零部件的现实成本核算资料,将产品或零部件的现实成本换算成功能的现实成本。当一个零部件只具有一个功能时,该零部件的成本就是它本身的功能成本;当一项功能要由多个零部件共同实现时,该功能的成本就等于这些零部件的功能成本之和。当一个零部件具有多项功能或同时与多项功能有关时,就需要将零部件成本根据具体情况分摊给各项有关功能。见表 9-5 所列,即为一项功能由若干零件组成或一个零部件具有几个功能的情形。

功能现实成本计算表　　　　表 9-5

零部件			功能区或功能领域				
序号	名称	成本(元)	F_1	F_2	F_3	F_4	F_5
1	A	200	50	50		100	
2	B	350	150		150		50
3	C	100		100			
4	D	150	100			50	
		C	C_1	C_2	C_3	C_4	C_5
合计		800	300	150	150	150	50

(2) 成本指数的计算

成本指数是指评价对象的现实成本在全部成本中所占的比率。其计算式如下:

$$第 i 个评价对象的成本指数 C_i = \frac{第 i 个评价对象的现时成本 C_i}{全部成本} \quad (9-2)$$

2. 功能评价值 F 的计算

对象的功能评价值 F,是指可靠地实现用户要求功能的最低成本,它可以理解为是企业有把握,或者说应该达到的实现用户要求功能的最低成本。从企业目标的角度来看,功能评价值可以看成是企业预期的、理想的成本目标值。功能评价值一般以功能货币价值形式表达。

功能的现实成本较易确定,而功能评价值较难确定。求功能评价值的方法较多,在这里只介绍以下几种。

(1) 直接评分法

对功能数量较少的产品,比如热水瓶、圆珠笔等可以采取这种方法。依靠人们的经验,对各零件功能的重要性打分来表示功能值的大小。具体做法上可以由专家组成若干小组,站在客观立场上分别评分,按不同类别功能取平均值。也可以请用户在企业所发调查表上打分来进行。

(2) 环比评分法

环比评分法,又称 DARE 法。这是一种通过确定各因素的重要性系数来评价和选择创新方案的方法。具体做法如下:

1) 根据功能系统图,即如图 9-5 所示,决定评价功能的级别,确定功能区 F_1、F_2、F_3,见表 9-6 所列的第(1)栏。

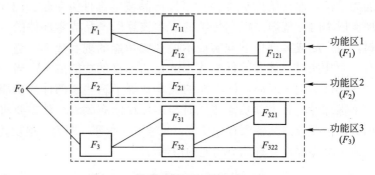

图 9-5 环比评分法确定功能区示意图

功能重要性系数计算表 表 9-6

功能区	功能重要性评价		
	暂定重要性系数	修正重要性系数	功能重要性系数
(1)	(2)	(3)	(4)
F_1	2	5	0.59
F_2	2.5	2.5	0.29
F_3		1.0	0.12
合计		8.5	

2) 对上下相邻两项功能的重要性进行对比打分,所打的分作为暂定重要性系数。见表 9-6 所列,第(2)栏的数据。将 F_1 与 F_2 进行对比,如果 F_1 的重要性是 F_2 的 2 倍就将 2 记入第(2)栏内,同样,F_2 与 F_3 对比为 2.5 倍。

3) 对暂定重要性系数进行修正。首先将最下面一项功能 F_3 的重要性系数定位 1.0,成为修正重要性系数,填入第(3)栏。由第(2)栏知道,由于 F_2 的暂定重要性是 F_3 的 2.5 倍,故应得 F_2 的修正重要性系数为 $2.5(=2.5\times1.0)$,而 F_1 为 F_2 的 2 倍,故 F_1 定位 $5(=2\times2.5)$,填入第(3)栏。将第(3)栏的各数相加,即得全部功能区的总分 8.5。

4) 将第(3)栏中各功能的修正重要性系数除以全部功能总分 8.5,即得各功能区的重要性系数,填入第(4)栏中。如 F_1 的功能重要性系数为 $5/8.5=0.59$,F_2、F_3 的功能重要性系数依次为 0.29、0.12(表 9-6)。

环比评分法适用于各个评价对象之间有明显的可比关系,能直接对比,并能准确地评定功能重要程度比值的情况。

(3) 强制确定法

1) 0~1 评分法

强制确定法是功能系数法中提出最早、最简单的一种方法。由于它不是直接以分析对象的费用进行比较,而是以重要程度进行比较,因此它还保留了一定的定性分析的性质。

强制确定法是根据评分人员的经验,对每个零部件的重要程度进行评分,用功能评价系数使功能数量化。具体步骤如下:

【例题 9-1】 某施工过程由以下五个分项组成，对每个分项的功能重要程度和其他所有分项进行一对一的比较，重要的得 1 分，次要的得 0 分，然后把各分项得分累计起来，被全部得分总数除，求得各分项的功能评价系数。见表 9-7 所列。

功能评价系数计算表　　　　　　　　　　表 9-7

部分	A	B	C	D	E	得分	功能评价系数
A	1	0	0	1	0	2	0.13
B	1	1	1	1	1	5	0.33
C	1	0	1	1	1	4	0.27
D	0	0	0	1	0	1	0.07
E	1	0	0	1	1	3	0.20
合计						15	1.00

功能评价系数的大小说明五个部分的功能的重要程度。从表 9-7 可以看出，B 分项功能评价系数最高，即最重要，D 分项最不重要。

2）0～4 评分法

0～4 评分法在某种程度上可以克服强制确定法的局限性。它在评价两个功能的重要性时把功能评分的差距拉大了，采用五种评价计分的方法：

非常重要的功能得 4 分，另一个相比功能很不重要时得 0 分；

比较重要的功能得 3 分，另一个相比的功能不太重要时得 1 分；

两个功能同时重要时，则各得 2 分；

不太重要的功能得 1 分，另一个相比的功能比较重要时得 3 分；

功能很不重要时得 0 分，另一个相比的功能非常重要时得 4 分。

【例题 9-2】 A、B、C、D、E 分别表示某工程的五个施工过程，现进行相互间功能重要性的对比，现以某一评价人员为例加以说明，见表 9-8 所列。

功能重要性对比表　　　　　　　　　　表 9-8

施工过程	A	B	C	D	E	F	得分
A	×	4	4	3	3	2	16
B	0	×	1	2	4	3	10
C	0	3	×	1	2	3	9
D	1	2	3	×	1	3	10
E	1	0	2	3	×	2	8
F	1	1	2	1	2	×	7
总分	3	10	12	10	12	13	60

0～4 评分法的产品零部件对比次数总分 $F_总 = 2 \times n(n-1)$，本例中产品由 6 个事件组成，所以，$F_总 = 2 \times 6(6-1) = 60$ 分。

3. 功能价值 V 的计算及分析

通过计算和分析对象的价值 V，可以分析成本功能的合理匹配程度。功

能价值 V 的计算方法可分为两大类-功能成本法与功能指数法。

(1) 功能成本法

功能成本法又称为绝对值法，是通过一定的测算方法，测定实现应有功能所必须消耗的最低成本，同时计算为实现应有功能所耗费的现实成本，经过分析、对比，求得对象的价值系数和成本降低期望值，确定价值工程的改进对象。其表达式如下：

第 i 个评价对象的价值系数 $V = \dfrac{第 i 个评价对象的功能评价值 F}{第 i 个评价对象的现实成本 C}$ (9-3)

一般可采用表 9-9 进行定量分析。

功能评价值与价值系数计算表　　　　　　　表 9-9

项目序号	子项目	功能重要性系数①	功能评价值②＝目标成本×①	现实成本③	价值系数④＝②/③	改善幅度⑤＝③－②
1						
2 ……						
合计						

功能的价值计算出来以后，需要进行分析，以揭示功能与成本的内在联系，确定评价对象是否为功能改进的重点，以及其功能改进的方向及幅度，从而为后面的方案创造工作打下良好的基础。

根据上述计算公式，功能的价值系数计算结果有以下三种情况：

当 $V=1$，说明 $F=C$，即实现功能的现实成本与目标成本功能评价值相符合，是理想情况。

当 $V<1$，说明 $C>F$，即实现功能的现实成本高于功能评价值，应设法降低其功能现实成本，以提高其价值。这时一种可能是由于存在着过剩的功能，另一种可能是功能虽无过剩，但实现功能的条件或方法不佳，以致使实现功能的成本大于功能的实际需要。这两种情况都应列入功能改进的范围，并且以剔除过剩功能及降低现实成本为改进方向，使成本与功能比例趋于合理。

当 $V>1$，即 $C<F$，遇到这种情况，应先检查一下功能评价值 F 是否定得恰当，如果 F 定得太高，应降低 F 值。如果 F 定得合理，再检查 C 低的原因。如果功能现实成本 C 低的原因是由功能不足造成的，那么就应提高功能以适应用户的需要。

应注意一个情况，即 $V=0$ 时，要进一步分析。如果是不必要的功能，该部件则取消；但如果是最不重要的必要功能，则要根据实际情况进行处理。

(2) 功能指数法

功能指数法又称相对值法。在功能指数法中，功能的价值用价值指数 V_i 来表示，它是通过评定各对象功能的重要程度，用功能指数法来表示其功能程度的大小，然后将评价对象的功能指数与相对应的成本指数进行比较，得出该评价对象的价值指数，从而确定改进对象，并求出该对象的成本改进期望值。其表达式如下：

$$第i个评价对象的价值指数 V_1 = \frac{第i个评价对象的功能指数 F_1}{第i个评价对象的成本指数 C_1} \quad (9-4)$$

功能指数法的特点是用分值来表达功能程度的大小，以便使系统内部的功能与成本具有可比性，由于评价对象的功能水平和成本水平都用它们在总体中所占的比率来表示，这样就可以采用上面的公式方便地、定量地表达评价对象价值的大小。因此，在功能指数法中，价值指数是作为评定对象功能价值的指标。

对【例题9-1】进行进一步分析计算。

找出每个分项所需的实际成本，被整个施工过程的实际成本除，得到每个分项的成本系数。计算公式如下：

$$成本系数 = \frac{某分项的实际功能}{整个施工过程的实际功能}$$

分项的功能评价系数同其成本之比，称为该分项的价值系数，即

$$价值系数 = \frac{功能评价系数}{成本系数}$$

设五个分项的实际成本分别为12万元、12万元、6万元、3万元、10万元不等，则求得它们的成本系数见表9-10所列。

价值系数计算表 表9-10

施工分项	功能得分	功能系数	实际成本	成本系数	价值系数
A	2	0.13	12	0.28	0.48
B	5	0.33	12	0.28	1.19
C	4	0.27	6	0.14	1.91
D	1	0.07	3	0.07	0.96
E	3	0.20	10	0.23	0.86
合计	15	1.00	43	1.00	—

根据价值系数进行分析。价值系数出现以下三种情况：

第一种，价值系数等于或接近于1时，说明分项功能系数与其成本系数相同或接近，即分项在功能上所占的比重同其在成本上所占比重是基本匹配的，如上列的B和D分项，可不作为重点分析对象。

第二种，价值系数小于1时，说明该分项在功能上不太重要，而其成本所占比重大，应该降低其成本，见表9-10所列的A和E，这些分项是重点研究分析的对象。

第三种，价值系数大于1时，说明该分项是分析的次要对象。

由经验可得知，价值系数大于2或小于0.5时，就可考虑选为分析对象。

这种评价方法简便易行，在我国应用的比较普遍。但是实践证明，这种方法带有很大的局限性。一是平分方法比较呆板，不容易反映功能重要程度相差很大或很小的对象之间的关系，无论差距多大，均用"1分"表示，显示是不合适的。因此，这种方法一般适用于一次评价的分项数量不太多，而且

各功能之间差距不大又比较均匀的情况。

(3) 价值指数法

价值指数法是通过对实际成本按照功能系数进行适当调整最终达到目标成本要求的方法,因而它具有较强的实用性。通过功能系数与成本系数求得价值系数,然后将目标总成本根据功能系数进行成本分配,找出各项目标成本与实际成本之差。

【例题 9-3】 某市高新技术开发区有两幢科研楼和一幢综合楼,其设计方案对比项目如下:

A 楼方案:结构方案为大柱网框架轻墙体系,采用预应力大跨度叠合楼板,墙体材料采用多孔砖及移动式可拆装式分室隔墙,窗户采用单框双玻璃钢塑窗,面积利用系数为 93%,单方造价为 1460 元/m^2;

B 楼方案:结构方案同 A 方案,墙体采用内浇外砌,窗户采用单框双玻璃钢塑窗,面积利用系数为 87%,单方造价为 1112 元/m^2;

C 楼方案:结构方案采用砖混结构体系,采用多孔预应力板,墙体材料采用标准黏土砖,窗户采用单玻璃空腹钢塑窗,面积利用系数为 79%,单方造价为 1030 元/m^2。

方案各功能和权重及各方案的功能得分见表 9-11 所列。

各方案功能得分情况 表 9-11

方案功能	功能权重	方案功能得分		
		A	B	C
结构体系	0.25	9	10	7
模板类型	0.05	10	9	9
墙体材料	0.25	9	10	9
面积系数	0.35	9	8	8
窗户类型	0.10	9	7	8

试应用价值工程方法选择最优设计方案。

为控制工程造价和进一步降低费用,拟针对所选的最优设计方案的土建工程部分,以工程材料费为对象开展价值工程分析。将土建工程划分为四个功能项目,各功能项目评分值及其目前成本见表 9-12 所列。按限额设计要求,目标成本额应控制为 12170 万元。

功能项目成本表 表 9-12

功能项目	功能评分	目前成本(万元)
A. 桩基维护工程	10	1520
B. 地下室工程	12	1482
C. 主体结构工程	38	4705
D. 装饰工程	40	5105
合计	100	12812

试分析各功能项目和目标成本及其可能降低的额度,并确定功能改进顺序。

分析要点:

问题1考核运用价值工程进行设计方案评价的方法、过程和原理。

问题2考核运用价值工程进行设计方案优化和工程造价控制的方法。

价值工程要求方案满足必要功能,清除不必要功能。在运用价值工程对方案的功能进行分析时,各功能和价值指数有以下三种情况:

(1) $V_i=1$,说明该功能的重要性与其成本的比重大体相当,是合理的,无须再进行价值工程分析;

(2) $V_i<1$,说明该功能不太重要,而目前成本比重偏高,可能存在过剩功能,应作为重点分析对象,寻找降低成本的途径;

(3) $V_i>1$,出现这种结果的原因较多,其中较常见的是:该功能较重要,而目前成本偏低,可能未能充分实现该重要功能,应适当增加成本,以提高该功能的实现程度。各功能目标成本的数值为总目标成本与该功能指数的乘积。

分别计算各方案的功能指数、成本指数和价值指数,并根据价值指数选择最优方案。

(4) 计算各方案的功能指数,见表9-13所列。

功能指数计算表　　　　　　　　　　　表 9-13

方案功能	功能权重	方案功能加权得分		
		A	B	C
结构体系	0.25	9×0.25=2.25	10×0.25=2.5	7×0.25=1.75
模板类型	0.05	10×0.05=0.5	9×0.05=0.45	9×0.05=0.45
墙体材料	0.25	9×0.25=2.25	10×0.25=2.5	9×0.25=2.25
面积系数	0.35	9×0.35=3.15	8×0.35=2.8	8×0.35=2.8
窗户类型	0.10	9×0.10=0.9	7×0.10=0.7	8×0.10=0.8
合计		9.05	8.95	8.05
功能指数		9.05/26.05=0.347	8.95/26.05=0.344	8.05/26.05=0.309

注:表9-13中各方案功能加权得分之和为:9.05+8.95+8.05=26.05。

(5) 计算各方案的成本指数,见表9-14所列。

成本指数计算表　　　　　　　　　　　表 9-14

方案	A	B	C	合计
单方造价	1460	1112	1030	3602
成本指数	0.405	0.309	0.286	1.000

(6) 计算各方案的价值指数,见表9-15所列。

价值指数计算表　　　　　　　　　　　　　表 9-15

方案	A	B	C
功能指数	0.347	0.344	0.309
成本指数	0.405	0.309	0.286
价值指数	0.857	1.113	1.081

由表 9-15 的计算结果可知，B 方案的价值指数最高，为最优方案。

根据表 9-15 所列数据，分别计算桩基围护工程、地下室工程、主体结构工程和装饰工程的功能指数、成本指数和价值指数；再根据给定的总目标成本额，计算各工程内容的目标成本额，从而确定其成本降低额度。具体计算结果汇总见表 9-16 所列。

功能项目的成本降低额计算表　　　　　表 9-16

功能项目	功能评分	功能指数	目前成本（万元）	成本指数	价值指数	目标成本（万元）	成本降低额（万元）
桩基围护工程	10	0.1000	1520	0.1186	0.8432	1217	303
地下室工程	12	0.1200	1482	0.1157	1.0372	1460.4	21.6
主体结构工程	38	0.3800	4705	0.3672	1.0349	4624.6	80.4
装饰工程	40	0.4000	5105	0.3985	1.0038	4868	237
合计	100	1	12812	1.0000	—	12170	642

由表 9-16 的计算结果可知，桩基围护工程、地下室工程、主体结构工程和装饰工程均应通过适当方式降低成本。根据成本降低额的大小，功能改进顺序依次为：桩基围护工程、装饰工程、主体结构工程、地下室工程。

9.4 方案创造

方案创造，就是从改善对象的价值出发，针对应改进的具体目标，依据已建立的功能系统图和功能目标成本，通过创造性的思维活动，提出实现功能的各种改进方案。方案的提出是在收集情报和功能分析的基础上进行创造和开拓的过程，也是把经验和知识进行分析、提炼、组合的过程，需要有效的方法进行引导和激发，才能充分发挥分析能力、综合能力和创造技巧，并提出改进方案。方案创造的方法主要有如下几种。

9.4.1 头脑风暴法(Brain storming，简称：BS 法)

头脑风暴是心理学中用于形容人在思想上自由地、创造性地思考的术语。头脑风暴法是开会创造方案的方法。以 5～10 人的小型会议的方式进行为宜，由一名熟悉研究对象，善于启发思考的人主持会议。会议按以下四条原则进行：

(1) 欢迎畅所欲言，自由地发表意见；

(2) 希望提出的方案越多越好；

(3) 对所有提出的方案不加任何评论；

(4) 要求结合别人的意见提设想，借题发挥。

9.4.2 抽象提前法（哥顿法）

这是美国人哥顿（Gordon）提出的方法。这种方法以召开会议的方式提方案，侧重于要解决的具体问题。主持者只是抽象地提出功能的概念，要求与会者广泛地提出各种设想，当会议议到一定时机，再宣布会议的具体要求，在此联想的基础上研究和提出各种新的具体方案。

9.4.3 专家意见法（德尔菲法）

这是一种向专家作调查的方法，不仅在价值工程的方案创造时使用，在其他各种情况下都可使用，既可以采取开会的方式，也可以采取函询的方法。在运用此方法时，应注意选择专家的人数不宜太多，也不能太少；专家应由老、中、青结合，以便既能汇集专家经验，又能解放思想。

9.4.4 检查提问法

检查提问法是一种刺激方案构思的方法。在进行方案创造时，漫无边际地寻找方案，往往提不出成形的或具体的构思，如果围绕回答某一问题，往往容易有好的思路。检查提问法正是通过提问的方式，引导人们对方案加以改进并形成新的方案。

(1) 有无新的用途或新的使用方式，可否改变现有的使用方式。如对海军的弹药输送机加以改进，就成了自动、高效和安全的饼干输送机；

(2) 有无相似的东西，利用相似性可否产生新的东西，能否模仿其他东西。如飞机的发明最初就是受到飞鸟飞行的启发；

(3) 能否改变功能、形状、颜色、气味等，是否还有其他改变的可能性。如折叠式自行车、太阳能汽车、防脚气鞋垫等就是这类成果；

(4) 能否增加尺寸、使用时间、强度、新的特征？如药物牙膏、电视机遥控功能的发明等；

(5) 能否省去、减轻、减薄、减短、缩小？如随身听、计算机软盘的发明等；

(6) 能否用其他材料、零部件、能源、色彩来替代？如化纤代替棉花、塑料代替木料、太阳能代替煤、石油等；

(7) 能否上下、左右、正反、里外、前后颠倒，目标和手段颠倒？如毛皮大衣的毛在外还是皮在外；

(8) 零部件、材料、方案、目标等能否重新组合，能否叠加、复合、化合、混合、综合，如瑞士军刀、闹钟等。

9.4.5 特性列举法

此种方法多用于新产品的设计。具体做法是把设计对象的要求一一列举出来，针对这些特性逐一研究实现的手段。用此法分析自行车，可以列出的自行车用途有上学、送货、拖运、竞赛、游玩及旅游等，所列出的每一用途都可能导致产品的功能或用途的扩展甚至出现全新的产品。

9.4.6 缺点列举法

与特性列举法类似，将要改进的方案存在的缺点一一列举出来，然后针对这些缺点进行改进，为提高产品在市场上的竞争机会而创造条件。此种方法多用于老产品的改进设计。

9.5 方案评价与实施效果

9.5.1 方案的评价

方案评价的标准是价值的高低而不是功能成本的优劣，即以功能费用比作为最终的评价标准。方案评价的步骤可分为概略评价和详细评价两大步骤，其评价内容均围绕着技术评价、经济评价、社会评价进行。并在此基础上进行综合评价。概略评价是对方案创新中所提出的设想方案进行大致的粗略评价，筛选出有价值的设想，以便进行方案的具体制定。概略评价内容比较粗略，评价方法比较简单，力求尽快得出结论，以便有效利用时间。详细评价是对已经粗略筛选之后的若干个有前途的方案进行细致评价，其主要目的是筛选出最佳方案，以便正式提交审查。因此，详细评价必须提供详尽、有说服力的数据，论证方案实施的效果。

1. 方案的概略评价

概略评价是指对方案创造阶段所提出的各种设想方案进行粗略评价的一种方法。因为方案创造阶段，不同的人，从不同的角度提出了许多设想方案。如果对所有方案都进行具体化，必然造成资源的浪费。因此，在进行方案具体化之前，首先应从大量的方案中筛选出一部分较好的方案，这就需要进行方案概略评价。

为了有效地进行筛选，通常在概略评价前，将方案进行整理、分类。整理工作大致分为如下几项。

(1) 归纳

有些方案表面上看有些差别，其内容却完全相同，这样，一类方案可作为一个方案拿出来评价，节省时间，提高价值工程活动的效率。

(2) 明确

有些方案虽然提出来了，但较抽象，使人不能一看就懂，这时，应将其具体化。有些方案本身的内容比较含糊，这时也应研究此方案到底说明什么问题，将其内容明确起来，最好以图表示出来，便于选择评价。

(3) 分析

不要因对问题不清楚而在初选时将其舍去，因为往往有突破的重要方案正是通常觉得离题太远的方案。

(4) 组合

这样既节省评价时间，又能使方案完善，有助于最终获得价值高的方案。

进行概略评价时应主要从如下几个方面进行。

技术可行性方面

考虑功能是否满足用户的要求，功能是否有多余。企业现有技术条件是否有可能实现此方案。

(5) 经济可行性方面

考虑企业内部的财力是否允许，是否会降低成本，降低的幅度有多大等。

(6) 社会评价方面

考虑是否符合国家的政策、法令，是给社会带来好处还是损害等。

社会评价就是以顺应国家、社会和人类的生存发展，符合公共道德准则为依据来评价方案的可行性。社会评价的主要内容有：与国家规划和利益的一致性，与公共道德法律的一致性，对安全卫生、环境保护、生态平衡的影响等。

(7) 综合评价方面

总的考虑能否赢利，是否能综合利用国家资源，是否会提高社会经济效益等。

具体评价时对各种方案通过分析、对比，并将结果列入，见表9-17所列。

概略评价一览表　　　　　　　　　　表9-17

序号	方案	概略评价内容				方案可行否	方案采用否
		技术	经济	社会	综合		
A	×××	○	○	○	○	○	○
B	×××	○	○	○	△	△	△
C	×××	○	×	×	△	×	×
D	×××	○	△	○	○	△	△
E	×××	○	○	×	○	×	×

注：×——不可行方案；

　　○——可行方案；

　　△——有待进一步研究方案。

2. 方案的详细评价

方案的详细评价是对概略评价后所制定的几种具体方案，进行详尽的分析研究，从中评选出准备实施的最优方案。在评价过程中必须准确而肯定地回答"它能可靠地实现必要功能吗"、"它的成本是多少"这样的问题。为此，需要对各方案的技术、经济、社会和综合四个方面引出更详尽的评价。

(1) 技术评价

技术评价主要是评价方案能否实现所要求的功能，以及方案在技术上能否实现。技术评价的指标主要有性能、质量、寿命、可靠性、可维修性、安全性、协调性等。

方案技术评价的方法很多，下面列举几种常见的评价方法。

1) 优缺点列举法

这种方法是将每一个方案在技术上的优缺点详细列出，并进行综合分析和进一步调查研究，通过各方案所具备的优缺点判断方案在技术上的优劣。这种方法实际是在分析研究中不断淘汰有缺点的方案，从不断的分析和淘汰过程中找出结论，是一种简单易行的定性的技术评价方法。

2) 直接评分法

这种方法是通过专家将各种方案对各项技术指标的满足程度进行打分，然后计算出每个方案在技术上满足程度的总分，得分高的说明技术指标的满足程度高。这实际上是一种将定性分析转化为定量评价的方法。

采用直接评分法必须做好以下三个方面的工作：

① 确定技术评价指标。技术评价指标的确定主要根据项目自身的特点决定。例如某产品的价值工程活动，根据产品的特点决定其技术评价指标主要是可靠性、安全性和维修性三项。

② 确定评分的具体方法，例如十分制评分法、百分制评分法、多比例评分法、环比评分法等。

③ 确定方案的优选顺序。根据各方案技术评价指标的评价值的大小，排列方案的优选顺序。

3) 加权评分法

这种方法是通过专家对各种方案的各项技术指标的满足程度进行打分，并且规定各项技术指标的重要性程度（即权数），最后根据评分和权数得出加权后的评分值，分数高的说明技术指标的满足程度高。这也是一种将定性分析转化为定量评价的方法，与直接评分法不同的是加权评分法考虑了技术因素的重要程度。各项技术指标的权数应通过调查研究采用科学的方法确定，不能主观臆断。

(2) 经济评价

方案的经济可行性主要是以产品寿命周期成本为主要目标，同时，围绕着新方案在实施过程中所产生的成本、利润、年节约额，以及初期投资费用等进行测算和对比。

1) 成本评价

成本估算以寿命周期成本为标准，包括生产成本和使用成本两部分。评价时把两部分成本之和的最低方案视为经济性最优的方案。但是，生产成本是企业可控制的，而使用成本与使用方法、使用状态有关，企业难以控制，是不可控制成本。因此，评价时，实际上是以生产过程中产品产生的成本为主进行的。同时应该指出，进行成本预测时要以未来成本进行估算，不能简单地套用现行成本资料。

2) 利润评价

利润是销售收入减去成本和税金以及销售费用后的纯收入。利润是一个综合指标，它反映了企业在一定时期内的经营成果。在单位产品利润一定的情况下，产品销售收入越多，说明产品越受欢迎，满足用户要求的程度越高，方案的价值越高。

3) 方案措施费用评价

方案措施费用是指实施方案时所投入的设计费用、设备安装费用、试验与试制费用等技术措施费用、生产组织调整费用，以及因采用新方案而产生的损失费。同时还要估算失败风险损失，而且要评价与该方案所获利润的比值大小。

4) 节约额和投资回收期的评价

为了评价方案的经济效果，必须计算节约额和投资回收期。其中回收期越短的方案越有利。如果回收期超过标准回收期，则方案不可取。此外还要考虑到：回收期应小于该产品的生产期限；回收期要小于措施装备和设备的使用年限；回收期内科学技术是否有大的突破等。

(3) 社会评价

方案的社会评价主要是谋求企业利益、用户利益及社会利益的一致性，谋求从企业角度对方案的评价与从其他角度对方案评价一致。社会评价的内容要根据方案的具体情况而定。一般要考虑以下几个方面的问题。

1) 政策法规方面：是否符合国家有关政策、法令、规定、标准以及科技发展规划的要求。

2) 国民经济方面：方案的实施效果是否与国家的长远规划及国民经济发展计划要求相一致。方案的社会效果是否与社会范围内的人、财、物、资源的合理利用相一致。

3) 生态环境方面：在防止环境污染、自然环境及保护生态平衡等方面是否存在抵触或危害。

4) 用户利益方面：是否符合使用者的风俗习惯，对身体健康、心理状态、人际关系等有无不利影响，能否满足使用要求。

5) 其他方面：包括发展对本地区、本部门产业经济的影响，对工业布局的影响，对出口创汇或节约外汇的影响，对填补国家空白及提高科技水平的影响，对改善社会就业及劳动条件的影响，对精神文明、人口素质、文化教育方面的影响等。社会评价是一个涉及范围广、关系复杂的问题，目前价值工程的方案评价只能作粗略评价。

(4) 综合评价

综合评价就是全面考虑方案在技术、经济和社会各方面的可行性，对方案做整体评价。综合评价的方法有两种：一种是定性分析；另一种是定量计算。定性分析的方法是根据技术、经济和社会评价项目，详细列举各方案的优缺点，然后对方案进行对比、评价、选择最优方案。定量计算的方法就是利用打分法来区分评价项目的重要程度和各方案对评价项目的满足程度，根据方案得分多少确定方案的优劣。

9.5.2 方案的实施效果

提案经过批准后,即可组织实施。首先应由单位领导指定一名实施项目的负责人,此人应具有较强的组织、协调能力,了解价值工程。此负责人应与小组成员一起制定一个具体的实施计划。由于方案实施主要是围绕着改进方案的功能水平和控制成本而展开的,因而实施计划应规定质量、成本、进度等指标及相应的保障措施,并把任务分解、落实到有关基层单位和个人。

在实施过程中,价值工程小组成员要深入实际,进行跟踪检查,及时发现问题,查明技术上、经济上或管理方面的障碍等。跟踪检查要贯穿于方案实施的全过程,并且要与实施人员密切配合,收集各个环节、各部门的有关信息,时刻注意计算实际成本与目标成本的差异,检查实际功能与必要功能的差异,并分析偏离目标值的原因,及时采取有效措施加以解决。而且要掌握技术方面、经济方面和社会方面的资料和数据,以便对实施方案的效果进行评价。

9.6 案例分析

在工程建设中,价值工程的应用是广泛的,现以某排通道工程的施工组织设计为例说明其应用。

某地区排通道工程,全长3.15km。工程的主要内容是疏浚土方26.6万方,新建防洪墙1.3km,桥梁3座。

为保证施工质量、按期完成施工任务,项目部决定在编制施工组织设计中开展价值工程活动。在施工阶段应用价值工程不同于设计阶段应用价值工程,重点不在于考虑如何实现这个功能,而在于考虑怎么样实现设计人员已设计出的疏浚工程。因此通过对价值工程的工作程序的合并及化简,项目部进行了以下工作。

9.6.1 对象选择

项目部对工程情况进行了仔细的分析。该工程主体由三部分组成:桥梁工程、防洪墙工程和疏浚工程。采用百分比分析法分别对这三部分主体工程的施工时间、工程量、施工机械设备投入和劳动力投入等指标进行了测算。结果表明疏浚工程在各指标中均占首位,详细情况见表9-18所列。

工程各项指标测算工程名称　　　　　　　　表9-18

工程名称指标(%)	桥梁工程	防洪墙工程	疏浚工程
施工时间	20	20	60
工程量	25	10	65
施工机械设备投入	11	5	84
劳动力投入	34	23	43

能否如期完成施工任务的关键，在于能否正确的处理疏浚工程面临的问题，能否选择符合本企业经济条件的施工方法。总之，疏浚工程是整个工程的主要矛盾，必须全力解决。项目部人员决定以疏浚工程为研究对象，应用价值工程优化疏浚工程施工组织设计。

9.6.2 功能分析

在对疏浚工程进行功能分析时，第一步工作是进行功能定义。根据功能分类中按其功能的重要程度进行分类，疏浚工程的基本功能是满足泄洪要求，其子功能主要是过水顺畅、边坡稳定、保证通航和增加美观。

功能分析的第二步工作是进行功能整理。在疏浚工程功能定义的基础上，根据疏浚工程内在功能逻辑联系，采取剔除、合并、简化等措施对功能定义进行整理，绘制出疏浚工程功能系统图，如图9-6所示。

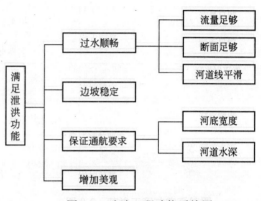

图 9-6 疏浚工程功能系统图

9.6.3 功能评价和方案创造

根据功能系统图可以明确看出，施工对象是疏浚工程的满足泄洪功能。采用什么样的施工方法和技术组织措施来保证质量完成河道疏浚的施工，是应用价值工程编制施工组织设计中所要研究解决的中心课题。为此，项目部价值工程人员同技术人员、经营管理人员、施工人员一道，积极思考，大胆设想，广泛调查，借鉴以往公司成功的施工经验，提出了大量方案。最后根据既要质量好、速度快，又要企业获得客观经济利益的原则，初步遴选出强抓式挖泥船、绞吸式挖泥船、泥浆泵和合同转包四个施工方案供作进一步技术经济评价。

9.6.4 施工方案评价

对施工方案进行评价的目的，是发挥优势，做出正确的选择。首先价值工程人员运用给分定量法进行方案评价，评价情况见表9-19所列。

运用给分定量法进行施工方案评价　　　　表 9-19

指标体系	方案评价		方案			
	评分等级	评分标准	A	B	C	D
清障设备	1. 需要投入 2. 不需要投入	0 4	0	4	0	4
吹泥船	1. 需要投入 2. 不需要投入	0 4	0	4	0	4
管道铺设	1. 需要投入 2. 不需要投入	0 4	4	0	4	4

续表

指标体系	评分等级	评分标准	A	B	C	D
施工人员	1. 少工种少人员 2. 多工种多人员 3. 无需要参加	2 0 4	0	2	2	4
通航影响	1. 严重影响通航 2. 一般影响通航 3. 不影响通航	0 2 4	2	4	0	4
施工准备时间	1. 较短 2. 中等 3. 较长 4. 无需准备	3 2 1 4	2	1	3	4
受气候、机械等因素影响	1. 较大 2. 较小 3. 不受影响	0 2 4	2	4	0	4
总体施工时间	1. 保证工期 2. 拖延工期	4 0	0	4	0	0
施工难度	1. 复杂 2. 中等程度 3. 较简单 4. 无难度	1 2 3 4	3	2	1	4
方案总分			13	25	10	32

注：表中 A—强抓式挖泥船施工方案；
　　　　B—绞吸式挖泥船施工方案；
　　　　C—泥浆泵施工方案；
　　　　D—合同外包施工方案。

计算结果表明：合同外包方案得分最高，其次为绞吸式挖泥船施工方案，得分最低的为泥浆泵施工方案。对得分结果进行分析可以发现，合同外包方案之所以得分最高，是因为它与其他方案比较时，基本上没有费用支出。事实上虽然在每个指标进行比较时，合同外包方案没有费用支出，但是在向其他单位外包时却是要花费总的费用。因此简单地认为合同外包方案为最有效的方案是难以令人信服的。如表 9-19 所列，设置的指标体系还不能充分证明究竟合同外包方案和其他三个施工方案孰优孰劣，必须进一步评价。为此价值工程人员还以给定分量法进行方案评价，见表 9-20 所列。

运用给定分量法进一步进行施工方案评价　　　　表 9-20

指标体系	评分等级	评分标准	A	B	C	D
技术水平	1. 清楚 2. 不清楚	1 0	1	1	1	0

续表

指标体系	方案评价 评分等级	评分标准	A	B	C	D
设备投入	1. 投入量大 2. 投入量小	0 1	1	1	1	0
成本	1. 很高 2. 较低	0 1	1	1	1	0
工程质量	1. 保证质量 2. 难以保证	1 0	1	1	1	0
安全生产	1. 避免事故责任 2. 尽量避免事故责任	1 0	0	0	0	1
施工力量	1. 需要参加 2. 不需要参加	0 1	0	0	0	1
方案总分			4	4	4	2

表 9-21 计算结果表明，虽然合同外包方案可以坐享其成，但是权衡利弊还是利用本单位施工力量和生产条件，在保证工程质量和获得利润方面较为有利，因此应舍弃合同外包方案，选择绞吸式挖泥船施工方案。

为进一步证明上述评价准确，价值工程人员又通过计算各方案的预算成本和确定疏浚工程的考核成本，进而确定各方案的成本指数，以成本指数高低为判断标准来选择最佳施工方案。

通过计算，考核成本为 210 万元，各方案的预算成本及成本指数计算见表 9-21 所列。

各方案预算成本及成本指数比较　　　　　　　　表 9-21

方案	考核成本（万元）	预算成本（万元）	成本指数
A	210	157	1.338
B	210	134	1.567
C	210	178	1.180
D	210	193	1.088

核计算结果也表明，绞吸式挖泥船施工方案为最优方案。

9.6.5 效果总评

从降低成本方面看，疏浚工程实际成本为 125 万元，与强抓式挖泥船方案相比节约 32 万元，与挖泥泵施工方案比节约 53 万元，比合同外包方案节约 68 万元、成效显著。

思考题与习题

9-1 什么是价值工程？提高价值有哪些途径？

第9章 价值工程

9-2 价值功能的实施步骤是什么？

9-3 如何进行功能评价？

9-4 常用的功能评价方法有哪几种？其基本思想和特点是什么？

9-5 某施工企业有自己的专业队伍，包括土建专业队、钢结构专业队。施工过程中的重要材料成本如表9-22所示。试用ABC分析法选择价值工程目标，并画出ABC分析图。

各材料的成本表　　　　　　　　　　　表9-22

材料名称	钢筋	水泥	碎石	周转工具租赁费	其他铺设
材料成本(万元)	13.80	3.15	5.14	0.73	1.21

9-6 某房屋工程的卫生设备由A、B、C、D、E构成，成本分别为740元、360元、1100元、200元、350元。计算成本系数C。

9-7 某施工机械由A、B、C、D、E五个部分组成，其功能为F_1、F_2、F_3、F_4、F_5，其成本在各个功能上的分配及功能重要程度如表9-23所示。试求各零件的成本系数。

功能现实成本计算表　　　　　　　　　　　表9-23

部分名称			功能区或功能领域				
序号	名称	成本(元)	F_1	F_2	F_3	F_4	F_5
1	A	180	50	50		80	
2	B	380		150		150	80
3	C	120	60		60		
4	D	120	100			20	
合计		C	C_1	C_2	C_3	C_4	C_5

9-8 某混凝土由水泥、黄砂、石子、外加剂、粉煤灰5种原材料组成，其功能成本分别为F_1、F_2、F_3、F_4，其成本在各个功能上的分配及功能重要程度见表9-24所列。试对此混凝土进行功能分析。

某混凝土五个组成部分的功能分配及功能重要程度表　　　表9-24

功能部件	成本	F_1	F_2	F_3	F_4
水泥	38.2	13		16	9.2
黄砂	33.2		10	17	6.2
石子	39.9	15	7	9	8.9
外加剂	3.05	1	2.05		
粉煤灰	12.8	6			6.8

9-9 某项目的各部分的功能重要性系数与成本见表9-25所列，请求出成本系数C与价值系数V，并指出需要改进的部分。

价值系数计算表　　　　　　　　　　　　　　　　　表 9-25

部分名称	功能重要性系数(F)	现实成本(元)	成本系数(C)	价值系数(V)
A	0.300	20.0		
B	0.175	35.0		
C	0.150	60.0		
D	0.325	50.0		
E	0.050	35.0		
合计	1.00	200.0		

9-10 已知某建设项目的五个子项目，目标成本为500。请根据表9-26给出的数据，分别计算每个子项目的功能评价值与价值系数。

功能评价值与价值系数计算表　　　　　　　　　　表 9-26

项目序号	子项目	功能重要性系数①	功能评价值②=目标成本×①	现实成本③	价值系数④=②/③	改善幅度 Max{⑤=③-②，③}
1	A	0.23		150		
2	B	0.16		90		
3	C	0.33		150		
4	D	0.21		130		
5	E	0.07		80		
合计						

9-11 某工程的一支撑结构由四个部分组成，分别为F_1、F_2、F_3、F_4。现已知四个部分的功能重要性系数与现实成本，见表9-27。请计算出成本降低方案。

功能评价值计算表　　　　　　　　　　　　　　　表 9-27

功能区	功能现实成本	功能重要性系数	重新分配的功能区成本	功能评价值F（或目标成本）	成本降低幅度 $\Delta C=(C-F)$
	(1)	(2)	(3)=(2)×500元	(4)	(5)
F_1	130	0.47			
F_2	190	0.32			
F_3	90	0.16			
F_4	90	0.05			
合计	500	1.00			

9-12 房屋工程由支撑体系、内隔墙、建筑装修、垂直运输系统、给水排水系统组成。其重要程度由大到小的顺序为支撑体系、内隔墙、建筑装修、给水排水、垂直运输系统(表9-28)。试用0～1评分法确定各部分的重要系数。

某房屋工程各部分的重要系数表　　　　　表 9-28

	支撑体系	内隔墙	垂直运输	给水排水	得分	修正得分	重要系数
支撑体系							
内隔墙							
垂直运输							
给水排水							
合计							

9-13 某大学城建设项目由五项功能指标组成,分别为施工时间与地基稳定长短(F_1)、建成后地基沉降变形大小(F_2)、方案工程造价(F_3)、施工过程监控难易(F_4)、施工组织难易(F_5)、工序衔接关系好坏(F_6)。相互间关系如下,F_1 比 F_2 重要,F_1 比 F_3、F_4、F_5、F_6 都重要得多。F_2 比 F_3 重要,F_3 与 F_4、F_5、F_6 同等重要。请用 0~4 评分法计算出功能评价系数(表 9-29)。

功能重要性系数表　　　　　表 9-29

指标	F_1	F_2	F_3	F_4	F_5	F_6	得分	评价系数
F_1								
F_2								
F_3								
F_4								
F_5								
F_6								
合计								

9-14 道路工程由 F_1、F_2、F_3、F_4 四个部分组成,其中 F_1 的重要性是 F_2 的 3 倍,F_2 与 F_3 的对比为 1.5 倍,F_3 与 F_4 的对比为 2 倍。请用环比评分法准确评定功能重要性系数(表 9-30)。

计算功能重要性系数表　　　　　表 9-30

功能区	功能重要性评价		
	暂定重要性系数	修正重要性系数	功能重要性系数
F_1	3.0		
F_2	1.5		
F_3	2		
F_4			
合计			

9-15 某工程现有甲乙两方案,实行甲方案需要花费 400 万元,实行乙方案花费 600 万元。甲乙两方案各有 F_1、F_2、F_3、F_4 四项功能,功能的得分情况见表 9-31 所列。请找出甲乙方案中的最优方案。

各方案功能得分情况　　　　　　　　　　　　　　　　表 9-31

方案功能	重要度系数	甲得分	乙得分
F_1	0.32	6	8
F_2	0.25	5	7
F_3	0.28	7	6
F_4	0.15	6	5

9-16 某建设项目原设计为采用塑料排水板处理地基，处理后分层填筑土路基并做4个月的超载预压。但因拆迁影响，未能按该设计施工，在此情况下，施工方提出工程变更，请在以下四种方案中选出最优方案，见表9-32所列。

各方案功能得分情况　　　　　　　　　　　　　　　　表 9-32

功能	评价系数	方案功能得分			
		塑料排水板	水泥搅拌桩	碎石桩	挤密砂桩
F_1	0.317	7	8	8	10
F_2	0.250	7	10	10	9
F_3	1.150	10	8	6	8
F_4	0.133	8	9	9	7
F_5	0.083	9	10	7	7
F_6	0.067	6	9	10	9
综合得分					

9-17 某业主邀请若干厂家对某商务楼的设计方案进行评价，经专家讨论确定的主要评价指标分别为：功能适用性(F_1)、经济合理性(F_2)、结构可靠性(F_3)、外形美观性(F_4)、与环境协调性(F_5)五项评价指标，各功能之间的重要性关系为：F_3比F_4重要得多，F_3比F_1重要，F_1和F_2同等重要，F_4和F_5同等重要，经过筛选后，最终对A、B、C三个设计方案进行评价，三个设计方案评价指标的评价得分结果和估算总造价见表9-33所列。请用0～4评分法计算各功能的权重，并用价值指数法选择最佳设计方案(表中数据保留3位小数、其余计算结果均保留两位小数)。

各方案评价指标的评价结果和估算总造价表　　　　　　表 9-33

功能	方案A	方案B	方案C
功能适用性(F_1)	7分	8分	10分
经济合理性(F_2)	8分	10分	9分
结构可靠性(F_3)	10分	8分	7分
外形美观性(F_4)	7分	8分	9分
与环境协调性(F_5)	8分	9分	8分
估算总造价(万元)	6500	6600	6650

9-18 某咨询公司受业主委托,对某设计院提出的 8000m² 工程量的屋面工程的 A、B、C 三个设计方案进行评价。该工业厂房的设计使用年限为 40 年。咨询公司评价方案中设置功能实用性(F_1)、经济合理性(F_2)、结构可靠性(F_3)、外形美观性(F_4)、与环境协调性(F_5)等五项评价指标。该五项评价指标的重要程度依次为:F_1、F_3、F_2、F_5、F_4,各方案的每项评价指标得分见表 9-34 所列。

各方案评价指标得分表　　　　　　　表 9-34

方案指标	A	B	C
F_1	8	8	10
F_2	9	8	9
F_3	10	9	8
F_4	7	9	9
F_5	8	9	7

(1) 请用 0~1 评分法确定各项评价指标的权重。
(2) 列式计算 A、B、C 三个方案的功能加权得分,并选择最优方案。

参 考 文 献

[1] 刘亚臣. 工程经济学. 北京：中国建筑工业出版社，2007.

[2] 刘亚臣. 工程经济学(第三版). 大连：大连理工大学出版社，2008.

[3] 国家发改委，建设部. 建设项目经济评价方法与参数(第三版). 北京：中国计划出版社，2006.

[4] 全国投资建设项目管理师考试专家委员会. 投资建设项目决策. 北京：中国计划出版社，2006.

[5] 全国注册咨询工程师(投资)资格考试参考教材编写委员会. 项目决策分析与评价(2008版). 北京：中国计划出版社，2008.

[6] 中国国际工程咨询公司. 投资项目可行性研究指南. 北京：中国电力出版社，2002.

[7] 中国国际工程咨询公司. 中国投资项目社会评价指南. 北京：中国电力出版社，2002.

[8] 中国房地产估价师学会. 房地产开发经营与管理. 北京：中国物价出版社，2002.

[9] 尼尔. 卡恩等. 房地产市场分析方法与应用. 北京：中信出版社，2005.

[10] 盖伦. E. 格里尔. 房地产投资决策分析. 上海：上海人民出版社，2005.

[11] 国家财政部. 企业会计准则. 北京：经济科学出版社，2006.

[12] 潘艳珠. 工程经济学. 北京：清华大学出版社，2006.